营销管理系列丛书

袁乐清，张珀维，蔡淦绵 主编

经营之道

揭秘道法自然、天人合一的营销真谛

周泉润 著

中山大学出版社
·广州·

版权所有　翻印必究

图书在版编目（CIP）数据

经营之道：揭秘道法自然、天人合一的营销真谛/周泉润著. —广州：中山大学出版社，2018.12

（营销管理系列丛书/袁乐清，张珀维，蔡淦绵主编）

ISBN 978-7-306-06478-3

Ⅰ. ①经… Ⅱ. ①周… Ⅲ. ①企业管理—市场营销学 Ⅳ. ①F274

中国版本图书馆 CIP 数据核字（2018）第 248678 号

出 版 人：	王天琪
策划编辑：	钟永源
责任编辑：	钟永源
封面设计：	林绵华
责任校对：	王　璞
责任技编：	黄少伟　何雅涛
出版发行：	中山大学出版社
电　　话：	编辑部 020-84110283，84111997，84110779，84113349
	发行部 020-84111998，84111981，84111160
地　　址：	广州市新港西路135号
邮　　编：	510275　　传　真：020-84036565
网　　址：	http://www.zsup.com.cn　　E-mail:zdcbs@mail.sysu.edu.cn
印 刷 者：	佛山市浩文彩色印刷有限公司
规　　格：	787mm×1092mm　1/16　16.5印张　313千字
版次印次：	2018年12月第1版　2018年12月第1次印刷
定　　价：	168.00元（精装版）

如发现本书因印装质量影响阅读，请与出版社发行部联系调换

总　序　想要得到　则需得道

陈　明　博士、教授

在现代社会中，现实与梦想的激撞正影响着人们如何做出选择以及做出何种选择。随之带给现代人的，除了彷徨和纠结，更多的是在无力感和不顾一切打破困境的信念的矛盾中来回切换，以取得每个人心中期望的成果。

想要得到，则需得道。在科学思想观普及了数十年后的今天，人们愈加体悟到中华文明的思想根基、核心价值以及中华传统文化的精髓。这一切是超越了以原子以及比特为基础的物质世界的运行规律，那便是智慧，便是道，是万事万物的内在运行规则。

如果现代人能够通过已有的社会运行规则和机制，探索并领略到其中的道，相信对于千千万万正在面临着不同困境和选择中的人们来说，那就是能够带给他们一些醍醐灌顶的清泉和一盏帮助他们遥指远方的明灯。

广东营销学会组织出版的"营销管理系列丛书"，在中山大学出版社连续多年出版的基础上，趁今年庆祝我国改革开放四十周年之良机，为满足创业者和众多企业在品牌培育过程中对新知的渴望，新增周泉润所著《推销之道》《经营之道》和《成功之道》精装（平装）版，三本书同时传递给大家的道之所在，正是如此。

这三本书看似讲的是三件事，实际上其中的内容盘根交织，互相贯通，一起演奏出了一首三重奏的恢宏乐章。如果说《推销之道》讲的是事业，《经营之道》说的是生活，那么《成功之道》告诉你的便是哲理人生。一个人的事业和生活是相辅相成的，往往不可分割。而人生，便是你这一生所浮现出的景象以及景象中所包含的深意，它有春夏秋冬，有喜怒哀乐，有悲欢离合，有诗情画意，有粗茶淡饭，有世态炎凉，当然，也有丘壑山陵和雄才大略。

《推销之道》"推销"的思想与实践相结合，传递给读者"知行合一"的理念。它将告诉你为什么要做、该如何做且做好，这其中的内容不仅可以应用到推销的工作中，也能应用到自我和企业的营销中。

《经营之道》给出了一套很系统的经营方法：践行、规律与道行。它告诉读者：

所谓经营，在远古社会就已经被人类探索，它贯穿了人一生的各个方面并起着重要作用，且需要根据时代的变化而不断更迭，而经营的实质就是经营品牌。

《成功之道》将易经思维贯穿于整本书。它为读者描述了一条走向成功、塑造品牌的清晰道路，给出了在这条道路上面临困境时突围的方法，并在最后告诉你：与其等待成功，不如追求成功。

我认为，这三本书，从推销到经营到成功，是渐次递进的三个层次。推销是基于产品和业务的局部思考；经营是基于事业和人生的整体思考；而品牌与成功，则是基于我们的所作所为而深入灵魂的思考，是对意义和价值的全息观照和内涵体悟。

品牌之所以成为一个人的人生和一个企业业务与产品的灵魂，因为它已经脱离了实体的物质属性，代表着经营主体对外在世界以及内在心灵的价值承诺和意义表述，是活着的理由和存在的价值，是一种使命。

在国外世界级品牌风起云涌的今天，国内真正称得上拥有强势品牌的企业却寥寥无几。我们回头看看国内企业的现状：固化的低价策略、产品思维以及急功近利的经营理念，都在限制着品牌的培育与发展。强势品牌不仅是优质的产品和强大的技术创新能力，它还应该被消费者认为是独一无二的自我的代表，是一种无法取代的精神信仰，是人生与事业成功体验的巅峰状态。在国家政策不断鼓励发展品牌战略的背景下，广大企业应该积极加入品牌培育的行列，通过践行品牌培育的一整套体系，提升品牌的知名度、美誉度和忠诚度；从经营产品快速过渡到经营人心，从而产生消费者的偏好和溢价，以期占领更大的市场份额。我们要朝着强势品牌出发，为成为世界级品牌强国而奋斗！

综上所述，精装版三本书所能带给读者的启迪和借鉴，正是它们的重大意义所在。是为总序。

陈明博士、教授：
华南理工大学工商管理学院营销系主任
国家工信部品牌培育专家
中国个性化制造联盟专家
新华社瞭望智库首批入库专家
中国广告协会学术委员会委员
广东营销学会副会长
广东品牌建设促进会副会长

2018 年 10 月 18 日于羊城

序 一　道法自然、天人合一

袁乐清

摆在笔者面前的《经营之道》书稿，是著者周泉润先生继《推销之道》一书出版之后的又一部即将出版的新书样稿。

几年前，《推销之道》一书出版之际，笔者应著者诚邀，以"赞'以事实说话是我良知'"为题，为该书作序。近期，著者历时几年时间完成的《经营之道》新书书稿，又摆在了笔者的面前，并且又一次诚邀笔者为新书作序。笔者深感盛情难却，尝试以"道法自然　天人合一"为题作此序。

《推销之道》与《经营之道》两书，都是采用自传体方式写作的关于管理和经营方面的书，列举的都是平常的小事和身边琐事。所不同的是《推销之道》侧重于讲事业，更适合经销商阅读；《经营之道》侧重于谈生活，而且生活琐事叙述得更为详细，不但适合经销商阅读，还适合消费者和众多希望改善生活质量的人士阅读。

《推销之道》在未做媒体推广和宣传的情况下，目前销售已超过 6500 册，市场普遍反映观点新颖、深入浅出，表现形式独特，实用性强，文笔优美，通俗易懂。自《推销之道》问世的时间里，著者就任总经理的企业，其经销商规模和公司业绩，都提升了 50% 以上，而且经销商做事业的信心与消费者的忠诚度，也都有了较大程度的提高。

那么，著者为什么自《推销之道》问世之后，紧接着又开始写作《经营之道》一书呢？著者向笔者吐露心声时说：他认为，当今社会有两件事是说不清、道不明的，一是道理，因为事物总是在不断地发生变化；二是情感，因为情感总要受很多其他因素的影响。因此，著者试着用"小故事大道理""小道理大学问""小学问大实用"的思维方法，在"大"与"小"上面做文章，并极力表现"以小见大"，也想以此作为自己书的一个明显特征。

当然，著者认为，无论怎么样，这本书终究还是一本写经营的书，只不过是想借此说一些人生的道理。为此，著者以大家耳熟能详的经营，通过延伸、渗透到方方面面的领域，看似漫不经心，却让大家在阅读的同时还能感觉到一分轻松。著者这样做的目的其实也很简单，就是想为那些至今仍旧在职场徘徊，至今还在被家庭问题所困扰，至今还在为想过有质量的生活而纠结的社会各界人士，提供一点点启示。

的确，"经营"这个词已经越来越进入了我们的生活。人们议论，是因为不想随波逐流；人们思考，是希望借助这样一种东西改变自己的命运。经营涉及我们的事业、工作、生活、爱情的方方面面，也预示着我们的生命走向和幸福指数，并在直接关乎我们每一个人既得利益的同时，还反映出我们的社会价值，以及由价值规律所引发的一系列社会现象。

2014年9月24日，国家主席习近平在人民大会堂出席纪念孔子诞辰2565周年大会上发表重要讲话时指出：中国优秀传统文化中，蕴藏着解决当代人类面临的难题的重要启示。

笔者阅读《经营之道》这部书稿，深感所有的观点，都是建立在中华传统文化之上的，并尝试着以中华文化诠释经营现象，揭秘营销真谛，通篇闪耀着"道法自然、天人合一"的智慧光芒，给人耳目一新的启迪。

"道法自然"语出老子《道德经》，"天人合一"是先儒提出的境界，两者都谈到人与自然的关系，皆不能违背"道"（规律）。

"人法地，地法天，天法道，道法自然"这四句话，不仅是做人做事的法则，而且是太上千古不易的密语，是老子思想精华之所在。

"天人合一"思想是追求整体与和谐的中国传统文化，已渗透到中国文化的各个层面，是中国哲学的最深层思维方式。

从《经营之道》一书的字里行间，我们领悟到中国优秀传统文化的博大精深，也感触到她生生不息的生机与活力。

作此文，是为序。

【袁乐清，系《信息时报》原副总编辑，《营销管理》杂志总编辑，中国广告协会学术委员会委员，广州市作家协会会员，广东营销学会副会长兼秘书长，华南理工大学工商管理学院和创业教育学院校外导师】

序 二　以小见大　寓理于事

周泉润

我个人认为：当今社会有两件事是说不清、道不明的，一是道理，因为事物总是在不断地发生变化；二是情感，因为情感总要受很多其他因素的影响。也因此认为，要想在社会上引起别人关注，只有两种东西是最容易达到也最为触动人的，一是颠覆之声，要么振聋发聩，要么针砭时弊，声音如雷贯耳；二是柔情之音，回忆幼时稚嫩，重温青年激情，撩拨内心脆弱。若是在此基础上，还能说出一点点道理，有一定的实用价值，那就可以算作是做了一件了不起的事情了。

这就是我写《经营之道》的初衷，我试着在"大"与"小"上面做文章，并极力表现"以小见大"，也想以此作为自己书的一个明显特征。

小故事　大道理

在书中，我以童年时代的一些印象深刻的事情开始，试着阐述一个个关于经营的道理，尽量避开一些刻板的说教，也不想罗列那些听腻了的案例，而是通过对发生在自己身边的事的叙述、解读、剖析，娓娓道来、层层剥离，最后，尽可能向读者展示一个比字面稍大一点的场面。

小道理　大学问

书中叙述的每一件事，都是我们日常生活中司空见惯的、俯拾皆是的道理，但就是这样一些大家都明白也最为容易忽视的道理，却是多少年来，众多专家、学者喋喋不休，始终争论不出一个结果的东西。我这样做的目的，也并非显示自己有多能，而是想以此向人们传递一个信息：再大的道理，其实都隐藏在一个个小道理之中；最大的智慧，往往出自那些最普通的劳动者。

小学问　大实用

当然，无论怎么样，这本书终究还是一本写经营的书，只不过是我想借此说一些人生的道理。为此，我以大家耳熟能详的经营，通过延伸、渗透到方方面面的领域，并且有意识地让大家在阅读的同时还能感觉到一分轻松，让大家操作起来不但简单，而且还不至于那么枯燥。

　　我这样做的目的其实也很简单，就是想为那些至今仍旧在职场徘徊，至今还在被家庭问题所困扰，至今还在为想过有质量生活而纠结的社会各界人士，提供一点点启示。究竟做得怎么样？那就要靠读完我这本书的您来点评了。期待得到您各种形式的支持与帮助。

　　还要感谢为本书出版付出劳动的所有人，有你们相伴，我想我以后会做得更好一些的。

目 录

前　言 …………………………………………………………………… 1

一道　经营的前世今生
——人类的一切活动都离不开经营 …………………………… 1

第一节　远古的经营 …………………………………………… 4
一、一跤摔出千年八卦 ………………………………………… 4
二、"八卦图"在现代的运用 ………………………………… 6

第二节　诸子百家的经营 ……………………………………… 7
一、儒家关注文化 ……………………………………………… 7
二、道家关注人生 ……………………………………………… 8
三、佛家关注人心 ……………………………………………… 11
四、墨家关注社会 ……………………………………………… 12
五、法家关注国家 ……………………………………………… 13
六、医家关注养生 ……………………………………………… 14

第三节　现代经营中需要厘清的问题 ………………………… 15
一、需求与供给 ………………………………………………… 15
二、远期与近期 ………………………………………………… 16
三、全面与局部 ………………………………………………… 16
四、复合与单一 ………………………………………………… 16
五、粗放与精细 ………………………………………………… 17
六、有限与无限 ………………………………………………… 17
七、平衡与倾斜 ………………………………………………… 18
八、创新与继承 ………………………………………………… 18

第四节　"经营学"的时代味 ………………………………… 18

一、用望远镜做战略规划，看得高、望得远 ……………… 19
　　二、用显微镜制定战术，做得细、做得精 ………………… 19
　　三、经营的辩证观点 …………………………………………… 20
　　四、最为理想的经营模式 …………………………………… 21

二道　经营的"规"
——规律、习惯、规章都是效率的保障 ……………………… 23
第一节　经营解决三个问题 …………………………………… 26
　　一、为什么经营——目标及其梦想那些事 ………………… 26
　　二、经营什么——心中有底 眼里才有事 ………………… 28
　　三、怎样经营——如何才能把事做好 ……………………… 28
第二节　经营的两种方法 ……………………………………… 31
　　一、文化内涵感染人 ………………………………………… 31
　　二、规章制度激励人 ………………………………………… 33
第三节　传播出效益 …………………………………………… 35
　　一、口碑：重要方法 ………………………………………… 35
　　二、媒体：有真有假 ………………………………………… 35
　　三、命令：需要政府组织 …………………………………… 36
　　四、情感：可以强化影响力 ………………………………… 36
　　五、教育：受众相对精准 …………………………………… 37
第四节　制衡显威力 …………………………………………… 38
　　一、做事守规矩 ……………………………………………… 38
　　二、做人用治理 ……………………………………………… 39
第五节　经营的实质就是经营品牌 …………………………… 40
　　一、品牌是人们喜欢、接受的理由 ………………………… 40
　　二、品质是核心 ……………………………………………… 41
　　三、包装是形象 ……………………………………………… 42
　　四、宣传是手段 ……………………………………………… 42

三道　经营自己
——经营世界之前，首先必须经营好自己 …………………… 45
第一节　人生的"万有引力定律" …………………………… 48
　　一、没有中间的"我"，就没有东南西北 ………………… 48

二、有了"我",社会的各种关系才变得有意义 …………… 49
第二节　经营人生,从梦想开始 ……………………………… 50
　　一、人生因梦想而精彩 …………………………………… 50
　　二、人生的经营目标:开心、美满、长寿 ……………… 50
　　三、人生开心三要素:健康、财富、自由 ……………… 51
　　四、人生美满就是家庭美满:有父母、有伴侣、有孩子 … 51
　　五、人死而精神不死:永远活在人们心中 ……………… 52
第三节　点滴＋点滴＝成功 …………………………………… 52
　　一、生命对谁负责 ………………………………………… 53
　　二、爱自己的人才会爱别人 ……………………………… 53
　　三、只有"我"是独一无二的,建立自信 ……………… 57
　　四、做自己的主人,有一颗老板心 ……………………… 58
第四节　立人生规矩 …………………………………………… 59
　　一、尊重社会审美标准 …………………………………… 59
　　二、做出个人特有的风格 ………………………………… 60
　　三、个人的经营法则:时、位、中、应 ………………… 62
第五节　经营人生品牌 ………………………………………… 63
　　一、打扮自己就是一种尊重 ……………………………… 64
　　二、热情其实是一种力量 ………………………………… 64
　　三、记住名字,可以传递温度 …………………………… 65
　　四、不妨露点真性情 ……………………………………… 66
　　五、在吃喝玩乐中显出品位 ……………………………… 66
　　六、万事行动第一 ………………………………………… 67
　　七、广交朋友,寻觅知己 ………………………………… 67
　　八、点燃自己,永远上进 ………………………………… 68
　　九、勇于担当 ……………………………………………… 68
　　十、学会忍耐 ……………………………………………… 69
第六节　心系天下,才为天下所系 …………………………… 70
　　一、以身为天下,可以得天下 …………………………… 70
　　二、以身爱天下,可以托天下 …………………………… 71

四道　经营夫妇
　　——在这个世界上,谁是你最重要的人 ………………… 75

第一节　夫妻关系究竟有多重要 ……………………………… 78
　　一、良好的夫妻关系是家庭稳定的保障 ………………… 79
　　二、夫妻关系影响着父母的幸福指数 …………………… 80
　　三、夫妻关系决定了孩子的健康指数 …………………… 80
第二节　不正常的夫妇关系 …………………………………… 82
　　一、千年曲解：男尊女卑 ………………………………… 82
　　二、百年误会：男女平等 ………………………………… 83
　　三、当今男女关系怪相 …………………………………… 84
第三节　无形的平等，有形的有别 …………………………… 85
　　一、男女精神上应该平等 ………………………………… 86
　　二、男女社会分工有别 …………………………………… 87
第四节　建立良好的夫妻关系 ………………………………… 88
　　一、各尽其职，相互配合 ………………………………… 89
　　二、信赖 …………………………………………………… 90
　　三、尊重 …………………………………………………… 91
　　四、宽容 …………………………………………………… 92
　　五、幽默：只言情，不讲理 ……………………………… 93
　　六、性生活是夫妇间的一种责任 ………………………… 93

五道　经营孩子
——天下父母心 …………………………………………… 97
第一节　可怜的孩子们 ………………………………………… 100
　　一、孩子成了父母的"面子工程" ……………………… 100
　　二、孩子成了完成父母理想的"工具" ………………… 101
　　三、孩子成了家庭的"中心" …………………………… 101
　　四、孩子成了父母口中的"宝贝" ……………………… 102
　　五、孩子究竟是谁的 ……………………………………… 102
　　六、孩子成了胁迫的"手段" …………………………… 102
　　七、孩子成了"分数"的奴隶 …………………………… 103
　　八、阿斗现象：一代不如一代 …………………………… 103
第二节　孩子最想要什么 ……………………………………… 104
　　一、健康的体魄 …………………………………………… 104
　　二、快乐的心灵 …………………………………………… 105

三、生活的智慧·· 105
　第三节　家庭教育最重要·· 107
　　一、慈母严父，巧妙配合·· 107
　　二、道法自然，因时而教·· 109
　　三、严格遵守规矩·· 112
　　四、培养良好的品德·· 114
　　五、自信·· 115
　第四节　学校教育有乾坤·· 115
　　一、健康第一，关爱为上·· 116
　　二、校园内人人平等，没有歧视·································· 116
　　三、传道、授业、解惑，不以"分数"判优劣······················ 116
　　四、学高为师，道高为范·· 117
　　五、奖励与批评·· 117
　　六、拔苗助长害死孩子·· 117
　第五节　自然教育藏玄机·· 119
　　一、向植物学习适应·· 119
　　二、向动物学习变化·· 120
　　三、学习金水的品格·· 120
　　四、学习木火的上进·· 120
　　五、学习土的敦厚·· 121
　　六、学习大自然的循环·· 121
　第六节　所有教育的目的只有一个：明事理·························· 121
　　一、锲而不舍是种态度·· 122
　　二、辨别是非彰显智慧·· 122
　　三、教育的目标：明事理·· 123

六道　经营家庭
　　——有天、有地、有空气·· 125
　第一节　家庭的核心是夫妇·· 127
　　一、没有血缘关系的男女睡得好，家才好·························· 128
　　二、夫妇关系是家庭的中心······································ 128
　第二节　清明节上坟的启示·· 129
　　一、为什么要上坟·· 130

二、上行下效，万年真理 ……………………………………… 130
第三节　心中有父母是孩子成长的原动力 …………………………… 132
　　一、为父母争光才上进，才有羞耻心 ………………………… 132
　　二、可孝但不可顺，才是孝敬 ………………………………… 133
　　三、孝顺的某些误解 …………………………………………… 133
　　四、孝是一定的，对的顺其愿，错的婉拒 …………………… 134
　　五、单亲如何支撑一个家 ……………………………………… 135
第四节　家风、家规、家教 …………………………………………… 137
　　一、家庭作风 …………………………………………………… 138
　　二、家庭规矩 …………………………………………………… 139
　　三、家庭教育 …………………………………………………… 141
第五节　夫妻双方的家族是平等的 …………………………………… 142
　　一、夫妇是家庭中的老板 ……………………………………… 142
　　二、家族的水要端平 …………………………………………… 143
第六节　良好的家庭关系是社会和谐的基础 ………………………… 144
　　一、后院不起火，前院才踏实 ………………………………… 144
　　二、和谐家庭的表现形式 ……………………………………… 145
　　三、家是每个人的疗伤中心 …………………………………… 146

七道　经营团队
——众人拾柴火焰高 ………………………………………… 147
第一节　团队的灵魂 …………………………………………………… 150
　　一、共同的价值观 ……………………………………………… 151
　　二、团队的目标 ………………………………………………… 152
　　三、团队的梦想 ………………………………………………… 153
第二节　团队的自由 …………………………………………………… 154
　　一、来去自由 …………………………………………………… 154
　　二、不设私刑 …………………………………………………… 155
　　三、遵守规则 …………………………………………………… 155
　　四、言论自由 …………………………………………………… 155
第三节　团队的规矩 …………………………………………………… 156
　　一、章程 ………………………………………………………… 156
　　二、检查 ………………………………………………………… 157

三、严格奖罚 …………………………………………………… 157

第四节　团队的文化 ………………………………………………… 159

　　一、取经团队的文化：不越位 …………………………………… 159

　　二、教育与训练 …………………………………………………… 159

　　三、宣传 …………………………………………………………… 160

第五节　团队的作风 ………………………………………………… 161

　　一、民主作风 ……………………………………………………… 161

　　二、狼性文化 ……………………………………………………… 162

　　三、树立榜样 ……………………………………………………… 165

　　四、接受监督 ……………………………………………………… 165

　　五、忘我精神，全心全意为人民服务 …………………………… 166

　　六、尊重人权 ……………………………………………………… 166

　　七、不使用暴力解决问题 ………………………………………… 167

　　八、荣誉感 ………………………………………………………… 167

第六节　团队的和谐 ………………………………………………… 168

　　一、统一目标才能统一行动 ……………………………………… 168

　　二、求同存异才能确保胜利 ……………………………………… 168

　　三、传播正能量 …………………………………………………… 170

八道　经营企业

——得人心者得天下 …………………………………………………… 173

第一节　永续经营，企业的共同追求 ……………………………… 176

　　一、目标是企业永续经营的坐标 ………………………………… 177

　　二、法制是企业永续经营的保障 ………………………………… 177

　　三、企业文化是企业永续经营的精神和灵魂 …………………… 177

第二节　以人为本 …………………………………………………… 178

　　一、企业管理以尊重人为前提 …………………………………… 179

　　二、产品创造符合人性 …………………………………………… 179

　　三、制度设计的人格化 …………………………………………… 180

　　四、文化培训的实用性 …………………………………………… 180

　　五、产品经销的共存思想 ………………………………………… 181

第三节　董事会 ……………………………………………………… 181

　　一、资本的三种形态：金钱、知识、消费 ……………………… 181

二、董事会由三部分人组成 ………………………………………… 182
　　三、成立公司的第一件事：立章程 ………………………………… 183
　　四、董事会的三个代表：行政代表、立法代表、执法代表 ……… 183
　　五、在章程规范下，董事会行使职权 ……………………………… 183
第四节　企业"宪法" ………………………………………………………… 184
　　一、制定"宪法"的原则 …………………………………………… 184
　　二、"宪法"第一 …………………………………………………… 185
第五节　部门制度 …………………………………………………………… 185
　　一、管理制度 ………………………………………………………… 185
　　二、财务制度 ………………………………………………………… 186
　　三、产品研发制度 …………………………………………………… 186
　　四、产品生产制度 …………………………………………………… 186
　　五、客户服务制度 …………………………………………………… 186
　　六、教育培训制度 …………………………………………………… 187
　　七、经销商制度 ……………………………………………………… 187
第六节　企业层级 …………………………………………………………… 188
　　一、高管，工作性质就是做战略规划 ……………………………… 188
　　二、中层，工作职责就是协调 ……………………………………… 188
　　三、基层，工作任务就是执行 ……………………………………… 188
第七节　企业文化 …………………………………………………………… 189
　　一、宗旨、理念、使命、精神 ……………………………………… 189
　　二、企业的凝聚力 …………………………………………………… 190
　　三、责任感 …………………………………………………………… 190
　　四、执行力 …………………………………………………………… 191
　　五、敬业精神 ………………………………………………………… 191
　　六、自律意识 ………………………………………………………… 192
　　七、互助精神 ………………………………………………………… 192
　　八、归属感与人文关怀 ……………………………………………… 193
第八节　企业的"守经达权" ……………………………………………… 195
　　一、经权之道 ………………………………………………………… 195
　　二、经营中的守经达权 ……………………………………………… 196
第九节　企业中的团队经营 ………………………………………………… 197
　　一、团队的分类 ……………………………………………………… 197

二、团队的独立 ……………………………………………………… 197
　　三、团队的协作 ……………………………………………………… 198
第十节　以身为天下，行动出效益 ……………………………………… 198
　　一、老子的启示 ……………………………………………………… 198
　　二、尊重不同民族的文化 …………………………………………… 199
　　三、沿共同明确的目标前进 ………………………………………… 199

九道　经营社会
　　——公平、正义、自由、和谐 ……………………………………… 201
第一节　自然的启示 ……………………………………………………… 204
　　一、大自然是公平的 ………………………………………………… 204
　　二、大自然是正义的 ………………………………………………… 205
　　三、大自然是自由的 ………………………………………………… 205
　　四、大自然是和谐的 ………………………………………………… 206
第二节　社会的核心价值 ………………………………………………… 207
　　一、公平 ……………………………………………………………… 207
　　二、正义 ……………………………………………………………… 209
　　三、自由 ……………………………………………………………… 211
　　四、和谐 ……………………………………………………………… 212
第三节　人权的时代特征 ………………………………………………… 215
　　一、宗规与宪法 ……………………………………………………… 215
　　二、臣民与公民 ……………………………………………………… 216
　　三、人权是区分传统社会与现代社会的唯一标准 ………………… 217
第四节　实现社会核心价值的方法：科学、民主、法治 ……………… 218
　　一、科学是种决策精神 ……………………………………………… 218
　　二、民主是种决策方法 ……………………………………………… 219
　　三、法治是种管理手段 ……………………………………………… 220
第五节　没有科学、民主、法治就没有人权，就不能实现社会的
　　　　　核心价值 ……………………………………………………… 222

十道　经营也要与时俱进
　　——让我们荡起双桨，驶向彼岸 …………………………………… 223
第一节　时代呼唤现代经营学 …………………………………………… 226

一、个人道德沦丧……………………………………………… 226
　　二、家庭离婚率高……………………………………………… 227
　　三、孩子一代不如一代………………………………………… 228
　　四、很少百年老店（国际大牌子公司）……………………… 229
　　五、缺少富竞争力的团队……………………………………… 229
　　六、社会的冷漠………………………………………………… 230
　第二节　经营的"不二"法门……………………………………… 231
　　一、简单中的不简单…………………………………………… 231
　　二、变化中的不变化…………………………………………… 232
　　三、有限中的无限……………………………………………… 232
　第三节　让我们荡起双桨，驶向彼岸…………………………… 233
　　一、人生，因经营而精彩……………………………………… 233
　　二、东方和西方………………………………………………… 235
　　三、古代和现代………………………………………………… 236
　　四、古为今用，洋为中用……………………………………… 237
　　五、只有行动，才能保证经营成功…………………………… 237

后记　经营其实有三重功夫
　　第一重功夫　有形有音………………………………………… 241
　　第二重功夫　有形无音………………………………………… 241
　　第三重功夫　无形无音………………………………………… 241

前　言

倘若我说所有生命都处在变化之中，我相信几乎所有人都不会反驳我；但假使我说，所有的生命都有思想，我相信有一多半人都会认为我这只不过是打了个浪漫的比喻而已。但我此时绝不是想跟大家玩一把浪漫，而是真真切切跟大家说一个真理。因为我发现不管是自然界的动物也好，植物也好，其实都是有思维的，虽然我们暂时还不能确定它们会像人类一样思考，但所有的生灵其实都是有自己想法的。为了便于叙述，我们姑且将其统称为思想。

虽然我们无法从植物的表情来判断它们是如何思考的，但有一点是肯定，它们也有七情六欲；至于动物那就更好区别了，它们有着几乎与我们人类一样的表情及情感表达方式，从我们已知的五官变化就可以明显地感知到它们的喜怒哀乐，并从以往所取得的经验最后确认它们的行动导向。

我想说的是：任何一个生命，其实都不可能孤立存在。所以我们想要在大自然间生存，或者说想生存得更好一些的话，那就必须学会与其他动植物共存，否则就会出现排斥，就会遭到惩罚。同理，同类动物中，以一定关系存在的团体，无论是长期存在还是临时组织的，都必须学会处理彼此间的关系，尤其是处理好与其他相关联群体的关系，不然的话，稍稍疏忽大意，就会酿成对抗、反击，甚至导致更残酷的互害。处理得好，则顺；处理不好，则逆，甚至亡。这其中，势必也都多多少少隐藏着一些潜在的规律，需要我们细心地发现，用心地经营。

现在，"经营"这个词已经越来越深入到我们的生活，人们议论，是因为不想随波逐流；人们思考，是希望借这样一种东西改变自己的命运。

经营成为街谈巷议话题的同时，总听人说起经营，议论经营。好像在当今这个完全市场化的社会背景下，这就代表品位，代表时尚。

商人们喜欢谈经营，那是因为经营能够帮助他们更好的运营企业，使他们的投资能够获得更好的回报。

文人们喜欢谈经营，那是希望自己的作品获得最广泛的人群认可，从而能得到更好的传承，还能在当下有一个比较好的市场表现。

　　政治家喜欢谈经营，那是希望通过自己的努力，获得一些政绩，向上不辜负组织的重托；往下，可以少落下一方百姓的骂名。

　　学者们也喜欢谈经营，那是希望自己的研究成果能够更好地转化成生产力，并且成为推动社会前进的一股力量。

　　农民其实也喜欢谈经营，那是因为他们都希望自己庄稼地里长出的东西，能够更好地满足挑剔的城里人，从而在有限的土地上，创造无限大的价值。

　　街坊邻里也免不了谈经营，那是互相传递一种信息，并且通过把握这种信息改善自己的生活质量。

　　职场上，我们谈经营，是为了我们将自己的所学、所能，可以淋漓尽致地发挥、体现自我价值的同时，也能因此获得最为理想的回报，从而使自己以及自己的爱人、亲人，可以因此活得更好一些。

　　情场上，我们谈经营，既是因为我们经历过一次次的伤害后，再也伤不起了；又是因为我们早已习惯了跌宕起伏的情感体验；越是伤不起，还越是喜欢受伤后的那份痛、那份痒，那份等待和执着。

　　在家里，我们谈经营，是希望一个家庭能够更好地运转、延续，并且传承。

　　在外面，我们谈经营，那是我们关注我们生存、生活的这个环境，总想让这个环境更适合自己施展，并且总以为自己可以为改变这个环境做点什么。

　　经营涉及我们事业、工作、生活、爱情的方方面面，也预示着我们的生命走向和幸福指数，并在直接关乎我们每一个人既得利益的同时，还体现出我们的社会价值，以及由价值规律所引发的一系列社会现象。

周泉润

一 道

经营的前世今生
——人类的一切活动都离不开经营

第一节 远古的经营
第二节 诸子百家的经营
第三节 现代经营中需要厘清的问题
第四节 『经营学』的时代味

孩提时代最大的梦想莫过于长高了。记得那时我大约5岁的样子，就开始格外在意自己的身高，总盼望着自己能够快些长大，等到个头长得差不多与哥哥们一般高的时候，就可以跟在他们屁股后面一块去玩了，也可以少受点那些年龄比我大一点、个头比我高一些孩子的欺负。

于是，我就开始偷偷地给自己制订了一个让自己长高的计划，并开始留心所有能使人长高的秘诀。

听说拉伸身体可以使人长高，我有事没事地就把自己的双臂挂在家中院子里的一棵歪脖子杨树上，整个人吊在上面，并且拼命地在半空蹬腿；听说吃豆子能使人长高，我就瞅准一切可能的机会让自己的口袋里灌上一些豆豆，也不管生的还是熟的，趁人不注意就往自己嘴里塞点。干嘛要避着人呢？那是因为我那时害怕别人发现自己的秘密而因此笑话我。但其实这个秘密没过多久还是被发现了，原因是每晚都与哥哥在一张床上睡觉，白天囫囵吞下的那些豆子不好消化，所以我总是在被窝里放屁……

为了检验自己长高的成绩，我还突发奇想，将自己的身高悄悄地刻在歪脖子杨树上，那段时间，几乎每天都要量量，却总是没有出现那一份预料中的惊喜。记得有一次去城里的亲戚家住了大概有小半年的时间，心想这下总该会噌噌地长出老大一截了吧！结果你猜怎么着？硬是生生地让自己懊恼了好长一段时间，原因是我发现自己非但没有长到期望中的高度，相反地，反而发现自己变得比半年前更矮了。这个道理直到上学念书后我才弄明白：我在长高的时候，其实人家歪脖子杨树也没闲着，它跟我一样也在长高，而且它长高的速度其实远比我要快得多，至于我刻在树身上的标记，不也是跟着树一起慢慢地在长高吗？

最终，长高的真正秘密还是让我知道了，那就是多吸收骨骼发育所需要的营养元素如蛋白质、钙质之类，并且在我身体最需要补充营养物质的时候，凭着我自己的能力及时得到了满足。我的做法就是每天吃一个带壳煮的鸡蛋，我们当地管那叫"秤砣蛋"。这要搁在今天想每天吃一只蛋已经算不得是一件事情了，但在当时那个物资匮乏的年代，我要想每天吃个鸡蛋那就真是等于盼着天上掉馅饼一样几乎没有可能性的了。当然，这期间我也一度想过向父母亲张口，期望他们能够对我网开一面，能够瞒着其他姊妹神不知鬼不觉对我留点偏食，最终还是张不开口，原因是通过观察我发现，家中有限的一点鸡蛋几乎等同于父母亲的命根子，我们全家老少日常的盐巴、酱油等全指望这点鸡蛋换来钱支付。

最后，我做了个大胆的决定：就是完全靠自己的能力养鸡，养一只仅属于我自己一个人的、会生蛋给我吃的鸡。

记得那时我已经在离家不远的地方读着学前班了，那段时间无论上学还是放学，反正一有空就一个人往草丛里钻、在小树林里转，希望能够捡到一两只那些喜欢在此玩耍的鸡下的蛋。然后，自己孵化；再然后，蛋生鸡——鸡生蛋地这样循环往复，让自己有吃不完的蛋。但很快我就发现这条路子真做起来的难度也还是很大。且不说那时每家每户都把自家的鸡蛋看得死死的，自己家里那一只鸡在哪一天生蛋，其实主人心里都早已经一清二楚，因为他们头天晚上就已经摸过鸡屁股了；所以即使第二天鸡屁股里的蛋没了而他们又没捡到的话，那也会找遍那只鸡平时活动的每一个角落，若是知道了有谁捡了他们家的鸡蛋，那非得把你家祖宗八代骂上几天几夜才肯罢休。

不过，我最终还是得到了老天爷的眷顾。

有一次去圩上看热闹，我在一个卖鸡苗的摊位前硬是愣愣地待了好几个小时，并手脚麻利地在圩上捡来一些青菜叶子之类的东西喂给那些黄稀稀的小鸡吃。摊主大概是看出了我这个小孩的心思，所以在收摊时，特地从卖剩的小鸡中，挑出一只不小心折了腿的小鸡，爽快地送给我了。

我如获至宝地将这只小鸡捧回了家，放在一个平时装鞋用的纸盒子里，怕它冻着，盒子里垫满了破棉絮；怕它饿着，一天几次将拔来的小草剪成细小的颗粒；还将捉来的蚯蚓、蚂蚱、蛤蟆之类小动物切成细细的小段；看着小鸡吃得开心，我当时的感觉真是比自己吃到了好东西还要开心。

就这样，那只捡来的小鸡在我精心照料下，黄灿灿的羽毛渐渐被硬茬茬的鸡毛覆盖，终于有一天，它长成了个浑身上下都披满细雨点一样美丽斑点的芦花俏母鸡，只是稍稍有点遗憾的是那只折了的右腿终究还是落下了一点点残疾，站着时还不容易被看出来，但是，走起路来，就会发现它的身子明显向右摆了，村里一些人就不怀好意地管它叫"歪脚花花"，我虽然听着耳朵根子有点发烧，心里老大不乐意，但时间久了，也就听习惯了，到后来，连我自己也跟着大家一起这样叫了。

不过，我很快就欣喜地发现：虽然右脚有那么轻微的一点点瘸，但似乎并不影响"歪脚花花"的美丽，以及妙龄时代所散发出来的魅力，它很快就成为众多公鸡争夺的对象，经常可以看到公鸡们为了争夺它而鸡毛乱飞、死去活来的打斗场面。

更为争气的是"歪脚花花"的下蛋能力，那年的秋天起，它几乎每天都会下一只蛋。我也就在"歪脚花花"的关照下，整个秋天过得比谁都滋润，也就是因为有"歪脚花花"，那段时间里，我几乎每天都能吃到一只帮助我长高的热乎乎的"秤砣蛋"。

　　从表面看起来，生活不过就是活着这么简单，其实我们每个人的愿望都是想自己活得好一些，更好一些。这就需要我们对于看似有些枯燥的生活，多用一点心思，多掌握一点技巧，多讲究一点艺术，多释放一点正能量。

　　从这个意义上说，其实经营是一门科学，它可以让一件看似普通的东西，通过合理的运作，变得更有价值；经营又是一门艺术，它可以让那些原本有些乏味的东西，通过不断地演绎，变得饶有情趣；经营还是一种力量，它能使我们时时刻刻感受到温度的同时，还可以从中获得一股永不枯竭的动力。

　　那么，经营到底是什么？究竟应该怎样给它定义才更为准确呢？

　　关于这个问题，千百年来，人们为此始终争论不休。学者们为之争论，是因为希望能够从中发现一些规律性的东西；职场人争论，那是因为经营能使他们变得更有价值；老百姓争论，是希望通过经营，使自己的日子能够过得更有滋味。

　　依我看，其实经营也并非那么遥不可及，从某种意义上说，人类的一切活动都可以算作经营。

第一节　远古的经营

　　经营活动一直都贯穿在人类发展历史的始终，从已知的史料中可以得知，早在原始社会，我们的祖先就开始对此进行探索了，并在以后相当长的一段时间里，逐步地得到改进、创新、演变而成为更具操作性的经验，同时渗透在我们日常生活的方方面面。

一、一跤摔出千年八卦

　　从现有的史料记载来看，"八卦图"是由一个叫作伏羲的人画的，当时他还是楚地的一个部族首领。为了更好地掌握自然的规律，也为了自己的部族更加兴旺，他一直试图从自然景象的变化中找出宇宙的规律，并通过简单的符号象征表示出来。

这其中还有个意味深长的传说。据说伏羲是个多愁善感的人，无论是刮风、下雨，甚至打雷，他都不会刻意找个地方躲避，反而会一个人死死地盯着天上琢磨。最终他发现很多事物的变化都有一定规律。他通过观察发现：不管是昼夜也好，还是四时也好，其实都是在"依序代换"的——白天之后是夜晚，夜晚之后又是白天；一年四季中的春、夏、秋、冬，也都是依照次序在轮番地更替。

伏羲依此又进一步地追问：到底是谁在管理着这些东西，以至于宇宙万物间都可以这样有规律地变动着呢？伏羲着魔似的这样反反复复地思索，一层层地追问，希望能够寻找到宇宙运动的真相，同时他也尝试过用各种各样不同的方法来记录他发现的这种变化，但一直都不是很满意。

有一天夜里，伏羲像往常一样地观察天象，正全神贯注地看着满天星云出奇呢，这时他发现有一颗星星从天上掉了下来了，并且径直向自己迎面砸过来，他冷不丁一惊，两只脚下意识地后退了几步，正好踩在自己有些松动的绑腿上。结果让他哭笑不得，他发现自己结结实实地摔趴在了一块白天刚刚翻过土的田里。等他从松软的黄土上缓缓爬起身子的时候，他发现刚才摔倒的位子上，已经留下了自己的身躯和伸开的四肢图形。

这不正是自己一直在苦苦寻找的符号吗？伏羲异常兴奋地找来一根枯树枝在地上一遍又一遍地画着，最终他根据人体的躯干和四肢的变化原理，创造出了现在我们看到的这种表象兼具表意的图案。（图1-1）

图1-1

伏羲创造的这幅图，大致的意思是：在宇宙的中心有两块石头，其形状各自像半个月亮，这两块仙石一块是黑色的，一块是白色的，在宇宙的中心互相盘绕旋转，正是这两块石头控制着整个世界的发生和发展以及灭亡；依此，就有了阳光的向背，向日为阳（用☰表示），背日为阴（用☷表示），一刚一柔、一动一静，用以阐述万物的变化；而围绕四周的就是通常所说的"八卦"了，即：天（乾）、地（坤）、雷（震）、风（巽）、水（坎）、火（离）、山（艮）、泽（兑）。这八种成分，也就是构成世界的基本物质，通过其相互之间的矛盾作用而产生宇宙万物。

后人在伏羲的基础上进一步加以改进，就形成了今天我们大家通用的八卦图了。（图1-2）

图1-2

二、"八卦图"在现代的运用

一晃5000多年过去了，八卦图如今仍被广泛地运用于许多领域，对哲学、社会科学、医学、命理、风水等领域都产生了较大的影响，同时也影响着其他众多的区域，比如，现在韩国连国旗上的图案都是八卦符号。

曾有一个小传说：伏羲在发明了八卦之后的一段时间里，自己很是兴奋，于是有空就喜欢在月黑风高的时候出去走走，对着天空说话，身为帝王，有什么事情要决策，他选择的不是听取身边人的意见，而是问天，做与不做，全听凭"天命"，以至于在平常的农事上也不例外。

当然这些也只不过都是传说而已，事实也不尽然；但中国人信奉命运却是有目共睹的事实，有些人不但讲究生者的运势，即使对亡者所葬的地方也要讲究风水，认为祖上好的阴宅风水会影响后代的发展。

至于关乎家人健康和家族兴旺的阳宅就更是对风水、八卦这一类的事情有着格外的讲究。直到现在，在我们乡下，谁家建好房子后，也不管房子的建筑风格是中式的还是西式的，都一律要在房檐显眼的位置上画一个"八卦图"，意在镇宅辟邪，并保佑住在屋里的人出入平安。

第二节　诸子百家的经营

春秋战国时期，诸侯割据、群雄争霸，害得民不聊生，于是触发了一群有抱负的读书人思考成风，也不管自己学问有多少，都想凭着自己的理论找出既可以拯救自己又能够拯救苍生的办法来。于是，一大批在当时看来还颇为进步的思潮频频涌现，也出现了中国历史上前所未有的文化、思想大繁荣的局面。

在这些思潮当中，就有相当一部分是诠释并且可以指导我们今天的经营工作的。

一、儒家关注文化

儒家文化的核心是仁爱（孔子）、正义（孟子）、自强（荀子），不仅适用于修身、齐家、治国、平天下，也有助于其他的领域，其中也包括企业经营。

"仁爱"讲究的是恻隐之心，对自己、对他人都多一些关爱，按照现在的理解就是关注民生。

"正义"突出的是在判断事物、处理问题时的一种浩然之气，也就是我们倡导的实事求是精神。

"自强"是告诫我们事在人为，只要想做、努力做，就没有做不了的事，要学会自己拯救自己。

我个人也是极为推崇儒家文化的，我觉得以儒家思想看问题最为客观，也比较实用，可操作性特别强。所以，我在一开始做企业的时候，基本上都是按照儒家的思想来构建经营策略和管理体系的。

仁爱、仁德，是儒家文化的核心和原动力。所以，我一开始就将企业精神确立为"德为先、人为本、和为贵、义为重、中为用"。

在对待员工的问题上，强调自律与帮扶结合，主张在管理上仅仅对员工有严格的制度是远远不够的，还要厚爱，在关心的基础上予以帮扶，时刻把对员工的培养和管理提升到爱的高度，即使是批评，那前提也是一定要出于爱。

在对待客户的问题上，企业突出"义大于利"，正义、忠义、情义，都是安身立命的气节。义就是执行力，对待工作就是要义不容辞，具有强烈的责任感。为此，企业不仅将一个"义"字上升到人品的高度，更视之为做人、做事的道德准则。由此延伸，那就是：宁可企业吃亏，也不让客户吃亏；宁可自己吃亏，也不让企业吃亏；宁可自己麻烦万分，也不让客户有一点不便。

对外，企业信奉"礼之用，和为贵"。礼节、礼貌、礼仪，是员工的行为准则。客户就是上级，客户的需求就是最高命令。所以，无论何时何地都要把对客户的尊重表达出来，所提供的服务也尽可能地让客户有所惊喜和感动，对客户的爱和热情也都要化为礼，以礼当先、以礼服人，礼字当头。

对内，企业强化忧患意识："人无远虑、必有近忧"，"永远战战兢兢做市场，永远如履薄冰办企业"，为此，企业提出了"只有创业，没有守业"的口号，使每一个团队都永远保持清醒的头脑。

"吾日三省吾身"——企业无论在举步维艰的创业初期，还是门庭若市的高速发展期，都始终保持"吾日三省"的习惯，即：省目标、省同行、省对象。

省目标——按既定的目标，每天应该做什么？应该怎么做？

省同行——同行业的经营活动，都有了哪些变化？对我们会有哪些影响和启发？

省对象——客户满意度有多少？事业伙伴的满意度又到了哪里？

二、道家关注人生

道家的人生哲学真谛是清心寡欲、崇尚自然、返璞归真。

道家代表老子认为：人生之道要保持少私寡欲，心神宁静。

道家另一代表人物庄子的人生追求：真实、自由、宽容。

"圣人恒无心，以百姓心为心"，"圣人之在天下，欲焉，为天下浑心"。道家告诉我们，要永葆一颗没有偏见的心，充分尊重事物的客观规律，顺着自然的客观规律的运行方式去做,要时刻明白自己能力的渺小,要时刻看到并利用好周围的人和物。

道家认为物无贵贱,倡导"贵生、养生、乐生"的人生哲学。

在当今社会变革与转型阶段,由于极度的自我意识和物质崇拜,加之缺乏必要的心态修炼,所以人的心态也受到了严重扭曲。

像我们都熟悉的"地沟油"问题、"毒奶粉"事件、"楼歪歪"、"桥脆脆"等现象,都是私利泛滥所导致的必然结果。

当然,这些浮躁心态背后的根源是多种多样的,其中最根本的原因还是杂念太多,不知"止于至善"。

其实,道家的人生哲学早在几千年前,就已经给了当代的经营者以极有价值的启示。

1. 故贵以身为天下,若可寄天下;爱以身为天下,若可托天下(老子《道德经》第十三章)

先贤老子的意思是:珍重的是天下,因为有以身为天下的责任,天下就可以托付于他;爱惜的是天下,因为以身为天下的责任,天下也就可以依靠他了。

道家的学说告诉我们:忧愁都因有"身"而起,若无身则无谓。大致的意思是:要将一件事做好,就必须超越狭隘自利的本位要求,把做事的动机转化为提升民族精神、服务大众群体、承担社会责任的精神。

我们无论从事何种工作,无论处于什么位置,都应该心里装着天下,以天下的利益为利益,以天下的责任为己任。只有这样,才能得人心,也更容易得到天下人的拥护与爱戴,这样做事才会更加顺畅。

2. 以其无私,故能成其私(老子《道德经》第七章)

这是说,由于他无私,结果反而成就了他自己。而在与人交流中,没有私心的话更容易感召别人,让自己更受别人的拥护和信赖。

做人要淡泊名利、荣辱、成败、得失,脱离个人欲望极度膨胀与现实情况极度残酷之间的矛盾和痛苦。

大凡成功的人,都是能够通过树立远大的理想和抱负,来克制自身欲望的膨胀,从而坐怀不乱的。

我们每个人都应该对自己所从事的事业孜孜以求,既不要因为处于顺境而心意骄纵,也不要因为不得意而停止对事业的努力。要习惯远离浮华、喧嚣,要习惯忍耐各种诱惑,以静生慧,以静致远。

春秋五霸之一的楚庄王,就是一个能主动隔绝欲望对象的典型例子。

楚国宰相子佩盛邀楚庄王去赴宴，当时楚庄王满口答应了。为精心准备这次宴请，子佩特地将设宴款待的地点安排在一个叫"强台"的地方。开宴的那天，子佩左等右等，楚庄王就是没来。子佩急坏了，楚庄王不来，可开不了宴席啊，而又如何向这些请来的满座宾朋交代呢？无奈之余，子佩只能带着一肚子气回到宫里，去拜见楚庄王。子佩随意地给楚庄王作了个揖，站在殿堂下，带着怨责的语气，问道："数天前我子佩邀请你楚庄王来赴宴，而君王也许诺答应来的，但是今天楚庄王您却不来参加我这次的宴请，难道意思是我有什么地方做错了，得罪了您楚庄王？"楚庄王并没有责怪子佩的无礼，而是这样回答道："我听说您把这次宴席准备在了'强台'这个地方。听人说'强台'这地方呢，真是一个风景绝佳的地方，好比人间仙境。这个地方前面是方皇之水弯曲环绕，往南望去又可以看见料山的美景，不仅如此，左方靠着长江，右面临近淮河，这个地方真是快乐似神仙的地方，这个地方也是让人无忧无虑忘记时间的地方。我是个福德浅薄的人，又怎么可以来承担这份福乐呢？如果我真的去了这个地方，参加了您的宴请，只怕自己控制不住自己，只管尽情享乐地留在了那里，而不能回来处理朝政、治理国家了。所以说'不见可欲，使心不乱'。"

楚庄王不去强台赴宴，是为了克制自己享乐的欲望。由于楚庄王能主动地与各种欲望对象保持一定的距离，所以他才能在做了诸侯王之后，"三年不鸣，一鸣惊人；三年不飞，一飞冲天"，成为一个治国有方的君王。

现在有部分政府官员，因贪图钱财而受贿，结果受到党纪国法的处罚；也有一些政府官员，因沉迷女色、贪恋枕边风而断送前程。古往今来，凡成大事者，必有强烈的欲望，有欲望并不可怕，关键是不要被欲望牵着鼻子走。

《道德经》又说：不尚贤，使民不争；不贵难得之货，使民不为盗；不见可欲，使民心不乱。是以圣人之治，虚其心，实其腹，弱其志，强其骨。常使民无知无欲。使夫智者不敢为也。为无为，则无不治。

老子的意思是说，不崇尚贤才异能，使人民不至于炫技逞能而争名逐利。不看重稀贵之物，使人民不做盗贼。不显露足以引起贪欲的物事，使人民的心思不至于被扰乱。因此，圣人治理天下的原则是：排弃充斥于人民心中的各种成见，满足人民的温饱需求，软化人民的犟执趋求，提高人民的自立自足能力。通常使人民不执成见、不生贪欲，使那些"智者"不敢为所欲为。从事于无所成为的作为，即可以得到全面的治理。

所以，道家向几千年后的今天传递了一个信息，那就是：如果你不能主宰自己的欲望，那么，你最好的办法就是——远离那些令你迷惑的对象。

三、佛家关注人心

佛教自印度传入中国，从南北朝进入兴盛发展阶段。佛家强调通过修身、反省来促进国家的繁荣、社会的安定，从而实现个人行为的持久性。

有一则小故事就很能反映这个问题。

清代乾隆年间，南昌城有一点心店主李沙庚，最初，他以货真价实赢得顾客满门。但其赚钱后便掺杂使假，对顾客也怠慢起来，生意日渐冷落。一日，书画名家郑板桥来店进餐，李沙庚惊喜万分，恭请题写店名。郑板桥挥毫题定"李沙庚点心店"六字，墨宝苍劲有力，引来众人观看，但还是无人进餐。原来"心"字少写了一点，李沙庚请求补写一点。但郑板桥却说："没有错啊，你以前生意兴隆，是因为'心'有了这一点，而今生意清淡，正因为'心'少了这一点。"李沙庚感悟，才知道经营人生的重要。从此以后，痛改前非，又一次赢得了人心，赢得了市场。

人心是一笔无形资产，是一笔不可忽视的巨大财富。对于企业、商家而言，经营人心是事业健康、持续发展的关键。此事亦可看出郑板桥的智慧与幽默。

六祖坛经：直指人心，见性成佛。

禅宗认为，成佛的宗教实践根本不是那么复杂，甚至那些方法与成佛是有妨碍的。禅宗的观点是，一个人能否成佛关键在于他心中对人世之苦的认识，只要他认识了，就可以成佛。

可见，佛法无边，所渗透的力量、影响的范围，简直不可限量、无孔不入。去过寺庙的人都会有这样一种体会，也就是不管平时再怎么嘻嘻哈哈的人，只要一走进寺庙也都会变得一本正经起来；再无所谓的人，面对面前那一个个威严的菩萨，也都会乖乖地变得有所谓起来，这就是佛的力量。

而这一切，其实也都是经营的结果。

我们一走进寺庙，就会被它恢宏的建筑震慑住，伴随一个个神情肃穆的菩萨，加上袅袅的香烟衬托，僧人手握着佛珠，口里念念有词，加之悠悠敲击的木鱼声，时不时还传来一声声的暮鼓晨钟。真的！那一刻你要想不神圣都不行。

现代社会正处于转型期，容易产生浮躁，也难得还有这么多的出家人保持一颗清净的心。一般人可能都会以为和尚和尼姑，孤男寡女的，一定会出点什么事。我们现在的影视剧也喜欢弄点这样的噱头来提升票房。

我曾经在寺庙里住过，其实真不是这样，至少我没看见过，并且也没听过，即使有的话，我相信也是极个别现象。这主要还不是我凭自己的眼睛、自己的耳朵得出的结论，而是我发现佛教在整个规矩的设计中，已经规避了这类事情发生的概率。一是现在大多数人出家都是自愿的，也没见有谁逼你出家；二是出家人本来确实也都是一些看破红尘的人，如果好色，何苦来哉？三是每个寺庙都是各自独立经营的，那些男性的比丘，以及女性的比丘尼分属于不同的寺庵，即使参加大型的活动需要聚在一起，也都是分开食宿的，而且，一般的僧人凌晨三四点钟要起来诵经，所以早早必须睡了，也没有太多的机会。

说僧人爱财倒也有一定道理，因为原本寺庙的日常维护也是一笔不小的开支，以前他们还有自己的土地、自己的山林，可以作田、种菜、育果，自己吃不完还可以拿到市场上去卖，增加点收入。现在随着土地没了，这方面的经济来源也大都断了，日常的开支大多也就只能靠香客的施舍。

四、墨家关注社会

墨家提倡兼爱（完全的博爱）、非攻（反对侵略战争）、尚贤（不分贵贱唯才是举）、尚同（上下一心为百姓服务）、天志（掌握自然规律）、明鬼（尊重前人智慧和经验）、非命（通过努力奋斗掌握自己的命运）、非乐（摆脱划分等级的礼乐束缚，废除烦琐奢靡的编钟制造和演奏）、节用（节约以扩大生产，反对奢侈享乐生活）、节葬（不把社会财富浪费在死人身上）。他们的社会理想是平等、互利、博爱，所以墨家所有的理论都是围绕社会这个大前提为基础的，并且通过社会的运转来带动每一个人的运转。

墨家认为人是社会的一分子，只有社会的日子好过了，个人的日子才会好过。所以，必须通过改变社会这个大环境，才能进而改变自身，通过社会的繁荣来带动个人的繁荣。这实际上就是我们现在说的社会主义，终极目标就是共产主义，每个人都像是在一个大家庭里过日子，每家也都不用上锁，要是缺什么了，行啊！自己拿去；要是想要什么，有啊！自己拿去；爱拿什么拿什么，想拿多少就拿多少。你的就是我的，我的也就是你的，也不用琢磨谁吃亏、谁占便宜这样一些芝麻绿豆的小事。

在这样的世界里，没有剥削，没有压迫，大家有福同享、有难同当。

现在科技发达了，整个世界就是一个地球村，要未经允许就拿点、偷点东西，谈何容易啊！到处都是摄像头。不信你们可以数数，现在一个城市里有多少个摄像头，你只要走出自己的家门，就处在电子眼的监视中。

这也提醒我们一个细节，那就是千万别在眼皮底下做坏事，你瞒住别人干了点什么坏事，自己还以为神不知鬼不觉的，鬼话！其实，你做的一切都有眼睛看着，只是有些事太小，不值得管而已；有些事不关监视人管，人家也懒得管罢了。

就算你在自家院子里盖了个鸡笼子，自然资源部的卫星其实也早就拍到了；你家哪一天什么时间进出了一个什么样的陌生人，小区的监控器也早知道了；你一天当中去过哪些地方，会了哪些人，做了哪些事，有哪些动作，出现了哪些表情，只要查查几个监视器的录像，再综合比对一下就可以一清二楚了。

所以，我敢预言：那些偷鸡摸狗的营生，不出十年就会没人愿意干了，为什么呢？因为这工作不但龌龊，而且在现代社会已经很难养活自己了。

我曾相信，而且现在我依然相信，这些邪恶的东西会随着社会的觉醒而很快就会淡出人们的视线。

五、法家关注国家

法家强调法、势、术。"法"指的是"王法"，虽然并非我们通常意义上的"民法"，但治国理念却是一直沿用至今，那就是：公开、公平、公正；"势"指的是君主的权势，认为君王只有独掌军政大权，权力之外的那些人才不会因为争权夺利而乱了秩序；"术"就是我们通常意义上的驾驭之术，指的驾驭群臣、掌握政权、推行法令的策略和手段。

"法、势、术"的目的都是注重察觉、防止犯上作乱，维护君主地位。在今天看来，其最大的作用就是"定分止争"，也就是明确了物品的所有权。

为此，法家的一位核心人物还打了一个很简单的比喻："一兔走，百人追之。积兔于市，过而不顾。非不欲兔，分定不可争也。"意思就是说，一只兔子在野地里跑，就会引来很多的人去追，但对于集市上那么多的兔子，他们却连看也不看一眼。这并不是他们不想要兔子，而是因为那些兔子的所有权都已经确定，不能再争夺了，否则就是违背法纪，就要受到相应的制裁。

法家认为人都有"好利恶害"或者"趋利避害"的本性。比如：一个商人日夜兼程赶千里路也不会觉得远，那是因为有足够的利益在前边吸引他；一个打鱼的人不怕危险，哪怕身处逆流也不肯放弃航行，即使有百里之远也不会在意，这也是因为他追求打鱼所能带来的利益。

除此之外，法家反对保守的复古思想，主张锐意改革。他们认为历史是向前发展的，所以，一切的法律和制度都要随着历史的发展而发展，既不能复古倒退，也不能因循守旧。

六、医家关注养生

中医认为人体是由"气"组成的，阴气与阳气带动了人的身体各个器官运动。阳气太甚，或者阴气太重，都是一种病态。所以，养生的第一要义，应该根据四季的变化进行作息：春夏养阳，所以春天和夏天都应该晚睡早起；秋冬养阴，所以秋天，早睡早起；冬天，早睡晚起。并且强调：调于四季，和于阴阳。

除此之外，合理膳食也很重要。医家觉得最好的疗补就是食补，吃东西也不是非得一日三餐，而是觉得饿了就吃，每次摄入食物的量，也只需要觉得不饿了也就可以了。

平时喝水，最好也要以蔬菜汤或者饮茶的形式进行，这样做的目的一是可以使水分更好地留存在体内；二是补完吃完了，还需要考虑一下自己肠道的代谢通畅，只有肠道干净了才不至于因为食物在体内滞留时间过长而产生毒素，也只有做到身体内的循环良好，才真正算得上是做好了滋养的工作。

再者，就是保养生殖。因为一个人生殖系统的好坏，直接导致了人体气血的正常代谢。

尤其是女人，13～14岁排卵，25岁左右身体开始走下坡路，体内的激素水平也跟着下降，状态也会不由自主地跟着下去，所以需要以食物的温和形式来补充一些雌性激素。

小产、促排卵药物，以及妇科疾病，都是影响女性美丽容颜的最大杀手。

冷是一切麻烦的根源。冷女人就会血行不畅，手脚冰凉而且痛经。如果血行不畅的话，面部就会长斑点，体内的能量也就不能润泽皮肤，皮肤就会变得没有太多生机。

更可怕的一点就是，我们的生殖系统其实是最为怕冷的，一旦我们的体质过冷，它就会自动生长出更多的脂肪来予以保温，我们的肚脐下也就会毫不掩饰地长满肥肉；而一旦我们的气血充足、保持足够温暖的话，这些不受欢迎的肥肉也就自然而然地没有存在的必要了，也就会一点一点地自动跑光。

其实，用现在的眼光看，诸子百家对理论的探索与实践，其过程本身也都是一种经营活动。

第三节 现代经营中需要厘清的问题

经营不是一蹴而就的事情,见着别人事情办得顺利,自己也照葫芦画瓢地捣鼓一通;看见别人小日子过得舒坦,自己也一味地跟风。这种不顾自身条件,盲目尾随的结果可想而知的。

我们现在谈经营,也不否认在经营的过程中都或多或少地存在着这样那样的问题。这并不是事物本身的规律发生了什么变化,而是伴随着科技的进步、资讯的发达,人们反而丧失了原有的判断。所以,无论是哪种形式的经营,都难免纠结于这样几个问题,在经营之前,也务必先厘清这些问题。

一、需求与供给

不同的价值观之间也会产生相互间的碰撞,以至于我们每个人都会感觉从未有过的茫然。因为一个人对物质与精神的需求永远都是无法满足的,但市场所能提供给每一个人的东西又都是相对有限的,这就产生了新的矛盾。但任何矛盾都是与机遇相伴而生的,这也就难免让我们一时间觉得很纠结。

现实社会中,我们每个人既是需求者也是供给者。对于需求者来说,总是希望得到的越多越好;而对于供给者来说呢,却是希望付出的越少越好。

一个人到一个城市打拼需要租房子,此时他的角色就是需求者,站在需求的角度他一定希望租给他的房子是家具齐全而价格又便宜的;但房东却不这么想,作为供给者,他希望用最少的付出获得最大的价值。

因此,我们作为供应者的时候,设定条件时应充分考虑周边环境的情况,否则,你所提供的东西就不容易被需求者所接受,也就出现了闲置的成本;而当我们作为需求者的时候,有时确实也没有必要在一些无伤大雅的小问题上斤斤计较,弄得供应者心里不平衡,也会在此后的服务中,降低服务标准。

二、远期与近期

经营中还有一个很重要的问题就是要充分考虑远期与近期的问题，远期是发展的方向，近期是实现的目标。只有方向确定好了，才能保证走的道路正确；只有目标是切实可行的，才不至于得到"画饼充饥"的结果。那些想起来很美好，但任凭怎样努力又总是实现不了的东西，就是再有耐心的人也会泄气。

但人也都有这样的通病，那就是：既想有更好的发展，又害怕失去眼前的利益，因为发展毕竟是个未知数，成功还是失败心中都没有底，而眼前的利益却是可以预测的。

经营其实就是为了更好地解决这个问题的，你若是想将一件事情变得更好，就必须要改变，当然，任何改变都会有成功或者失败这样两种结果。但如果不改变的话，就只能是维持眼前现状这一种结果。

所以在改变前，我们需要对现有的条件做具体的分析，有哪些强项，有哪些短板，机会点在哪里，危险系数又有多大，怎样才能有效地避开风险。怎样做既能使眼前变得更好一些，又可以有效地为下一步的动作做有效的铺垫。

一个长期靠捕鱼为生的人，是懂得如何放掉那些小鱼的；一个职业猎人，也断然不会将枪口对准那些怀孕的母兽。并不是他们没有需要，而是他们清楚地知道自己不但要满足今天的需求，还要考虑明天的需求。

三、全面与局部

我们要将一块布变成一件衣服，绝对不是提起剪刀"咔嚓"乱剪一通就可以了事的。对于一个有经验的裁缝师来说，他会根据衣服的需要，对整块布进行分配，哪里需要用哪块才合乎整体设计的纹理，哪块放在哪里才不至于浪费。

同样的道理，无论我们经营的是什么，都不能将眼睛只盯着一处。因为再大的东西也都是由一个个小东西组合而成的；再小的东西，其实也一样有着完整的结构。

所以，用全局的眼光看问题，在局部的事情上下功夫，就显得尤为重要，也是在经营中可以起到一劳永逸的效果。

四、复合与单一

如果眼下有很多事情需要做，我们是几件事情同时做好呢，还是一件一件地做比较合适？相信大部分人都会做出后一种回答，原因很简单：谁也没长三头六臂。

如果我们开一家店，一种选择是什么东西都卖，另一种选择是只卖一种东西，或者一类东西，结果又会是如何呢？

什么都想做的，最后什么事情也做不好。什么都卖的店，也可能会吸引很多人光顾，但最终成交的却不一定很多。为什么呢？因为人家不知道你究竟是干什么的；只卖一种东西的店，人家很清楚这家店在干什么，也会觉得这家店在这方面很专业。对于经营者来说，也容易集中精力将这家店做好。

五、粗放与精细

战场上，机枪的功能是压制敌人的火力，虽然子弹击中目标的概率极为低下，但却能对敌方造成巨大的威慑；而狙击步枪的功能就是精准地打击目标。

我们做任何事情都必须充分平衡力量，毕竟一个人的精力是有限的，什么都想做的结果往往就会什么都做不了。

一个人如果什么事情都想做到尽善尽美的话，那结果就是什么事情都做得不甚完美。

所以，日常工作或者生活中，要使我们的经营达到预期的效果，我们就必须懂得平衡好"取"与"舍"的关系，我们有些事情不妨让它粗一些，有些事情则应该精细一点。

六、有限与无限

任何事物都是有限的，至少就目前来说，人类还没有发现什么无限的东西。但如何控制有限与无限就有许多探究了。

小时候，每当家里吃西瓜，我总是会将一个肚子撑得滚瓜溜圆。这时，父亲从来不会干涉，因为他知道西瓜的主要成分还是水，怎么吃也不会吃坏肚子。但当我以同样的方式吃肉的话，父亲就会毫不客气地予以阻止，起初我以为这是父亲怕我占用了其他姊妹的份额，后来发现至少不全是，因为我随家人去参加一些红白喜事的宴席，吃别人的东西时也是这样，倒不是怕我当时的吃相难看令人耻笑，而是怕我这样没有节制吃的话，会撑坏自己有限的肚子，得不偿失。

经营恰恰就是要解决好有限与无限的问题，对于那些不可再生的东西攫取时我们都应该有所节制，一则是因为用一点就会少一点，二则是有些东西占用得太多也并非有益。

七、平衡与倾斜

我们都喜欢说一碗水要端平,但要想让一碗水真正地被端得平那也是很难的。不信的话,我们可以将端平的一碗水放大一百倍、一千倍试试,结果肯定会让人大吃一惊。

经营也是这样,一个计划,你不可能每一处都设计得毫厘不差,有平衡就一定会有倾斜。我觉得重要的不是倾斜本身,而是我们在发现倾斜后所产生的反应。

这其中包括两层意思:一是发现了倾斜,敢不敢面对的问题;二是有没有纠正倾斜的勇气与决心。

八、创新与继承

现在什么都讲创新,好像不这样不足以体现自己的先进,也因此就丧失了所谓的时尚,而继承就被看作保守,就是落后的代名词。这种完全否认了客观规律的做法,结果弄出很多苦果来。生活中这样的例子还少吗?

对此,我的观点是:创新的是方式方法,继承的是客观规律。

任何创新都必须建立在继承的基础之上,应该是对现有有限资源的改进与改善,是5%的进步,积小变以图大变,对于我们每个人来说,就更是以最小的资源来换取最大的效益,这才是面对今天这样一个社会大背景之下,我们每一个人所应该特别追求的。

第四节 "经营学"的时代味

人类社会就是一个不断进化、不断变革的过程。所以,作为一种行为来说,经营也势必要在尊重和继承客观规律的基础上,更符合身处这个时代的特征,并且围绕所处时代的核心价值观以及社会需求,有针对性地不断地对我们自身所提供的东西加以调整。

我们无论经营什么，只有让经营的过程符合大众的口味、大众的利益，才能被大多数人所接受，并因此获得最广泛的帮助。

一、用望远镜做战略规划，看得高、望得远

我们每个人决定做每件事情，都是希望能够把这件事情做好的。但有时做起来很顺利，有时做起来就有些困难；有些人做起来得心应手，有些人做起来就磕磕碰碰；有些人单看某一时段或者某一个环节可能做得很好，结果最后事情做完了，整体看却把事情搞得一团糟，这就是不懂经营的结果。

我们都知道"种瓜得瓜、种豆得豆"的道理，但有时你诚心诚意地做事，却不一定能够换来预期的结果。

这些都是我们视线局限所造成的，想把事情做好的愿望越强烈，可能越容易只看到其中的一个点，而全面才真正是决定这件事能否做好的关键。

一个农民要种好一块地，就必须一年四季依照时令种庄稼，否则这块地就容易"作掉"，也不容易获得他所希望的收成。

一个工人要将一块铁皮锻造成一口锅，就要了解这口锅所需的每一处材料的特性，而且还要对这块材料的情况做到心中有数，这样才能有计划并且运用好这块材料。

我们都见过马拉松比赛，那些开始跑在前面的人往往最后都不是冠军，为什么呢？因为他们不懂得合理分配自己的体力；或者说原本是注意自己节奏的，但跑着跑着就被场上的局面搞蒙了，结果事与愿违。

所以，我们在决定做一件事情之前，不妨将这件事情有意识地放大，不但要看眼前，更应该向纵深的方向看，并且尽可能地看远一点。

二、用显微镜制定战术，做得细、做得精

我们在规范地做一件事情的时候，就需要制定相关的战术，战术能否成功取决于我们对于细节的处理是否到位。

这时候，我们就应该像一台精密的显微镜一样，将其中牵涉的人和事一一放大，逐个逐个地寻找漏洞，并通过对这一系列细节的处理，促进人际协调、人事匹配，充分发挥人的潜能，计划、组织、指挥和控制各种工作环节，这样做事情，才能做得细、做得精。

说到这，不由得使我想起我们以前的一个经销商来了。现在想起来他还算是

比较有冲劲的人，做起工作来雷厉风行，办事也很利落，但就是不太注意工作中一些细节的处理，所以原本挺好的战术被他一执行起来就会变样，虽然事情最后也都勉勉强强完成了，但就是要打上一定的"折扣"，效益也就会因此受到一定的影响。

有些"折扣"看起来很小，但这也打一点折扣，那也打一点折扣，累积起来就会是很大的数字，也容易将人变得"疲沓"，做其他事也一样马虎。这就要求我们做任何事情时都不能"胡子眉毛一把抓"，而应该在做之前，将一件事情所涉及的所有环节都想得极为周全，不放过每一个细小的部分，不漏掉每一处盲点。在这样的状态下完成的经营工作，效果才会越来越好。

三、经营的辩证观点

从辩证唯物主义的观点看，"大就是小，小就是大"。经营发展就是这样，大就是小，即看起来很强大，但里面也必然隐含着弱小甚至死亡的危机；小就是大，也就是说看似微乎其微，实则却隐含着强大的动因，绵薄而致远，谁又可说其"小"呢？

一个人是否强大，并不是靠身高、体重，而是靠强大的内心潜力，以及海纳百川的胸怀，这才是做好一件事的根本。

一件事是大还是小，和这件事的规模也没有什么关系，关键要看相对于同类的事情，这件事是否有核心的竞争能力，是否能够给相关联的人带来实实在在的价值。

1. 统一与对立

世间万物没有哪一个是没有对立面而独立存在的，经营也不例外。只要存在，就免不了会受对立面的干扰。我觉得重要的不是有没有的问题，而是如何看待的问题。

我们有一个好的想法，有人有不同意见，好事啊！至少从另外一个角度，可以检验或者完善我们的想法，弄不好还可以给我们一些新的启示。

我们决定了要做一件事情，有人要阻挠，这也很正常啊！说不定也就是正因为有这样那样的阻挠，才更加坚定了我们做好这件事的决心呢！

换一个角度看：对立不也就是一种鞭策、一种促进吗，正好可以转化成为我们做好这件事的动力。

2. 依存与独立

任何一个人要想成功，都离不开别人的帮助，这就决定了人的生存状态是相互依存的，但每个人又想独立地拥有自己的一部分空间。

如果说依存更多的是出于"义"的话，那么独立就能相对获得更多的"利"。所以，义与利是人类社会一直纠结的问题，原因是前者是大家都希望对方遵守的，而后者却是大家都想获得的，这就不可避免地产生了矛盾，如何在统一价值观的基础上，让每一个个体都最大限度地独立，从而产生"1+1＞2"的效果，就需要经营者具备足够的智慧。

什么事应该依存，什么事可以独立？这是我们在经营任何事物前都无法回避的问题，也是我们在实施前应该考虑好的问题。

什么时候必须依存，什么时候有必要独立？这也是我们不得不面对的问题，否则原本应该这样的事情，结果可能就会事与愿违。

对于经营企业来说，知道怎样运用相关政策，知道如何有效地整合现有资源，这是依存；懂得企业应该承担哪些义务，懂得在什么地方、在什么时候，可以合理地放权，这是独立。处理得好，就容易赢利；处理不好，就势必要亏损。

对于经营个人来说，如果能像经营企业一样经营我们自己，那自己就有别人所需要依存的价值，别人就会对你高看一眼，你也就更容易获得自己想要的东西；否则只能是廉价的一类货色，别人不感兴趣，自己也就失去了价值。

对于经营事情来说，如果我们能够更加有计划，更加科学地进行依存与独立方面的运作，就能更加缜密地做好一件事情，从而获得我们所期待的价值。

对于经营人际关系来说，如果我们运用经营的思路，处理好依存与独立的矛盾，就会使事情的发展更顺利一些，无论做事还是做人，也都会顺畅许多。

四、最为理想的经营模式

现代社会错综复杂，一件事情有可能会因为观察角度的不同，而显示出多种状态来；一个人也会因为环境的影响，而呈现出不同的方面。同时，任何最好的方法，也是既有利，同时又有弊的。

所以，要想尽可能地做到尽善尽美，最好的方法就是吸取众家之长。简单地说，我们可以取各家最擅长的一点加以引申。

中国古代思想博大精深，也经受了几千年的岁月洗刷和无数的实践检验，都有长处，也都有短处。我觉得重要的不是一味地继承，也不是一味地摒弃，而是有批判地进行整合，通过优化使其发挥最大效应。

简而言之，就是：

（1）以法家思想立规矩。

（2）以儒家思想建文化。
（3）以道家思想修人生。
（4）以墨家思想维护共同发展所需要的社会环境。

二 道

经营的『规』
—— 规律、习惯、规章都是效率的保障

第一节　经营解决三个问题

第二节　经营的两种方法

第三节　传播出效益

第四节　制衡显威力

第五节　经营的实质就是经营品牌

我儿时的家门口正对一口池塘,虽然不是很大,但村里人却都喜欢将家安在池塘边上,久而久之,也就形成了几十户人家共用这口池塘的局面。

距池塘百米开外的地方就是东荆河了,也是我小时候最喜欢玩的地方,有时站在高高的东荆河的堤坝上,不经意间向家的方向随便一瞥,几十栋错落有致的瓦盖建筑中间,突现那么一汪清澈,顿时就会有一种心旷神怡的感觉。

天蒙蒙亮的时候,透过淡淡的晨曦,一股股银色的水雾正从水面上袅袅升起;而当夕阳西沉的时候,又有一缕缕金色的丝线投射在水面上,形成一个个直晃着眼睛也闪闪发光的金铂。时不时飘过来谁家灶台的饭香,似有似无,亦真亦幻,这时候即使再幼小的心,也会觉得有一种既有些炽烈,又有些甘甜,还有些躁动的心,暖暖的,像是要从自己的嗓子眼里蹦出来。

这口美丽的池塘在外人看来是一道风景,但在村里人看来,却是实实在在的生活。水因为有了生活的加入,从而显得饶有情趣;生活也因为水的滋润,进而变得愈加生动;而漫长的日子,也就在这样日复一日、周而复始的更替中,静静地度过。

但再美丽的景致也是要靠人维护的。从我记事起,就知道不能对着池塘大小便,不能向池塘里面乱扔东西,甚至不能就近取水,池塘太小了,经不起人为折腾。这些好像都没有谁刻意教过,但大人们一直都是这样做的,小孩子自然也就这样跟着学咯!这些规则就像是一种无形的默契,打老祖宗那里就开始流传下来,一代接着一代。

那时,各家的日子其实都还是过得紧巴巴的,所以,平日里全村老少一有时间就会去附近的河岔里摸点鱼虾、苇荡子里掏点鸟蛋什么的贴补点家用。但即使这样,也没有一个人去打池塘的主意,久而久之,附近河岔里能捉到的东西越来越少,也越来越小,而池塘里的鱼儿却是又多又肥大,经常是一大早开门,首先见到的就是鱼儿一个个将大大小小的嘴巴探出水面吸食露水;而太阳出来的时候,塘边的草丛就会一个劲地摆动,即使没有微风,也能见着草尖轻轻起舞,那是鱼儿在草丛里游弋着觅食。

真正壮观的还要数黄昏时分,金色的阳光投射在波光粼粼的水面上,欢快的鱼儿三五成群的从水里高高地跃起,然后迅疾地在水里相互追逐,留在水面上一串串、一圈圈好看的涟漪,同时向四周迅速蔓延,很快就与另一个涟漪相交。于是,美妙的场面也就在这时出现了:一串水波接着一串水波,一个涟漪套着一个涟漪;到最后,原本不大的整个池塘,无论是截取水面上哪一段,都会在太阳的映照下,变成一颗颗正在不断长大的宝石。偶尔定一定神,恰好见到一轮皎洁明月沉在水底，恍惚间，还以为此刻自己正置身夏日的星空呢，深邃、浩瀚……面对此情此景，即使再迟钝的人，也会有一股暖洋洋的东西从头到脚地洗遍全身。

可能正是因为谁都产生过与我相同的对于这个池塘的这些温馨体验，所以，村里人不管男女老少，也都一直自觉自愿地遵循着一种默契，那就是：即使家中日子再紧巴，谁也不会去动池塘的脑筋，这片水域的鱼虾是不能碰的，池塘边的草是不能碰的，连飞到池塘里的鸟也是不能碰的，这儿是青草的家园，这儿是鱼儿的天堂，这儿也是鸟儿的避难所，谁破坏了谁就是大自然的罪人。

但这种宁静、肃穆的气氛终于还是不小心被触碰了，偏偏触碰的还就是我们家。原因是有一天中午，一下子没看住，家里仅有的三只正下蛋的大麻鸭趁人不注意，悄悄地溜进了池塘里，在池塘的草丛中尽情地撒了一阵欢后，等到发现的时候已经晚了，它们仨正优哉游哉地在水面上打瞌睡呢！

原本以为将这三个不懂规矩的畜生赶上来，顶多再在鸭圈里关上几天禁闭也就算完了，没承想，平时做事一向挺开明的父亲这会成了"一根筋"，硬是不顾全家人的反对，一定要将这三只藐视规矩的畜生判处极刑。

后果可想而知，家里的饭桌上有好长一段时间都闻不到蛋香味了。为这事，我们姊妹七人也硬是有好几天都没怎么理睬父亲。但自从这件事情发生以后，我们也似乎懂得了一个道理，这个道理就是：任何事情其实都是有底线的，而有些底线一旦形成，也是无论怎样都万万不能逾越的。

"规"也可以看作规则，既是事物发展规律，反映的也是相关的制度、规定，是维护大到一个国家、一个行业、一个企业，小到一个团队、一个家庭、一个人，甚至一件事情正常运转的必要保障。如果违背的话，就会变得杂乱无章、没有秩序。

既然是规则，就要不折不扣地遵守。如果有所违背的话，就规则而言，相应的程序就会因此而被打乱，事物的发展也就容易偏离最初设计的轨道；就制度而言，就会形同虚设，那些原本正常的秩序还怎么维护？原本应该很顺利的事情，结果执行起来也就出现了偏差，偏差大了，势必就会酿成灾难。

所以，为了维护社会、经济、生态环境和组织等事物可以持续、稳定地发展，各国及其各级组织都会通过法律、法规、制度等形式，不断地规范人们的行为活动。一旦生效的话，谁触犯了法律、法规、制度，谁就要受到相应的惩罚。

第一节 经营解决三个问题

我们谈经营，也并不是仅仅就提出这么一个简单的概念，而是将经营上升到一个需要用心对待的系统工程来做。正如我在不同的场合表达过的观点那样：要做一件事不难，而要想做好任何一件事就不容易了。

基于这样一个观点，所以在我看来，作为一个系统工程，经营至少要解决好以下三个问题：一是为什么经营，二是经营什么，三是怎样经营。

一、为什么经营——目标及其梦想那些事

这是经营的目标，古文化里都没有解决这个问题。其实，对于每个经营活动，所对应的回答都不一定一样。

对于个人而言，经营的目的应该是个"寿"字，人死而不亡，即为寿；也是永远活着的意思。

"想不一定有，不想就一定没有！"这是我经常勉励自己的一句话，也是对于为什么经营的最好回答，也就是通常意义上的梦想。

对于一个组织来说，就是要实现一定的业绩目标，这样才能达到组织的终极目标。这也就是这个组织的梦想。

所谓梦想，也就是这么一种东西，既看不见，也摸不着。可以很大，大得无法装进我们的视线；也可以很小，小到只需我们往前伸一伸手就能把握。但这看似简单的道理，又的确是决定我们能否把一件事做好的关键。

1. 为行动立个标杆

我们说话、做事，都是为了达到一定的目的，这样做起事来才有方向，才有标准，也才能确定一定的责任。

举个例子，如果平常要让我们跳高的话，一般成年男人都能轻松跳出1.3米的高度，但是，若是拿掉标杆的话，普遍地连1米的高度都跳不过去。

有没有标杆，结果就明显不一样了。什么原因？就是因为没有目标。这时，即使就是换作冠军，也不可能到达原先的高度。

没有目标，不但自己不知道怎么做，别人也无法帮到你。

2. 为成功添加动力

我们知道，任何一个物体要想前进，就必须具备一个最基本的条件：动力。它可以来自外界，也可以来自自身。

对于人来说，就有个主观和客观的问题，来自自身的如果是心里愿意的，那所爆发的能量就大；来自外界的如果主观上愿意配合，添加起来也就轻松；但是，反过来说，如果主观上并不愿意配合的话，那添加起来势必就会变得吃力。

我们都看过舞蹈或者杂技表演，表演者在表演中，男演员总是能够轻松地将女演员随意地托起，而实际生活中，我们要想一下子托起一百斤左右的人却并不是那么容易。

是男演员比我们力气大吗？当然不是。这其中还是有让这种表演成功的奥妙，说出来大家也都会恍然大悟，就在于被托起者在被托起的一刹那，配合着做了一个向上的呼吸，正是有了这种积极的配合，才使得原本沉重的分量立马变得轻松了许多。

3. 为价值找个焦点

制定目标是一回事，实现目标又是另外一回事，制定目标是明确做什么，实现目标是明确如何做。所以，再宏大的目标也是由一个个小业绩目标组成的。

茫茫水面一望无际，并没有像我们公路上一样画出清晰的车道线，但为什么水上的行船却总是偏离不了航向呢？海轮似乎有罗盘导航，但细心的人会发现，江上行驶的相对小的那些船只并没有罗盘的帮助，不是同样也可以在水面上自由自在地穿梭吗？其中的秘密一说出来大家就会恍然大悟。就在于一个有经验的舵手，他必定会以岸上或者水面上的一个固定的物体作为参照物，随着船的行驶，他所需要做的就是不断地寻找新的焦点。

小时候，我一直觉得开船最难的是舵手，因为在我有限的几次划船经历中，总是因为控制不好方向，船更多的时候都是在水面上打转转。有一次，随一个亲戚去洞庭湖跑船，看着船老大握着船舵的样子很洒脱，我们就在一旁羡慕地观摩着，谁知兴致正高的船老大此时已经看出了我这小孩子的心事，没等我开口就主动将手里的舵把交到我的手里。

虽然只是一艘小舢板，但毫无经验的我当时还是有点忐忑不安，因为满满一船货物和人员的命运都掌握在我一个人的手里，握舵的手也不由自主地变得僵硬起来。船老大这时轻声地告诉我一个窍门——莫紧张放轻松，只要瞅准前方一个固定目标，径直冲着摇过去就可以了。

就这样，我照着船老大交代的办法，找到前方一个目标，照准摇过去，眼看快要接近的时候，又寻找下一个目标摇过去……就这样不断地制定新的目标，不断地往前摇，船就不知不觉地到达目的地了。

二、经营什么——心中有底，眼里才有事

无论我们经营什么，都要有明确的经营对象。很多人之所以不愿行动，都是因为他们不知道自己应该经营什么，或者觉得没有什么需要改变的，可能在别人眼里很难接受的东西，在他看来却没什么，因为他已经习惯了，所以他也没觉得有什么不好。换句话说，他对于自己应该做什么，心里一点底都没有，自然眼睛里也就看不到什么东西。

举个职场的例子。两个职场的新人，一个是上司怎么安排他就怎么做，按部就班地埋头于自己的工作；另一个，不但将上司交代他的工作做好，还用心地寻找工作做，并注意在工作中积累自己的人脉，乍看起来好像短时间内并没有获得太大的利益，但是两三年后，两人的差异就会很明显了。

再举个生活的例子，居家过日子免不了就会牵涉料理家务。平时可能出于这样那样的原因，我们疏于做家务，或者干脆懒得做家务，总觉得一切都挺好，也没有什么非做不可的事情，但真要是上起手来，才发现这也要做，那也要做，一上手还真的就停不下来了。

对于做事业来说也是这样，通常情况下把工作做好就可以了；但是用心的人不但把事情做好，还琢磨事情为什么要这样做，有没有更好的办法可以将事情做得更好。

经营对象明不明确，取得的效果明显不同，这其实也就是我们通常所说的"底"，如果以杂乱为底，什么都是杂乱的，也就没觉得什么；如果以整齐为底，一块地方整齐了，其他地方就显得很不协调。

三、怎样经营——如何才能把事做好

我们要想将一件事情做好，就必须制订相应的目标、计划和行动。这既是我们做事的方向，也是我们做事的节奏，更是我们做事的决心与方法。

其实，做任何事情都是需要讲究方式方法的。因为不论是简单的事情也好，还是复杂的事情也好，都有作为一个事物运动及其自身发展的规律；即便就是同

一件事情，解决起来那也是有多种方法和途径的。但万变不离其宗，也就是我们必须确定的几个问题。

1. 目标

设定一个普通的适合的方式让经营者遵守经营，确定目标才是方法之一。有了目标之后，具体方法是多种多样的。

记得有一年的年关，天气特别寒冷，地上的泥土都被冻得能见到一条条裂痕了。在这样的天气里，我们家要将一头养了整整一年的大母猪卖掉，用以换取我们七个兄弟姊妹来年开春时该交的学费。

我们的目标是将这头足足有 200 斤重的猪，毫发无损地运到 5 公里以外的集市上，能够使用的工具也就几根麻绳和一辆独轮车。

大母猪像是意识到了什么，所以，一大早起来就在猪圈里躁动不安，喷出的响鼻丈八远的就能闻到，大有与靠近的人决一死战的架势，谁也无法靠近。

大哥将一根麻绳的一头打了一个大大的活扣，然后照着正在圈里躁动不安的猪扔去，几次之后终于套住了大母猪的脖子。但是，虽然全家人一起努力，也拉不动。

这时，父亲想出一个办法，就是将系好活扣的麻绳藏在墙根边，三个哥哥各执一根竹竿，将猪逼到墙角上。猪的脚一踏进活套就迅速拉紧，借助墙的力量，将猪的一只脚高高吊起，失去平衡的猪，力量也就大打折扣。于是，三个哥哥一起合力上前，按住正嚎叫的猪，先是将猪的前肢与后肢分别用两根小麻绳扎紧，让它无法动弹，这样就将足足有 200 斤重的大肥猪结结实实地倒伏着捆放在独轮车的一边，另一边则找来一块大石头压着平衡车子。生怕不够结实，父亲还拉拽了几下捆在猪身上的绳子，仔细地检查一番后才如释重负地松了一口气。接着，吩咐我也坐上独轮车压有大石头的一边，我逞强地表示我自己能走，可父亲坚持让我坐上去，嘴里露出难得见到的笑容，有点神秘地说了句：你不坐上去，这车怕是往前跑不了多远就会歪倒了。

直到父亲推着我走出老长一段，我才恍然大悟，原来我与那块大石头的作用一样，都是为了使独轮车推起来的时候两边的重量大致相当，否则的话，一边轻、一边重地勉强往前走，失去平衡的独轮车的命运也就只能会是一个——侧翻在路上的结果。

所以说，无论做什么事，首先都需要有一个明确的目标。父亲的目标很准确，就是将猪拖到镇上卖了。为此，我们需要借助独轮车，我们需要让独轮车保持平衡，这样才能更顺利地到达目的地。

2. 计划

计划的制订严防天马行空，必须确保切实可行，并依时、依事做出合理调整。

我大概读到小学二年级的时候，学会了骑自行车，那时正好家里花几十块钱买了一辆二手的自行车，虽然轮到我骑的机会很少，但七个兄弟姊妹中，还是数我骑得最好。于是我就有了一个目标，那就是自己骑车到30公里开外的县城。家里人都不太放心，还是开明的大哥开导了我，他说我要是想说服家里人，那最好的方式就是证明给他们看。于是，我在大哥的帮助下，制订了一个为期一个月的计划。第一周，巩固自己现有的车技，可以轻松地往离家3公里的镇上跑个来回；第二周，重点训练在各种地形中掌控自行车的能力，山路、土包、水坑、陡坡，路程也提升到离家10公里外的另一个镇；第三周变成了离家20公里的一个亲戚家里，还得带上30多斤的东西；第四周，重点放在如何修理车辆、适应各种气候上，再设想在路途中可能遇到的各种困难。第五周的一天周末，我带上足够的水和干粮，还有一些简单的修理工具和打气筒、胶水、胶皮之类的小零件，以备中途遇到什么故障，可以及时修理，在父母赞许的目光中出发了。

一路上很顺利，30多公里路程，我只花了两个多小时。当我满头大汗地出现在县城亲戚一家人面前的时候，他们并未感到惊讶，因为他们之前已经收到信说我会有这么一天，而且准备得足够充分。

做任何事情其实都是这样，做之前有个计划才不至于盲目。做的过程中，真要遇到点什么问题，也不至于慌乱。

3. 行动

决心的实质是行动，经营活动就是需要不断下决心、不断行动的过程。

说起这个话题，倒使我不由得想起了自己孩提时的一段往事。我开始学会游泳的时候，就一直在东荆河的沿岸游，很多次都想跟小伙伴们一起游到东荆河的对岸去，但最终还是下不了这个决心，既怕自己的体力不支，游不了那么远；又怕游到半道上出现点脚抽筋之类的什么意外，自己当场排除不了的话，可能就要沉在河中间了。

其实，当时大家都觉得我已经游得挺不错的，就东荆河对岸这样一点距离是绝对不会出现任何问题的。可无论大家怎么劝，我还是下不了游一次的决心，有一次硬着头皮总算是游到眼看就接近一半的位置了，但我还是宁愿往回游也不愿冒着付出生命的危险去尝试一下。想想，此岸与彼岸的距离也都相差无几，但自己就是缺乏这个勇气，我自己也为此很是懊恼，但下次还是不愿做这样的冒险。

一次，无意中听到了伙伴们的议论，对岸的苇荡子里发现了好多香瓜，那东西我吃过，又甜又香，咬一口嘎嘣脆，别提多好吃了，于是终于横下一条心，跟着大伙一起游到对岸蹭瓜，于是就这样才跟着"大部队"上路了，可游到一半路程的时候，还是有点心有余悸，突然间觉得自己有点口渴，到最后感觉嗓子眼都像是冒烟似的烧得不行，四肢乏力。这时候，我就想起马上就要捧着香瓜一通乱啃的美滋滋的情景，劲也就一下子跟着上来了，就这样还总算是游过去了。

等到返回的时候就轻松多了，因为有了成功的尝试，加上也确实明白自己已经没有退路了，所以也就很轻松地游回来了，而且居然还不知不觉地将一多半的伙伴甩在了身后。

现在想起这事总算是明白了一个道理，那就是：很多事情之所以自己做不好，其实并不是自己行不行的问题，而是有没有决心的问题；不单是有没有决心的问题，而更重要的是敢不敢破釜沉舟、大胆付诸行动的问题。

第二节　经营的两种方法

每个人的一生中大部分时间都在汲取知识，从自然中学，从生活中学，从书本上学，从社会上学，但无论再丰富、再强大的知识，只有用出来的时候才能算得上是力量，否则就只能是一种包袱。

有用的"知识"就是力量，而无用的"知识"就无力量了。

即使用出来的知识，其实也包括两部分，一是硬性的东西约束人，像规律、流程、规则之类，限定人应该做什么、不应该做什么；二是软性的东西影响人，像文化、观念、意愿，驱使人去做什么、做好什么。

一、文化内涵感染人

我们现在总喜欢谈文化。文化是什么？我觉得文化就是一个人血管里流动的东西，是气场里运行的东西，是可以传承下去的血脉，而血脉其实就是我们通常意义上的精神。

我们总会有这样的体验，一家人走出去，不用介绍就知道他们的同根同源，那是因为他们血管里流着同源的血，同时又在一个相对封闭的小环境中活动，在一起相处的时间久了，做事的风格就会变得很像，这也是因为他们平日里都被相同的理念灌输的结果。

所以，对于一个家庭也好，对于一个团队也好，最重要的不是规定这个可做，那个不可做，而是让他们血管里流着一样的血液，心里有着相同的信仰。

1. 思想凝聚人心

大家都明白这样一个道理，那就是：要想将一群有着不同境况，有着不同想法，存有各自利益的人凝聚到一起，最实用并且有效的办法就是让他们的思想统一起来。否则你想怎么做，他又想怎么做，那就啥事也别想做成。

对于一个人而言，需要的就是身体各个器官的相互协调、互相配合；对于一个团队而言，就是自然而然形成的默契。

汉语中有不少词汇都强调了人心凝聚的重要，诸如我们熟悉的："心往一处想，劲往一处使"，还有"人心齐，泰山移"，有"兄弟同心，其利断金"，等等。这也说明了一个浅显的道理，那就是：我们不管做什么，都首先应该将统一思想这件事做好，做到位。

大到一个国家、一个政党，小到一个企业、一个团队、一个家庭，如果思想不统一的话，就会变成一盘散沙，就会寸步难行，最终的结果也就只能是一事无成。

2. 思想统一步伐

要成就一件事情，光往一处想还只是实现了第一步，还得劲往一处使。在一个组织里，出现一些不同的想法并不为奇，重要的不是有不同想法本身，而是要懂得并且有办法把他调整过来，让大家在共同做一件事情的时候，共同完成一个任务的时候，能够保持高度的一致性，这样才能确保把一件需要大家共同使劲的事情做好。

我们都见过部队出操时的情景：一队人马在跑着，跑得非常整齐，连出左右脚也都是一致的，为什么会有这样的效果呢？那是因为有个领操的人跟着队伍在旁边时不时地喊着口令"一二一、一二一、一二三四"。为什么要这样，这就是在调整大家的步伐，因为每个人步子的幅度不同，频率也不一样，跑着跑着，难免就会出现个别不一致的情况，而口令的最大功能恰好就是将一切调整到同一频率上。

3. 思想就是最大的生产动力

我们可能也通过不同的方式，见过林区的伐木工人抬木头，只有齐心协力才能将一根巨大的木头抬走。

我就在大兴安岭见过几十个人共同抬一根大得惊人的木头的场面，在抬木头的过程中，这几十个人的步调必须保持高度的一致，才能抬起这根超过每个人体重几十倍，甚至几百倍重量的木头。也谈不上有什么窍门，就是因为在这群人当中有个人时不时地用浑厚、高亢的声音在喊着号子：嗨——哟！嗨——哟！嗨——哟！

喊号子的目的，除了调整步伐外，其实还有一个很重要的目的，就是提醒大家集中精力，毕竟面对这么单调而又繁重的劳动，难免有人思想会"开小差"。那这个人所使出的劲，也免不了会因此而打了折扣，从而影响工作效率。

设想一下，如果这些抬木头的人不是一心一意的话，怎么可能抬得动这么重的东西。如果这些人思想不一致的话，又怎么可能爆发如此巨大的能量。

所以说：高度一致的思想，是做好一件事情的必要条件，也是提高生产的动力，进而取得经济效益最有力的保障。

二、规章制度激励人

说到制度，又不得不提到法家，这个以制度为生命的中国古代理论体系虽然今天看来有点偏激，但其讲究规矩这一点却对今天仍然是真理。

大的不说，光是看看我们身边，哪一种比赛能少了约定俗成的规则？做任何事情也都免不了遵循一定的规律。

我们要做好一件事情这个愿望很好，但保障这个美好愿望能够顺利实施的前提，都是要遵循一个共同认可的规律，或者说必须遵守同一个游戏规则。

1. 规矩其实就是个标准

俗话说：有凭有据才能说清道理。这其实就是标准，做什么事都离不开规矩，因为这是衡量一件事情完成质量的参照物。

我们总会提起规矩就色变，生怕这样就会捆住自己做事的手脚，不敢放心大胆地做，从而影响效益。

其实想想，什么事没有规矩，做什么又少不了规矩。再想想，规矩既然适用于自己，不是也一样适用于他人吗？从这个意义上说，规矩不但不会成为阻力，反而会成为动力，激发我们努力将事情做好的精神力量。

世界有世界的规矩，社会有社会的规矩，一个国家有一个国家的规矩、一个家庭有一个家庭的规矩。同样的，一个企业，一个团队，一个人，一件事，都是有规矩的；否则，你搞一套，我搞一套，想怎样就怎样，不乱成一锅粥才怪呢！

没有规矩就无法判断经营的好坏，这就像所有事情一样，你要了解它的变化，只有用另外一种相对不变的东西做参照；你要知道某件东西完成的质量与期望的质量之间有什么不同，就必须拿另外一些固定的东西与之做对比。

2. 怎么立规矩

当然，规矩的建立也不是心血来潮、随心所欲的产物。制定的目的还是为了让事情变得更好，对于一群人的相处来说，可以减少一些纠纷；对于一件事的运行来说，可以迫使这件事进行得更加的顺畅。

立规矩有三种情形：

（1）只准做规矩里载明的可做事，否则就叫不守规矩。

比如，写字楼是办公场所，工厂是生产场所，工作时间内，只能做与工作有关的事，除此之外，做什么都属于破坏规矩。

（2）不准做规矩里禁止的事，其他均可做。

比如，城市的公园是公共场所，功能是用来休闲的，允许在开放的时间内逗留，除了不准做破坏环境、败坏社会风气、损毁设施的事，其他爱干什么干什么。至于随地大小便、噪音扰民、做一些有伤风化的事，那纯属个人素质问题。

（3）规矩定的富有弹性：看着办，就是没有规矩。

比如，街上的黄灯亮了，那意味着你可以停步，也可以不停。有几个人主动停过？执行起来也容易出现扯皮的现象，所以才会出现前段时间公安部交管局定的"闯黄灯罚12分的交通法规"引起舆论一片哗然，因为这就显得有点不切实际，因为在传递信号里，黄灯的作用就是警示，提醒人们要变换灯了，所以操作起来不好把握。

这样的例子俯拾即是，比如罚款：多少元至多少元之间；再比如判刑：多少年至多少年之间。这就给人为地干预事情，留下了"权力寻租"的空间。

一个好的规矩可以激励人努力经营。我本人认为应以第一种情形，也就是"只准做什么"的精神来立规矩更加合理，因为这个规矩更为明晰，既可以让大家全神贯注地投入到经营活动中，并且也可以更加有效地"将权力锁在笼子里"。

第三节 传播出效益

人是社会的产物,一举一动都会受到社会风气的影响,也会受到社会上其他人的监督与评议,有正面的,也有负面的;有当面评价的,也有背后议论的。范围一广,就成了一种大众传播行为。

一个人干了好事,就希望人家知道;一个人干了坏事,就害怕被别人知道。好的东西,好的观点,也都是希望通过有效的传播,让更多的人知道,从而可以依此产生更大的效益。但传播媒介的不同,也决定了所取得的效益也不尽相同。

一、口碑:重要方法

大家都有这样的体会,一个平时在众人眼里印象较好的人,向别人开什么口都很容易;相反,一个平时大家对他就没什么好印象的人,无论他做些什么,都很难得到别人的喝彩,就更别指望别人能为他做点什么了。其实,所产生的过程就是口碑传播,也是经营过程中的一个非常有效的传播方法。

其实,口碑传播广泛存在于我们的周围,只是很少有人想到去确认、去正名,甚至是清楚阐释其利益罢了。打个比方,你的同学或者同事准备购买一台笔记本电脑时,你们可能会讨论这个牌子的电脑如何,那个牌子的电脑如何,等等;或你的朋友准备买辆私家车时,你们也会讨论日系车怎样,宝马怎样,奔驰怎样!表面看起来这一切都只不过是人们茶余饭后的事,也许一个人的观点也并不是其他人的体验,只是偶尔听来的,不过是显示一下自己"见多识广"的阅历而已;但这却构成了实际意义上的传播。起到了一个比广告更好的效应,因为是通过已经消费体验过的人嘴里说出的,而且这人还是你的熟人,可信度自然就相对要高。

二、媒体:有真有假

现在资讯发达,什么样的事情都有可能发生,听到的也并不一定就是对的,有时亲眼所见的东西也未必就是真实的，即使作为公信力相对较高的媒体所发出的声音也未必都是完全正确的。因为，即使再权威的声音也不过都是经过人为加工的，况且一个人的所闻所见，也未必就是全部实情。

像经常在互联网或者一些小报上刊登的娱乐圈八卦新闻就是这样，很多事那些记者也是捕风捉影，道听途说来的而已。有些是明星们自己故意放出的消息，意在炒作而已，有些不过是竞争对手的恶意诽谤。但因为覆盖面广，也就会很快进入人们的视线。

俗话说：谎话重复了一百遍也就变成了真理。虽然有点夸张，但这世界什么人都有，终归会有人信的。偏偏还就是一些真假难辨的东西，往往最容易引起大众的好奇心，也就间接地产生了效应。

三、命令：需要政府组织

命令也是一种传播手段。一个受过训练的人，是懂得如何根据命令来调整自己的。为什么呢？因为命令就是一种上级向下级下达的指令，没有正当理由是绝对不能违背的。

对于领导来说，命令就像是手中的权杖，用以体现他的权威和能力，有效管理部属成员，实现他的职责和权力。但如果是自己给自己下命令的话，考虑的东西就会很多，也就很不容易集中精力，那发挥势必就要受到影响。

由政府下达的命令无疑是最有号召力的。比如：一段时期内，政府要求厉行节约，杜绝公款消费，于是靠此支撑的不少高档酒楼、商场购物券之类的东西也就没有了市场。相关产品就出现严重滞销的现象。

但如果政府出台了拉大内需的政策，国货类的销售比例也就会立马跟着上升，效益自然也就立竿见影。

四、情感：可以强化影响力

情感传播是通过生物界的情感变化与交流来传递一个信息，诠释一个道理，有时反而能起到振聋发聩的作用。

法国纪录片大师雅克·贝汉执导的《微观世界》《海洋》，表现了自然世界里各种生物的生存与挣扎，通篇都几乎没有什么语言，却起到了无声胜有声的作用，影片真正抓住的不是别的，恰恰是人类脆弱的情感，以及由情感所引发的交流。所以，真正让我们发自肺腑的东西，才是让我们印象深刻并深深为之触动的东西。

如果我们细心点就会发现，一些顶级的外科医生，可以经受最复杂的手术，但面对自己的亲人做手术，却宁愿让别人来操刀。那是因为这些外科医生明白一个道理，那就是：自己对自己下命令，不但需要具备足够的勇气，还需要拥有强大的内心征服力。

因为自己是行动者，所以在执行的过程中，我们自己的判断力也难免受到场合、情景的影响，从而在执行过程中掺杂过多的个人因素，进而影响执行的质量。但从传播的角度上来说，所产生的影响力却是可以让人刻骨铭心的。

五、教育：受众相对精准

教育是一种传播现象，教育过程更是一种传播过程。教育传播其实就是一种以培养和训练人为目的而进行的传播活动。特点是受众相对固定，传播的导向性强，效果比较明确，内容也可以做得比较系统。

教育传播的方式也很广泛，大致分为以下几种：

一是自我传播（自听、自看、自读、自析）。

也就是通过个人的阅读来接受信息，但没有与人分享，只是一个人知道而已。可以用心听，可以耐心看，可以仔细读，也可以细致地分析，都是一种传播过程。

像大家此刻正在阅读我的这本书，分享我的一点教训和感悟，再加上自己的分析和理解，也都可以归结为一次美妙的传播过程。

二是课堂传播（举办会议）。

一群人聚在一起，或者听课，或者探讨，接受新的信息，分享彼此的感受。

坐在教室里听一个人讲课，而讲课的内容也一定是这一群人所关心的，对这群人有帮助的信息。

坐在会议室开会，发布信息、讨论提案、互动活动，都是一种传播行为。

三是远程传播（互联网应用）。

现在互联网发达，大家足不出户就可以接受到来自全世界方方面面的信息。微信、微博、微视，要什么有什么，只要你的互联网是畅通的，那不接受也不行。

我们在夸一个人在某一方面的成就特别突出时，喜欢称其为"天才"，意思是他天生就是干这一行当的料。其实真正的天才是不存在的，所有人的经验都是通过学习得来的，从书本上学习，从社会上学习，从生活中学习。学习除了是一种吸收过程之外，其实还是一种传播过程。由一个人传递给另一个人或者一大群人，在传播知识的同时，也同步传播了信息，效应也就在这时产生了。

第四节 制衡显威力

无论是一个人也好，或者是一件事也好，要想取得成功，不但要懂得有什么办法让事情向好的一面发展，还要懂得如何可以控制事态向不好的一面转变，这就像开车一样，一个驾驶者不但要懂得前进，懂得后退、转弯，还有很重要的一点就是：要懂得怎样在需要的时候刹车。

这也就出现了一个自律和他律的问题。因为只要是人就难免有弱点，如果做事不加以节制的话，很可能就会因为泛滥而变得一发不可收拾。

成功的人不是赢在起点，而是赢在转折上。一个人要想成功，怎样努力固然重要，但知道如何控制，有时就显得比努力还更加重要。

一、做事守规矩

如果我们想让一件事情达到预期的效果，就需要制定相应的规矩。定规矩的目的是圈定做事过程中所适应的范围，一是明确什么可做，什么不可做，这样可以使事物的运行过程可以在一定的轨道里进行；二是可以使参与者获得相对的公平。同时，很重要的一点就是明确了违背者应该受到怎样的处罚。

通常我们说到规矩，都喜欢理解为写在纸上的白纸黑字的条条框框，其实有些约定俗成的，大家都从心里认可的东西，有时比硬邦邦的法律还要管用。

记得小时候，每次出门与伙伴们一起玩耍时，母亲总忘不了追在后面大声叮嘱："记得早点回家，不要跟人家吵架。"然后，我就一定得回上一句："晓得了！"才会被允许出去玩耍，否则的话，即使当时不被追回来，那回来后的结局也是受罚而没有饭吃。

这也算是我与母亲之间信守的规矩，母亲允许我出去玩的同时，还规定了禁止做的事：不准与人吵架、不准太晚回家。如果不守规矩的话，那也就意味着丧失了下次获准出去玩耍的机会。

二、做人用治理

治理之"治"是水字旁，柔也；管理之"管"是竹字头，硬也。

这也就决定了治理和管理的区别。前者适用于管人，后者适用于管事。所以，什么事情应该治理，进行合理的疏导、引导，什么事情应该管理，坚决杜绝，就尤为考验操作者的智慧。否则，结果可能适得其反。

人都有逆反心理，也真是怪啊！有些事顺其自然的时候知道的人很少，有些事越控制还就越有人想知道。遮遮掩掩的东西其实最容易变得家喻户晓。

一本书被禁了，反而有更多的人想看、想买；一个人有绯闻了，反而越加出名了。

这就是没有正确处理好"治"与"管"所造成的结果。

所以，做事情的时机、对象不同，所取得的效果也迥然不同。我个人认为：做事应该强硬，一就是一，二就是二，没有商量的余地；而做人，则需要像大禹治水一样采取疏导的方式，通过引导、感化来达到教化的目的。因此，最好的办法还是形成制衡场，用能量制衡而非用力量制衡。

至今还很佩服我的一个当校长的同学。那时，他所在的学校正忙着"小升初"考试前的最后冲刺，偏偏这时，市教育局要举办一个全市范围内的"小学生体操集训选拔赛"，结果是学生、授课老师，还有学生家长都一致表示不乐意。因为那时大家都一个劲地想考出好成绩，有了好成绩，学生才可以读上一所好的学校，老师也才可能得到一个好的评议。

在这场节骨眼上举办的体操集训因为不合时宜，所以工作很难做下去，当班主任的也都很是为难。最为苦恼的还是体育老师，他将平时体操成绩稍为好些的学生一个挨一个地动员了，但得到的结果都是一个态度——摇头；最后，校长不得不亲自出马了，又是苦口婆心地做工作，但还是没得到他想要的结果。

眼看在教育局领导面前拍了胸脯的校长就要放教育局"鸽子"了，就在这节骨眼上，我的同学——刚刚被提拔上来的一个30岁出头的副校长出马了。他让体育老师把挑中的几个体操成绩较好的学生都召集齐，然后就语重心长地表达了三层意思：一是体操训练有助于学生大脑的运动，会补充大脑发育和敏捷思维所需要的能量；二是体操运动所带来的旺盛精力，不仅可以帮助在考场上更好地发挥，而且一个充满活力的男孩子所焕发的男性气质，还可以增加男生的魅力；三是可以借助"集训选拔赛"的机会，展现一下我们学校的"风貌"和场上同学的"风采",很容易就会给那些优秀学校的校长们留下深刻的印象。

没想到,经他这么一说,那些刚才还有抵触情绪的男生态度立刻就发生了180度的转变,纷纷踊跃报名,后来有几个人居然成功进入了市队,并有人一路到省队、国家队,直至摘取了世界冠军。以至在这之后的许多年,学校的体操队都是最吸引学生眼球的地方,体育老师的地位也由以前的"受气包"变成了"香饽饽",不少家长都千方百计地讨好体育老师,希望他们的孩子也能够挤进学校体操队。

第五节 经营的实质就是经营品牌

无论是一个人,还是一个机构,都有自己的名字或者名称,以方便区别于其他的人或机构。从表面上来看,名字也好,名称也好,都只不过是一个符号,目的是为了甄别。

但是,如果我们问:人生在世,什么最值钱,绝大部分人的答案可能是身体,是健康。我却认为是名声,好的名声可以让我们得到任何想要的东西,即使口袋里一个铜板也没有,也还是会有人送钱来的,无论是付出还是索取,都能得到别人足够的尊重。而一个人如果名声臭了,那他就会像过街老鼠一样处处碰壁,即使真想做点好事,人家都不会领情,如果要想别人对自己有所帮助的话,就更是难上加难了。

所以,我说名声其实远比生命都重要,因为它决定了一个人生存的质量,其实,对于一个人也好,对于一个组织也好,都是如此。

一、品牌是人们喜欢、接受的理由

千古留名,是古圣先贤追求的人生目标,其实这也就是我们现代意义上的品牌。

所谓品牌,就是我们喜欢一个人,喜欢一个地方,喜欢一件事情,绝对不是无缘无故的。之所以喜欢，那一定有他感兴趣的东西，或者是能引发他的某些好奇心，或者是能激发他某种美好的情绪，或者是可以唤起他某段美妙的回忆。

有一件事情我记得特别清楚，我读初中的时候，有一位女音乐教师，人长得不算漂亮，但嗓音特别好听，更重要的是她每天都穿得特别漂亮。当时大家的外套普遍都是"工人蓝""农民灰""解放绿"三种色调，可她却总是能够穿出五颜六色的衣服，也不知道她是从哪里弄来的，但她获得的回报是，只要是她一走进教室，教室里立刻就会变得明亮起来，同学们的心情也马上就会变得舒畅起来。她也成了学校里最容易识别的一个人，如果有谁不经意地走在校园里，猛一抬头，远远地见到彩色，那无疑也就是她了。

想想看，我们如果要想让别人接受自己，其实也不是很难，只需要把自己好的一面展示给别人就可以了。

二、品质是核心

好的品质不但可以为一个人挣来好的名声，也可以让别人对你吃了颗"定心丸"，从而对你做的事情放心。

我记得国家政策对市场调节好过一点的时候，村里人就开始晒点橘子皮卖钱。也不用兴师动众地挑到街上，那几年，常常有商家主动上门来收购，橘子皮的价格也因此变得水涨船高了。日子一长，村里有些脑筋活络一点的人，就开始将已经晒干的橘子皮故意放在床底下返潮，或者在一大包的橘子皮里，偷偷撒上一点小沙粒，以增加收购时的重量。

当时，一直做着家庭主妇的我母亲也跟大家一起凑起了热闹。有空的时候，她就会将家中吃剩的橘子皮拿到太阳下晒干，换点钱贴补家用。

但母亲却有她自己的一套做法，她总是要将橘子皮晒干到崩脆崩脆，并用簸箕筛上几道，确认没什么沙粒了才肯装袋，然后再拿出去卖。这样一来二去的，收橘子皮的那些人都认识她，也都知道她的好习惯，所以，只要见着是我母亲拿来的橘子皮，收购的人连看都不看就直接过秤，而且给钱时，人家的零头都是往下算，我母亲的零头却一定会往上算。别人都说她傻，跟她算了一笔账，就是即使她弄了个"免检产品"，也比不上那些在货中掺了东西的皮子来得划算，而她总是笑而不答。

后来，晒橘子皮卖的人越来越多，人家药厂加工不过来，这种生意就不太好做了，但只有我母亲送去的橘子皮，一概照单全收，而且还一直都维持着最高时的价位。

三、包装是形象

一个人希望别人一见面就能接受自己，一种产品让人一眼看着就喜欢，那就需要包装。其实，大凡需要进行识别和认可的东西，其实都离不开一定的形象。

我们总见到那些中外历史上的伟人画像，或者现代的各个领域的明星，觉得他们总是一个固定的形象，一亮相，别人就知道是他，有些甚至还有自己招牌的动作和微笑。

我们喜欢接受某种产品，也是从先接受这一产品的包装开始的；我们喜欢一个人，也是从对这个人的第一印象开始的，这个人的五官身材、穿着打扮，是否让我们觉得顺眼，是否符合我们的审美标准。否则，很可能还没等这个人开口，就已经将他排斥掉了。

我读小学的时候，学校门口常常会有人摆一些蚕宝宝之类的小动物卖钱，多了也没人太在意，但就有一个人总是很受欢迎，原因是别人都是将蚕直接放在一个簸箕里让孩子自由选择，但他却会专门配个"小红包"，那时的经济情况谁家也都不是太好，孩子身上是很少有零花钱的，最大的一笔收入就是过年的红包，所以对红包特别有好感，买几条蚕就像是又得了一次红包一样高兴，虽然他的蚕外表看起来与其他人的也没有太大区别，但就因为这个人的蚕有红包包住做装色，所以，这个人的蚕宝宝特别好卖。

四、宣传是手段

现在大家都知道宣传的重要，也会千方百计地进行宣传，各种各样的宣传工具、宣传渠道也让人觉得眼花缭乱。但我觉得，还是小时候听到的那些走街串巷的叫卖声来得更为实用些，不但很容易识别、让人记住，而且远远地听到叫卖声，别人就可以事先做好准备工作。

一串铁片一抖：磨剪子了，锵菜刀……就知道是磨刀的来了，家中用坏了、用钝了的菜刀、剪刀，都可以拿出来修一修、磨一磨。

一根钢轴在一块铁板上敲出：叮叮磕，叮叮磕……就知道是换麦芽糖的来了，家中的废铜烂铁也可以翻出来，换糖打打牙祭。

就连最为常见的行当——收家禽毛的，虽然没有什么工具可以敲出响声，但亮开嗓子"有鹅毛鸡毛鸭毛卖啵……"，长长的尾音，就将他是干什么的，他想干什么，需要你干什么，都交代得一清二楚。

……

概括地说,就是经营品牌三要素:一是品质,必须卓越,这样才有生命力;二是包装,符合潮流,这样才能吸引别人的注意;三是宣传,务必实用,否则就是浪费资源。

三 道

经营自己

——经营世界之前，首先必须经营好自己

第一节　人生的『万有引力定律』
第二节　经营人生，从梦想开始
第三节　点滴＋点滴＝成功
第四节　立人生规矩
第五节　经营人生品牌
第六节　心系天下，才为天下所系

一直不知道傻二姓甚名谁，只知道他们家是村里唯一的外来户，孤立地住在村西头一片棉田里，也就两间低矮的小泥屋，比牛棚也高不出多少。印象中他家的院子里整整齐齐地堆放着比人还要高出一截的枯木桩和破木板，以及一些碎砖头之类，都是傻二平时一点点捡来的，问到他搞这些干什么用时，傻二就会一脸羞涩地低下头，自言自语地说是留着给自己将来盖新屋娶媳妇用的。

　　叫他傻二，是因为这样叫着顺口，其实自打我记事那天起，就没见他们家有第二个人，也从来没有关心过他为什么叫傻二，多大岁数了，平时都靠什么生活。但有一点是肯定的，村里没有人愿意跟他扯上什么关系，即使我们这些小孩子也不愿意跟他在一起，顶多也就是在闲得无聊的时候取笑他几句，也不过就是逗逗他，解解闷儿。

　　但傻二似乎很喜欢与我们这帮小孩子在一起，他总是会背着一个不知哪里捡来的破得不成样子的黄书包，不声不响地跟在我们后面。小孩子们玩耍，他在一旁傻笑；小孩子们上学，他就自己漫无目的地四处晃荡。他做得最多的事就是给他那个已经打了好几个结的黄书包背带，再多打上一个结。

　　有时也会见到傻二一个人神神秘秘地倒腾他那个黄书包里的东西，大多是他平时捡来的一些"宝贝"。究竟书包里面有些什么宝贝，我们也不想知道，更是不愿翻看，一是因为傻二身上太脏，二是因为大人们会因此骂我们没有出息。那些大人们平时教育自己家的孩子也喜欢拿傻二说事，说不定在哪次路过谁家的门口时，冷不丁就会听到屋里传出做父母的气哼哼地一句：再不争气，我看啊，长大了就跟傻二一个鸟样！

　　傻二对这些也都早已习以为常了，似乎从来都并不在意别人对自己怎么看，他依旧成天傻呵呵地笑，傻呵呵地跟在小孩子的屁股后面看着，更多的时候，他会一个人坐在东荆河边，傻傻地盯着流淌的河水发呆。

　　好在傻二的存在对别人没什么伤害，别人也就懒得欺负这样一个人，这个人的生与死、温饱与冷暖、健康与疾病、痛苦与快乐，都似乎与每一个家庭搭不上任何关系。

　　那时我们周边几个村也就只有这么一所小学，所以方圆几里地的孩子都不得不赶到这里读书，对于东荆河左岸的孩子还都好说，但是对于东荆河右岸的孩子就不那么容易了，因为有长长的一条河相隔，他们需要绕道两里路的杨林桥才能过河。

　　枯水期的时候，东荆河床并不算太宽，有时从家里动身晚了，或者路上多耽误了一点时间，为了避免迟到后被老师罚站，有些孩子就会冒险涉水过河。每年都会有小学生因此跌落水里,甚至被水淹死。学校和附近几个村庄也都一直想在这一河段修一座桥,避免悲剧再次发生,但因为牵涉到造桥的资金,与此相关的几个村在出资问题上一直无法协商好,镇上也专门为此开过几次协调会也没办妥,所以这事就这样一年又一年地搁置了下来。每每村里开会,偶尔提起这件事的时候,大人们也总是叹几声气,然后闷头抽自己的烟。挺多就是有些个依旧记得这事的,回到家去又对平日喜欢蹚河到对岸玩的自家孩子再警告几声。

但终于有一天晚上开会时,也不知是谁最早发现已经很久没有见到傻二的人影了,就随口说了一句,大家才想起还真是这么回事,纷纷猜测傻二是不是死掉了。队长想想自己好歹也算是个干部,总不至于对这件事不闻不问吧!于是,就随口交代几个骨干散会后去傻二家看看,要是真死了,那就由队上出钱买口薄棺材埋了算了,免得人家说我们村里的人做人不够厚道。

但当时散会后几个人去傻二家却没看见人,附近找找,也没见着个影子。更奇怪的是:原本整整齐齐堆放在院子里的那些高出人一大截的破木板、碎砖块像是钻了地缝一般,跟着傻二一起没了影子。

直到第三天晌午才有人在东荆河边发现了傻二,他的身边不知啥时候多出了一座已经建得有模有样的小木桥。

一个争来争去几年都没争出个结果的老大难问题,就这么简简单单地被一个人解决了。而最后解决这个问题的不是别人,偏偏是一个平时谁都不愿多瞧上一眼的,最不可能完成这件事的傻二。

傻二的形象也立马变得高大起来,方圆几里地,无论大人还是小孩,看傻二的眼神也因此发生了变化,以后路上再迎面碰到时,都会情不自禁地主动打招呼。村里更是因为出了个傻二就在邻村人面前神气了不少;谁家如果哪天做个好吃的,也总忘不了吩咐自己的孩子给傻二端上一碗。

那句大人教育自家孩子时常常挂在嘴边的口头禅还是时不时能够听见,只是内容变成了:你这个败家的东西,看看你自己,还赶不上人家傻二呢!

人生百年,每个人都希望在自己有限的生命里,做一些出人头地的事,做一些能够影响别人的事,这样的话,此生的缺憾就能够少一些,成就感和幸福感也就能多一些。

但毕竟每个人都是作为一个个体在社会上存在的,因此每个人的能力也相对有限,只有借助别人的帮助才能达到目标。这就由此触发了人类的表现意识,谁都希望别人多关注自己一点,从而获得别人更多的帮助,也可以因此获得更大一点的利益。

第一节　人生的"万有引力定律"

物理学上有个万有引力定律:任何两个物体之间都存在着引力,引力的大小与两物体的质量成正比,与两物体距离的平方成反比。如果其中一个物体代表"我",则另一个物体就代表"他",假如没有"我",万有引力定律也就没意义了。

这也决定了人的行为,所有活动都是以"我"为中心经营的。所以,不管是多么卑微的人也好,多么伟大的人也好,都不能回避这样一个事实,那就是:首先必须要经营好自身的问题,这样才能够谈得上去经营其他的问题。

既然这样,那我们不妨先将每个人自己的事情经营好。每个明智的人都应该明白这么一个道理:要改造世界,首先我们应该改造的就是我们自己;想经营这,想经营那,首先应该经营的就是我们自己。一个人只有把自己经营好了,就是对社会、对他人最大的贡献。因为,即使再庞大的机构,其实也是由一个个"小我"组成的。

一、没有中间的"我",就没有东南西北

没有"我"说经营没意义,只有我参与的经营才算得上是有实际意义的经营。

我们在考虑问题、处理事情的时候,必须将"我"放在核心的位置,这并不是我的发明,其实远古时期人们就是这样做的,《八卦图》不就很好地诠释了这一点吗?我们观察前后左右、我们辨别东南西北,不都是要以我来作为基准点吗?

一次在长沙做讲演的间隙,一个看上去像大学教授模样的人,边啃着面包边

朝我走来，就我刚才在台上谈到的这个观点与我理论。我听他说完后没有马上回答，只是上下打量了他一下，最后目光落在他手里刚啃到一半的面包上。他显然有点不好意思，连连为自己公众场合吃东西的不雅行为做出解释，可当我提议他将带来的面包拿出来与大家分享的时候，他面如土色，解释自己并非小气，一来是因为自己确实没来得及吃早餐，二来是因为他自己也所剩无几了。毕竟是教授，当说完第二个理由的时候，他自己似乎已经恍然大悟了。

后来为这事我也多了几分感慨，的确，我们赖以生存的这个社会存在这样那样的问题，要想有所作为的人，总希望能为这个社会做点什么，甚至期望靠一己之力能使这个社会有所改变，但问题的关键是，已经有专人在做这件事了，你的过多干预，反而无益于事物向好的方面转变，甚至可能越加添乱。那就先将自己的事情管好，让自己的行为影响身边这一小块人。

二、有了"我"，社会的各种关系才变得有意义

人是群居的高级动物，生存或者发展都免不了要与社会上其他动物发生关系，但对于个人而言，所有的关系都必须建立在自身的基础之上，否则所有的一切与你就没什么关系，你自然也就不会耗费体力与精力来参与这件事。

你对别人好，别人对你好的概率就会大很多。这是自然法则，因为只有爱别人，别人才会回报给你，这样，就等于你自己爱自己了。从这个意义上说：爱与被爱，其实是一种共生共存的关系。所谓机遇、贵人，也就是在适当的时候出现在适当的人、事、物的组合体上。

我们虽然无法控制这种完美的巧合何时出现，但我们却可以通过控制自己的人脉关系，从而给自己创造更多这种机遇出现的可能。

说到这，我倒很想提提这么一个人。她是我们公司在湖南的一个地市级经销商，因为这人好讲义气，平时也挺活跃的，所以认识的朋友自然也多，其中就有不少有钱有权又有本事的人。但她自己因为靠着几间店铺出租，收入也一直都比较稳定，不缺钱花也就没有太大的人生目标，只想着像一个活神仙一样过潇洒自在的日子。

有一天，她接触到了"×××"品牌的产品之后爱不释手，就拿下了区域的代理权，并联络平时走得近的朋友一起做，朋友再联络新的朋友，事业很快就越做越大。于是，原本只是毫无目的一块玩的朋友，现在一起玩的同时，还能一起赚钱，因为有了共同的事业做，生活也变得更加有意义了，朋友间的感情也比以前更加亲密了。

第二节 经营人生，从梦想开始

我曾经在很多场合都重复了这样的话，人生在世，最怕的就是没有梦想，没有自己想要但目前还不曾拥有的东西，也就没有什么盼头了，这也是我们每个人活着的时候最大的意义，否则真的就无异于行尸走肉了，人生也就真的只剩下绝望了。

一、人生因梦想而精彩

要说人生在世什么最重要，我觉得还是梦想。因为有梦想，我们才有前进的动力，我们才有克服困难的勇气；如果没有梦想，那我们就会像是在茫茫大海中四处漂移、随意浮沉的一叶浮萍。而对于成功者来说，即使只能浮沉，那每一次浮沉也都要体现价值，哪怕被迫漂移，也要让每一次漂移都变得有意义。

我在第一次创业失败后，身无分文，被迫暂时躲在湖北的老家栖身，终日与酒相伴。没有朋友，亲戚们都一个个躲得远远的，原本好端端的家也变得支离破碎，说真的，那时我有好几次都想自杀的冲动，但为什么今天我还能够活蹦乱跳地站在这里呢，那就是梦想。因为我不想认输，我不甘心自己这辈子就交出这样一份答卷，所以，你们现在才能够看到一个有模有样的我站在你们面前。

二、人生的经营目标：开心、美满、长寿

人生的目的是什么，这个命题困扰了人类几千年，至今也不能形成一个让所有人都信服的答案。有人认为是长寿，活到高龄、无疾而终，就是最大的目标；有人认为是开心，每一天都过得快快乐乐无忧无虑的就很幸福；有人认为是美满，想什么来什么，啥事都可以称心如意。

人活的时间越长，就有越多舍不得放下的东西，所以"好死不如赖活"，一个人虽然没什么成就，但活到高龄又未尝不是一种成功呢。我觉得当下不管你做

什么，至少有一点是不容置疑的：那就是千万不要委屈自己。这就要求我们无论在什么时候、在什么情况下，都要牢牢记住这样两点：一是开心，二是美满。

因为只有开心，我们做事的时候才会变得轻松；美满指的是什么呢？对于个人而言，就是有父母、有伴侣、有子女，且都开心、长寿。

三、人生开心三要素：健康、财富、自由

很多人都喜欢自诩自己是一个"工作狂"，觉得好像这样才算得上敬业，我倒觉得这是一件得不偿失的事。如果不是非得这样做的话，其实你大可不必，想想即使你今天多做了一点工作，那势必也会影响明天的工作量。

我年轻的时候不太懂得这个道理，那时当教师，给学生批改作业，一上手就停不下来，非得批改完当天所有的作业才肯罢休。所以，点灯熬夜那是经常的事。为此，也落下了不好的习惯，那就是睡眠不好，经常要靠安眠药的帮助才能入睡。现在想想，其实当初完全没有必要。

人需要过日子，没钱也是一件很无奈的事情，因为很多东西都需要支付一定的钱才能获得，身边的人也是以财富的多少来判断你的个人能力。

除此之外，还有一点很重要，那就是：自由。一个人只有不受外在力量的限制，能够任意支配自己的时间，才可以干自己想干的事。

有健康，我们才有气力去干我们想干的事情；

有财富，我们才有可能过上有模有样的日子；

有自由，我们才能享受属于我们自己的生活。

换句话说，我们把一件事情做完之后，没有留下什么后遗症，没有造成什么负面的影响，对自己以后继续做事，没埋下什么隐患，没造成什么阻力，那就是一件值得开心的事。

四、人生美满就是家庭美满：有父母、有伴侣、有孩子

不管是多么生性高傲的人，有一个事实那是万万不能回避的，那就是：谁都是家庭的产物。上有父母长辈，下有儿女晚辈，身边相伴的还有妻子或丈夫，三世同堂、四世同堂、五世同堂，其乐融融。

茫茫人海，一个男人与一个女人结合之后，才有了一个你。你的身体发育到一定阶段以后，就需要找个人一起过日子，一起生儿育女。这样才有了一个家，然后你把所有的希望都寄托在这个家上，你所有的努力都是想让这个家庭中每一个成员都过得更好，而当你因为奔波劳累有所懈怠，甚至想到放弃的时候，只要

想想还有人在等你回家，就会重新振作精神焕发起来。

但是否这一切都可以唾手可得呢？答案是否定的。要想家庭美满，那首先就应该做到家庭成员的完整，父母、伴侣、孩子，缺一不可。虽然谁离开谁都可以活下去，但少了一份牵挂，也就少了一丝情意，要知道谁要拥有了喜欢的谁，才会更幸福。

五、人死而精神不死：永远活在人们心中

人最可怕的不是死亡，而是无法在这个世界上找到自己生存过的痕迹。所以，人生是需要经营的，这也可以理解成我们通常意义上的责任心。因为我们无论做什么，首先都必须对得起两个人，一是他人，二是自己。如果对不起他人，势必会招致他人的抵触，甚至反抗；如果对不起自己，那你自己都会觉得自己不是个东西。

即使是再平庸的人，也希望能够扬名，至少也能够在世界上留下一鳞半爪的迹象，有更多的人能够记住自己。

一个人做了改天换地的事，有人记住；创造了艺术上不朽的经典，有人记住；在科学领域有了重大发现，推动了社会的发展，有人记住。

精神上也是这样，或因为好积德行善，或因为热衷公益事业，或因为具备什么特别的才能，成了一个时期的达人，也有人记住。总之，你的言行影响了谁，就会在谁的心里留下难以磨灭的印记。诚如我们很熟悉的一段话：全心全意为人民服务的人，才能永远活在人们的心中。

第三节　点滴＋点滴＝成功

每个人都希望得到别人的认可，容貌可以使人赏心悦目，气质能够让人如沐春风，精神能够使人信心倍增，谈吐能够让人心情愉悦。

但这一切除了天生的父母赐予之外，更多的还是要靠我们后天的修炼。也并

非一定要做什么惊天地、泣鬼神的事情,只要将平日里一些点点滴滴的事情做好,那就是非常了不起的举动了。

我们都见过医院里给病人打点滴,管子里半天才滴出一滴药液,看着都让人觉得着急。但就是这样不经意的一滴一滴,却只需要一定的时间,满满的一瓶液体就能注入病人的体内。

我们做事也是这样,再大的成就都是由一点点小事累计起来的。我们想有个健康的体魄,我们想给别人留下一个美好的形象,往往就是从一些不起眼的鸡毛蒜皮一样的小事开始的。

一、生命对谁负责

中华民族是个笃信《易经》的民族,凡事都分个阴阳,古人认为活在世界上是生活在阳间,死了以后会到阴间去见列祖列宗。所以从古至今,都有祭祖的风俗,不仅要买个房子自己住,称为阳宅;还要买个房子给祖先住,称为阴宅……其实,这就是将自己的生命对祖宗负责,所以中国人都喜欢做光宗耀祖的事,因为死后在阴间会受到列祖列宗的欢迎;做了坏事,让祖先蒙羞,死了是无颜面见列祖列宗的。

后来,佛教传入中国,引进了"六道轮回"之说,才有了生命对自己负责的认识。行善积德的人死了,在天道、阿修罗道、人道中轮回;坏事做绝的人,会进饿鬼道、地狱道、畜生道中轮回,受尽万般折磨……

无论怎么说,要想经营好自己的人生,首要的问题是确立自己的生命对谁负责,也就是确立自己的信仰。这个问题不搞清楚,道德就无底线,就一定没有成功的人生。《易经》曰:"积善之家,必有余庆;积不善之家,必有余殃。"也就是这个道理。

二、爱自己的人才会爱别人

有了一定年龄,接触过一定类型的人,明白了一些事理之后,我们每个人对于美,对于价值都有了自己的标准。于是,人就会经常感到郁闷:自己为什么会这样?自己那方面又会是哪样?

其实大可不必,比如容貌,谁都希望自己长有一张人见人爱的脸。谁都希望拥有大众普遍认可的出众身材。但父母就遗传了这样的基因给你,有什么办法呢!我们唯一能做的,就是将现有条件发挥到极致。

大家可能都听说过俄罗斯前第一夫人柳德米拉给自己写情书以增加自信的故

事。当时柳德米拉已经是一个大姑娘了，在一家航空公司当空姐，看着其他姐妹都有很多男孩子追求，可不知为什么还没有男孩子愿意接近她，弄得她觉得自己很没有面子，也为此感到很自卑。于是她突发奇想，自己给自己写了一封情意绵绵的信，趁着跑航班的机会，不声不响地在另一个城市寄了出去。

这封信辗转一周后回到了柳德米拉手里，当时邮递员送来情书的时候，恰好有个玩得好的姐妹来家里玩，于是她就当着那个姐妹的面将这封信读了出来。没想到，当时就令那个姐妹感动得热泪盈眶。

尝到甜头的柳德米拉又如法炮制，所以在之后的一段时间里，她几乎每天都能收到一封情书，这事很快就传遍了小城，最后连报社记者也知道了，于是前来采访她，她一时间成了大名人，向她示爱的男孩子也开始多了起来。终于半年后，一个叫普京的男孩子走进了她的生活，三年后他们结婚了，过着幸福的生活。再后来，那个当年娶她的男孩成了俄罗斯的总统，她也就成了俄罗斯历史上第一位曾经两度成为"第一夫人"的人。

可见爱自己，给自己更多的自信，对于一个正在成长的人来说是多么的重要。

既然我们限于条件，还不够那么完美，也还有这样或者那样不如人意的地方，那就不妨接受已经是这样了的自己，学会爱上"我"，因为只有爱上了"我"，我才有自信；只有爱上了"我"，我才不会自卑。

1. 不会爱自己的人不可能会爱别人

总听人抱怨：我恨死自己了。一句话没说好，得罪了自己不想得罪的人，怨自己；一件事办砸了，也怨自己。自己把自己当成了"出气筒"，横竖都看着自己不顺眼。

一个连自己都不爱的人，是很难指望他能爱上别人的，因为他自己觉得不自在，也就容易看着别人别扭，也就会这也不顺，那也不顺，结果是：总得不到别人的肯定，他自己也就变得越加气恼。

有一句话说得挺好：你要让别人多爱你，你就要多爱你自己，一个连自己都不爱的人，凭什么让别人来爱你。

2. 接受自己，喜欢自己，欣赏自己，不管自己是怎样的

很多人总是想不明白，干吗有些人就那么招人喜欢，而自己总是那么不受人待见。

有人认为，别人天生就是讨人喜欢的，而自己无论怎么做都引不起别人的兴趣。

其实这些想法都是一种病态，因为决定一个人是否可爱，更多还是由一个人的性格、脾气决定的。

依我说，积极地面对生活，都可爱；消极地怨天尤人，都惹人烦；你想想，平时大家活得都有不多不少的压力，谁还愿意面对一张哭丧的脸呢？

3. 学会奖赏自己

人都是需要鼓励的，奖赏自己其实就是对自己的肯定，当所有人都不相信你的时候，至少还有你相信自己；当所有人都不支持你的时候，至少还有你支持自己，但光是心里明白恐怕还不行，光是嘴上说说这都还远远不够，还得有所行动，那最好的行动就是犒赏自己。

不妨豁出去一回，买平时想买又舍不得买的衣服，挑几样自己总是下不了狠心的护肤品；或者听一场心仪已久的演唱会，让现场的节奏痛痛快快地震撼自己。

也就在这样的状态下，我们反过来又可以重新发现自己，我们还说不定可以从中找到一个全新的自己呢！

4. 活到老，学到老，做个有气质的人

爱自己还有一个很重要的办法就是拥有一颗学习心。

学习的目的其实有两个，一个就是我们之前说的，知识用出来才是力量，也可以转化成生产力；但知识还有很重要的一个功能常常容易被忽视，那就是可以培养自己的情素，从而修炼个人的气质。

在人生的道路上，起点低并不可怕，只要能够循序渐进，坚持不懈，日积月累地做下去，最终会从低洼的平地攀登上理想的高峰。

我以前有个走得挺近的朋友，他非常喜欢学习，对什么东西都有兴趣。他喜欢音乐，一段时间疯狂地迷上了钢琴，一个月后就能像模像样地弹奏出一两首曲子，但练了两年后还停留在那个只能照着琴谱勉强弹完几首曲子的水平；他此后还分别练过小提琴、手风琴、大提琴，其结果都是停留在与他练钢琴一样的水平上。他喜欢外语，为此刻苦地学习过英语、日语、俄语等好几种语言，还特地停薪留职，自费到俄罗斯留学过两年，结果还是无法与操这三种语言中任何一种语言的人对话和交流。

后来他还像学习音乐和外语一样，分别喜欢过车模、摄影、绘画，结局也都基本一样。别人笑他没有一样东西"玩出了名堂"，而他则不以为然，他认为学习的过程已经让他受益良多了。

现在他已经快60岁了，还在不停地学习以前练习过的那些东西，继续学习

新的不同的东西。虽然都谈不上有什么造诣，也没有能够直接给他带来什么经济效益，但却使他结识了很多朋友，虽然长相未必出众，但他非常有气质，走出去别人都会夸他很有"文艺范儿"呢，而且年龄越大，气质还就越为突出。

5. 自我暗示，容易做事顺利

谁都难免有不顺心的时候，情绪也免不了会受到影响。这时，最好的方法就是自己安慰自己，自我暗示就是一种比较容易见效的方式。

不是有这样一句话吗：心情好，精神才好。

如果我们每天出门前都暗示自己"我运气真好"，那看一切东西都会觉得有光彩；如果我们多对自己说声"我真棒"，就会自然而然地挺起胸膛来。

如果我们对自己说"果然办事顺利"一类的话，那办起事来真的就会如自己所愿。

自我暗示不仅可以使自己精神爽，这种愉悦的心情也很容易传递给他人。他人心情一好了，不就很愿意做一些成人之美的事情吗！

6. 习惯微笑，可以成就事业

我们经常能从各种传播媒体上见到那些明星、政要，当他们出现在公众视线里的时候，脸上总是挂着一个招牌式的微笑。那可能也是他们刻意练出来的，为什么要这样？就是因为他们都明白一个道理，那就是：一个善意的微笑，就是一个好的开始。

彼此陌生的两个人，可以因为微笑而变得亲近起来；原本有隔阂的两个人，也仅仅只需要相视一笑就可以化解以往的不快；明明一场争吵即将发生，这时，可能就是一方向另一方露出了微笑，再多的不愉快也就在这一刻冰释前嫌了。

微笑，属于习惯美的一种，不但能反映一个人此时的心情，更能影响他的一生。

世界上不管什么肤色的人微笑所表达的意思都是一样的，那就是表示友好，表示喜悦、愉快、轻松。所以，人都喜欢见到一张微笑的脸，即便是陌生人初次见面，露出一个很自然的微笑，也会拉近彼此间的距离，因为你对别人微笑，别人也就会对你微笑。即使随后你开口说的话别人不感兴趣，对你的态度也不可能一下子变得那么快。

日本"保险之神"原一平长相丑陋，为此在他刚做保险行当的时候，屡屡因为长相的问题而被人拒绝，但当他发现微笑能改变人们对他的态度之后，于是苦练微笑，最终因为会微笑，最终成为保险界的"推销大王"。

7. 建立积极的心

谁都喜欢积极向上的人，一个兴致很高的人，往往也会传递给别人很多的正能量。

有人曾经做过一个统计，每天出门前喜欢照镜子的人，工作的效率比不喜欢照镜子的人，成功率高出一倍以上，这是因为你在乎自己的形象，你喜欢自己今天的打扮，你对自己的今天充满信心。

我们常常有这样的体验，同样一件事，让不相信这件事能办好的人去办，很难成功；让相信这件事能办好的人去办，就很容易成功。原因是后者有信心，所以就会很努力地去做；而对此事并不抱积极态度的人，就很难成功。原因是：持消极态度的人，一般总是从不好的、阴暗的方面去看事情，他们在事情发生前，就自作聪明地以为看到了事情所有的可能性，并执意夸大其中不利的方面，那就难免看到的是太多的困难和风险，从而患得患失、情绪波动，所以也就因此阻碍了自己前进的脚步。

可见，要成就一件事情，抱以积极的心态是多么的重要。

三、只有"我"是独一无二的，建立自信

自信心其实就是自己给自己的一种力量，是一个人由内而外发出来的。

以前我们有个员工成天都像是打了鸡血一样，很兴奋。无论做什么事，都是一副信心满满的样子。问他，他说他对自己很满意，因为在世界上找不到与他一模一样的人。

我们真应该感谢老天爷的造化，使得我们每个人都是独一无二的。不同的体型，不同的容貌，不同的气质，不同的性格，只要细心留意，每个人都有突出的、别人不可复制的地方，那我们就不妨将自己这点独特的东西找出来，将他装饰得更符合大众的审美习惯，然后放大，让这一点成为越来越吸引人的东西，让这一点成为能够得到越多人肯定和接受的东西。

但总有一部分人却总是对自己挑三拣四的，认为父母没给自己一张好脸蛋，自己没有一副好身材，甚至没让自己生出一双漂亮的大眼睛，因此经常遭人白眼，连平时问个路这样的小事也会受到歧视。反正别人也不待见自己，索性自己就"认命了"，没有勇气改变自己。但如果换一个角度看问题，就会发现自己的长相独特不也是一种优势吗？至少演个丑角什么的还不用化妆。退一万步说，即使长相连独特这样的机会也把握不住，那不是还可以改变的吗！

既然我们的面孔不好看，那我们就修炼一下我们的气质；既然我们的身材不

好，那我们就重点训练一下我们的风度；既然我们的眼睛太小，那我们不妨就试着用我们的小眼睛"迷倒一大片"。

这只是形象上的问题，别忘了，我们还有智慧的大脑，我们还有永不服输的顽强意志，我们还可以通过努力使自己也跻身成功人士行列，让别人一个个地都对我们刮目相看。

阿里巴巴的马云无论从哪个角度来看，形象都算不上好看，但就是这样一张让大家不愿多看一眼的脸，硬是将自己的事业做得风生水起，照样地频频出现在电视屏幕上，频繁荣登杂志的封面。现如今，又有谁会因为他的长相而看不起他呢？

四、做自己的主人，有一颗老板心

有个成语叫"一毛不拔"，现在多用于形容那些极度吝啬的人。其实这句话出自战国时期一个叫杨朱的哲学家，他主张"贵生""重己"，重视个人生命的保存，反对他人对自己的侵夺，也反对自己对他人的侵夺。

这是人类历史上第一部"人权"宣言书，也就是我们通常意义上的一种"老板心"，具体有如下几个表现：

1. 主人意识，每件事都看成是自己的事

我们无论是做自己的事，还是帮助别人做事，都要把自己看作是老板，因为无论什么样的事，或者一件事的某个环节，都是需要独立操作的，也都可以独立考核。那就要有一种使命感、责任心、事业心。

在做每件事的时候树立牢固的主人公意识，全心全意地做好。做自己的主人，不做打工的人。

2. 凡事思考最佳的解决方案

有"老板心"的人，思维方式也具备典型的老板特征，那就是：凡事都从大处着手、小处着眼的工作精神。

老板心态不仅要求自己努力把事情做好，还会想方设法找到做好工作的最佳方案，更重要的是：还懂得如何享受工作给自己带来的乐趣。

3. 懂得核算成本，节省使用所有的资源

有"老板心"的人，凡事都具有对效率、效果、质量、成本、品牌等方面持续的关注与尽心尽力的工作态度。他们把企业的事情看作自己的事情，不但考虑企业的成长，还考虑企业的费用。

反之，如果我们认为自己永远是打工者，出力流汗拿工钱，企业的命运与自

己无关,得过且过、不负责任的话,那既得不到老板的器重,也可能真的要打一辈子工了。

如果我们像老板一样思考,像老板一样行动,喜欢执着,懂得奉献,尽管现在暂时还不是老板,但却已经具备了老板的素质和能力,那终归有一天会成为名副其实的成功的老板。

第四节 立人生规矩

人的所有经验,有的是别人教的,有的是自己领悟的,有的则是从活生生的教训中得来的。我们知道通红的火不能碰,那是因为我们曾经被烫过;我们知道有电的东西不能碰,那是因为我们曾经被电过;我们知道有些凶猛的动物不要惹,那是因为我们曾经被咬过;我们知道路上的障碍物要越过,那是因为我们都多多少少被摔过。我们每做一件正确的事情,其实都是在做了无数次错误的事情之后才得到的经验。

这是做事的规矩。做人的规矩其实也是一样的,很重要的一点就是要懂得自律,懂得自己节制自己的欲望,懂得自己控制自己的行为。除此之外,还要明白他律,借助一些法律和相关守则来约束自己的行为,并心甘情愿地接受他人的监督,这样做才能够使自己不断地有所进步。

所以,要给自己立下做人的规矩,在一定的框架内,规定自己什么可以做,什么不可以做,什么可以不做。

一、尊重社会审美标准

任何一种审美标准都是社会的产物,它的形成、发展,都是受一定社会历史条件、文化心理结构和特定对象审美特质制约的,既具有主观性和相对性,又具有客观性和普遍性。所以,人们通常用这样一些标准来衡量和评价生活和艺术中的美与丑、真与假、善与恶的各种事物与现象。

作为社会的一分子，我们无法改变，也无法逃避。因而，最有效的方式就是正视，并随外部环境的变化而做出相应的变化。

1. 顺势而动

我们要去一个地方需要做好计划，我们要做一件事情需要理出个头绪，怎么做，怎么理，就有一定讲究了，顺应社会发展的趋势，符合时代的潮流，就能使事情的进展很顺利，所谓顺水行舟也是这么一个道理；但如果有谁或出于这样那样的原因，一定要逆水行舟的话，就无益于事物的发展，反而会使原本容易的事情，变得难度更大了，弄不好就会落下个头破血流的下场。

所以，当我们的行为习惯符合社会的审美标准时，我们不妨将自己被社会认可的那一部分适当地放大，以一种大众能够接受的方式展示出来。

2. 逆势而静

当我们的部分行为习惯与社会的审美标准相违背时，不妨先将自己不被公众认可的那一部分暂时收敛一下。你可能觉得这样做会有所委屈，但反过来想想，这样倒行逆施的结果，除了给自己带来苦恼之外，并不能带来什么实质性的收效。那最好的方式就是停下来，静静地观望，也许时间会改变一切。

打个比方：外面下雨了，而你一时半刻又缺少必要的雨具，偏偏你的身体状况又不允许你可以被淋湿，那最佳的选择就是停下来，等到雨过天晴的时候再出发。

二、做出个人特有的风格

这个世界总有喜欢你的人，也有不喜欢你的人。喜欢你的人，你不一定喜欢，你喜欢的人又不一定人喜欢你。在这个世界上，你是独一无二的，没有人像你，你也不需要去取代谁，也没有办法取代谁。

千万记住，在人生的舞台上，你永远是自己的主角，没有义务，也没有必要做谁的配角。

但现实生活中，总难免有人会有意无意伤害你，一句话不小心的话伤害你，一件不注意的事伤害了你，都可能使你产生怨恨。所以，面对伤害，不仅考验我们的智慧，更考验我们的心胸。

1. 以德报德

对你好的人，当然要找机会予以回报；对于并不太友好的人，在怨没有发生的时候，也要先以德报怨。

人与人相处，因为各自所处的立场和角度不同，生活中出现一些恩恩怨怨也是常有的事,有些事使得我们很委屈,有些事会让我们很愤怒。此时,我们更应该做什么呢?我觉得不妨试试以德报怨,这样做不仅表明了你的态度,同时又为自己赢下了一份仁厚、淡定和洒脱。

(1) 不要拿别人的错误来惩罚自己。在现实生活中有许多人,经得住压力,也忍得了困难,但就是受不起委屈、冤枉。

其实,所谓委屈也好,冤枉也好,无非就是别人犯错误,你没犯错误;而受不起委屈和冤枉就是拿别人的错误来惩罚自己。懂了这个道理,再遇到这种情况,对付它的最好办法就是一笑了之,不把它当一回事。

(2) 不要拿自己的错误来惩罚别人。在现实生活中,也有这样一部分人,当自己受到责难或者不公正待遇后,就喜欢迁怒于别人,把别人作为出气筒。这样无形中原本一个人承受的错误就变成了两个人的错误,原本只有的一份伤害,一下子也就增加了一倍。

因为事实上,当你伤害别人的时候,其实自己也在再次受到伤害。

(3) 不要拿自己的错误来惩罚自己。一件事没做好,或者一次没有发挥好,我们会觉得很懊恼,很沮丧,部分过激的人就喜欢自己惩罚自己。这虽然从某种意义上说是一种责任心的表现,也可以理解为一种追求完美的态度。

但我觉得,这种行为却不值得提倡。因为,是人就难免会犯错误,你确实没有必要为一次的失误过分自责,这是其一;其二,惩罚自己,无疑就是在自己原本糟糕的情绪上再平添一份不悦,也无益于事情向好的方面转变,甚至有可能将事情变得更糟。

所以,做错了事,只要认真地找出原因,认真地吸取教训,以后避免类似的错误发生就可以了。

2. 以德报怨

做人,要学会以德报怨。

有真实情况,看着真实情况再决定怎么办。因为很多错误或者矛盾都是受客观条件影响的,如果一味地下结论也确实有点不妥。所以,最好的办法就是:看着办,具体问题具体分析。

(1) 以德报怨。你越是对我不好,我越是要对你好,这样反而弄得对方觉得过意不去,终有一天,对你的态度会有所改变。

(2) 以怨报怨。你对我不好,那我也以同样的态度对你,让对方感觉到你的力量。这就要看一个人的定力了,这样做的前提一定是你有足够的把握赢对方,否则就会把事情搞得更糟。

（3）以不报而报。这其实是最狠的一招，那就是将怨恨转移。以不报而报的意思是让他去和别人结怨，他找别人去报，让另外一个人与他对掐，而你却可以趁机溜号。俗说：惹不起，躲得起。

全心全意为人民服务是全人类颠扑不破的成功秘笈。落实在具体实践中，也就是我们下任何结论都应该既尊重客观规律，又充分发挥人的主观能动性；既要维护原则，又要在处理方式上保持相对的灵活，将原则性与灵活性高度统一起来，这样才能创造性地开展工作，做到当行则行，当止则止。

3. 忘我的付出是做人的本色，是成功的基石

物理学有一定律：作用力和反作用力，同时作用在一物体上，大小相等，方向相反。所以，我们要别人怎样对你，你就应该怎样对人。

我们都知道有付出才有得到的道理，但在现实生活中，我们总是担心自己的付出得不到相应的回报。由此就形成了这样一个怪现象，那就是：总希望对方先付出。

你去一家企业应聘，首先关心的就是企业能给到你什么，殊不知，企业找你来是要你创造价值的，在还不知道你能力的情况下，又如何能在你身上下太大的赌注呢？

如果反过来想，我能给企业带来什么的话，那事情就会好办得多，至少你多了一次让别人认识你的机会。

同一个目的，两种思维的角度，结局却迥然不同，这其中包含的道理却是一个知不知道感恩的问题，因为感恩的实质就是付出。

忘了小我，成就大我。付出有形的，收获无形的。反之亦然。

三、个人的经营法则：时、位、中、应

《易经》中有四个字：时、位、中、应，对于我们无论做人还是做事都很有帮助，尤其是对于手上掌握了一定权力的人来说，就更是值得牢牢记住。

"时"也就是时间，也可以理解为时机。我们在做事情的时候，都应该首先考虑到时间段对不对，时机合不合适，只有把握好了做事情的时机，用我们家乡话说就是"识不识眼"，如果"识眼"的话，成功的可能性概率就大。

"位"就是空间，也就是我们通常所说的位置、身份、场合。我们做任何事情之前都不妨首先想想；自己的身份做这件事合适不合适？面对与你什么关系的人，应该以怎样的姿态，应该以怎样的语调说话才符合自己当下的身份。

"中"就是合不合理。我们做任何事，都应该评估合理性。同样的一件事，

我们怎样做才合乎情理？做得合不合理，所取得的效果也会有所不同。如果在说话、办事的过程中充分考虑合理性才去做的话，那成功的把握就会多出几分。

"应"就是看看反应。也就是站在他人的角度考虑问题，也是事前评估。一件事做完了，不能置之不理。我们还需要关注事情的反应，也就是我们通常所说的反馈，并根据事态的发展做出相应的调整。这样做完的一件事情，才可以算得上是告一段落了。

第五节 经营人生品牌

每个人都有自己的名字，虽然起名的初衷都只是一个便于别人识别的符号，但一旦融入社会，这个符号可能就不仅仅是一个简单的识别符号了，而是你漫漫人生中赖以生存的根本。你的名字就是自己的品牌、名称。

每个人就像是一个招牌，当你出现时，人们对你会产生一个粗略的印象，要想被人们所认可，那给人留下的第一印象就非常重要，所以，首先要做的就是在人面前树立一个良好的形象，也就在别人心里留下了一个初步的好感。

我们每个人在世间生存和发展，自己的名字就是一张名片，这张名片递出去别人买不买账，全凭着自己在别人记忆中产生了怎样的印象。这也是与每个人平时的所作所为休戚相关的，你平时做人厚不厚道？做的一些事情靠不靠谱？都是别人愿不愿意接受你的依据；而你曾经给别人带来了什么？现在究竟还能给别人带来什么？就成了别人是否愿意帮助你的标准。

我们总听人抱怨，某某某不怎么样，尤其是抱怨一些人升官或者发财后就变得如何如何了得，等等。其实想想，我们是否值得别人为我们付出呢？不错，你们曾经是同学、是同事、是战友，一度还走得很近，但现在他进步了，名气已经有了一定的品牌影响力，也需要更大的圈子继续发展自己的品牌。而你或许因为这样那样的原因，可能一直都没有太大的进步，也没有多少可以拿得出手的本事，这时的名字只不过就是个区别于其他人的品名而已，却不能再给别人带来什么了。

为这事,我曾经与别人有过辩论,对方认为,每个人都是一个优秀的品牌,而我则认为每个人都可以成为一个优秀的品牌。这一点很重要,"是"与"可以"看似也不过就是两个字不同,却反映了不同的价值观。前者觉得别人欠你的,一切都理所当然;后者认为什么事都没有应该,都需要付出努力才能获得。

静下来的时候,我们不妨想想,你想别人尊重你,你是否有值得别人尊重的地方;你想别人帮助你,你是否也可以有能够帮助别人的东西;这些看上去似乎很俗气,但却很实际。想想看,谁愿意将自己的时间、精力,花在一些没有任何意义的地方,至少也得觉得有点价值才行啊。

一、打扮自己就是一种尊重

现代社会虽然已经多元化发展了,人与人相处也不会简单地以貌取人了,但没了解你之前,人家首先看到的就是貌,所以要习惯打扮自己。

一个穷人是知道自己没有钱的,但一个没有品位的人却绝对不知道自己是没有品位的。原因就在于:一个可以用数字等硬指标来衡量,一个却不能用任何硬指标来判断。但我们却可以从一个人的外貌来初步判断他的基本情况。

大多数人都相信的一句话是:相由心生。意思就是说一个人的经历、修养、品位,都体现在他的脸上。

有人说,30岁以前的容貌是爹妈给的,30岁以后的容貌是自己给的。对于现代人来说,虽然自己随随便便都能摸出几张名片,但个人形象无论从哪个角度说都是自己的一张最响亮的名片。一个企业家要长得像企业家,一个教授要长得像教授。一个人的经历是完全可以从这个人的脸上来判断的。

这样说的时候,可能有人就会提出一点质疑了,那不就是装出来的吗!依我看,人生如戏。既然我们注定在人生的舞台上要参加一场接一场的演出,那我们就得保证每一场演出的质量。

退一万步说,一个人连装扮都不会,那他还能干什么?

其实,打扮好自己,也反映出一个人对他人的重视程度。这是对他人的态度,也是对别人的一种尊重。

二、热情其实是一种力量

一个热情的人,不但可以利用自己的个性作为吸引别人的武器,还能够在此基础上形成一定的气场,从而在办理事务、处理问题时,帮助自己起到意想不到的作用。

就与人交往多的职场来说，那些在岗位上做出一定成绩的人，都是热情的人。因为他爱自己的事业，并愿意为之付出；一个人缘好的人，往往同时也是一个热情的人，与他在一起，别人总会有意无意地受其感染，从而很愿意为他做事，而这也恰恰是做好事情的基础，同时这也很自然地成为人们判断事物好坏的标准之一。

20 世纪 80 年代，我曾经在火车上遇到了这么个人。那是在南方一个小城，离开车大概还有半个钟的时间，这时旁边座位上急匆匆地上来了一个四十开外的中年男子，他一边放下随身的一个小袋，算是行李，嘴上一边如释重负地嘀咕：哎！终于赶到了，终于赶到了。我好奇地上下打量着他，他身上一件印有劳模字样的汗衫已经湿透，汗淋淋的脸，见谁都热情地点头招呼。其实当时他手腕上就戴了一块手表，行李也少，离开车还有半个多钟呢，至于如此这般吗？但我很快就发现自己错了，他之所以要提前这么长时间上车也是有他的原因的，就是他想利用这一点点时间做点好事。随后，他忙不迭地帮助其他乘客放行李、找座位、抱孩子，比列车员还忙得起劲。

那时的火车车厢普遍没有暖气，但这节车厢也就因为多了他这么个热心肠的人，而变得暖意浓浓，整个车厢也在他的带动下变得像一家人似的，互相间纷纷拿出自己随身带的家乡土特产品一起品尝，最终的结果是：原本很沉闷的旅行，因为有了这么个热情的人而变得无比温馨。

三、记住名字，可以传递温度

名字是一个人区别于其他人的识别符号，也有一些特别的意义，要么就是承载了长辈的期望（出生时长辈取的），要么就是蕴含了人生当中一段难忘的记忆（自己成人后改的）。

其实每个人对自己的名字不仅仅是在乎，甚至是可以用生命换取好名的。流芳百世者，名也。但要想在茫茫人海中记住每一个你曾经接触过的人的名字也并不是一件容易的事，不过有心记的话，这些就都不会成为难事。也正因为有这一点因素的关系，所以在人际交往中，如果能在仅有的一两次见面后就能清晰地报出对方的名字，尤其是一个有名望的人报出一个无名小卒的名字，或者一个上级领导适时报出下属的名字的时候，往往冷不丁地会让对方很是感动，甚至有受宠若惊之感，因为这至少说明了你在关注他，甚至是有点重视他。

四、不妨露点真性情

不管我们承认还是不承认，每个人所期待的东西，总是与实际得到的有一定落差。这时也是最容易表现一个人真性情的时候。

工作压力大了，偶尔说句粗口，非但不是粗俗，反而显出一点英雄气概，这是真性情；运动累了，偶尔光一下膀子，让亮晶晶的汗水顺着结实的肌肉流淌下来，这也是真性情；亲历人间的生离死别，感怀人性的闪光，或者因为一次触动或者因为一次感动，或者因为一次激动，让眼泪尽情地流，这也是真性情。

人生总会遇见一些不顺心的事，如果有个知心朋友就一起吃个饭，借着酒劲不妨释放一下；一时半刻约不到朋友，就写在一个小本子上，或是一个人大声地喊出来，发泄一下，那也不失为人间快事。

没有伪装，没有掩饰，一切都随着自己的心意而动，要活就活出个真本色，要秀就秀出一个真君子。没有点真性情的人太虚伪，活得也太累了，也不会开心的。

五、在吃喝玩乐中显出品位

很多人认为，吃喝玩乐嘛，本身就是为了释放情绪，所以大可无所顾忌。

其实大错特错。此时恰恰是别人真正观察你、认识你的时候，你的一言一行，哪怕一个微小的动作，都可以体现出你的成长背景、教育程度，以及审美的品位。

你去参加一个宴席，旁边坐着女生，你见喜欢吃的菜就盯着不放，却忘了示意大家一起尝尝，也不懂得照顾一下旁边的女生，别人就会认为你没多大见识，自我修养一般而矣。

你和大家一起在歌厅唱歌，总是一个人抱着麦克风唱个没完没了，即使唱得再好，也不要忘了，别人之所以在这个场合出现，也是想一展歌喉的瘾，绝对不是来欣赏你独唱音乐会的。你可能认为自己之所以成为"唛霸"，是因为自己唱得还不错，但别人看到的却是你没有多少涵养。

经常听听古典，说明趣味不俗；偶尔喝点红酒，有点小资做派；要是再抽些空闲时间，约上三五哥们、姐们，一起去郊外野炊，亲近一下自然，那在别人眼里无疑就是一个懂得生活情调的人。

在我看来，一个有品位的人是能够在日常的言行中有所体现的，而恰恰是一个人在吃喝玩乐中的不经意，又是最为真实的表现。

六、万事行动第一

很多人说起梦想来一套一套的，也知道自己的目标，可就是不见行动。

曾经我讲过一个"阿花和阿强"的恋爱故事。阿强很喜欢阿花，也总喜欢把爱挂在嘴边，但总是没有具体的行动，一次又一次，阿花也听出茧子来了，听麻木了，这样再好的姻缘也要被耽误。

没有行动，再大的梦想也是白想；没有行动，再大的目标也是浮标，看得见却够不着。这就如同开出来的一张空头支票，数额再诱人没法兑现也是白搭，说破天去也不过就是多了一次自欺欺人的经历而已。

所以说，我们如果有梦想，那就不妨拔起腿就追，不用担心在追逐梦想过程中所需要的面包问题，那是因为，其实梦想与面包之间并不矛盾。

从某种意义上说，人生就是一场博弈，退却了就意味着失败，勇敢地迎上去，至少还有成功或者失败两种可能。既然这样，那我们何不放手一搏，爽快地试一试呢？

七、广交朋友，寻觅知己

要成就某件事情，难免需要别人的帮助，但素昧平生的别人很难保证一定帮你，所以，多交朋友就显得尤为重要。如果再在朋友中交到一两个知己，那就会如鱼得水。

与朋友的交往其实是有条件的，因为人与人交往的目的其实都是一样的，说穿了就是都想从别人那里得到一些对自己有益的帮助，或者物质上的，或者精神上的。但问题就在于：每个人都想这样，于是矛盾就形成了。

其实解决起来也很简单，就是先付出再索取。很多人之所以办事不顺利，很重要的一点就是这方面没想明白，总认为我本来就是为了得到才付出的，万一付出了没得到岂不是亏了？反过来想，其实对方也是这么想的就对了。

我们曾经有个团队在一个比较偏僻的地方开展业务，局面一直打不开。一气之下，我决定自己亲自去做示范。可决定一做出，我就暗暗叫苦，万一我也一样打不开局面，那岂不是自己给自己难堪。为了挣回自己的面子，于是我就硬着头皮上，我仔细分析了问题，了解到那是个国家级的贫困县，于是我就从帮助贫困入手，一到县里，啥事不干，就先到孤儿院去看了孩子并捐了一些钱，当地电视台一报道，弄得全县都知道有这么个大善人。之后才开展业务，结果，仅仅几天工夫，公司就进账一百多万元。

我说这些话的目的并不是鼓励大家都去复制我的办法,我只是想说明一个道理:人与人交往的过程中,既然谁都想对方先付出,那就没什么好说的:我先付出。

谁都忌讳谈关系,好像一说起关系来就是歪门邪道,就是洪水猛兽,但我们又不得不承认熟人、朋友的重要性,很多时候关系就是润滑剂,关系就是效率。一个人才华越高,安排越周密,考虑越全面,经验越丰富,人缘关系越好,那他赢的概率就会越高。

如果能在朋友圈中找一两个成为知己,成为"铁杆朋友"。不仅可以分担你的忧愁,而且在你需要的时候,还会挺身而出,为你排忧解难。我们熟知的《三国演义》中刘、关、张的桃园三结义,其实就是找到了这样的知己。

八、点燃自己,永远上进

没有人愿意碌碌无为地了此一生。但现实情况却是自己很难发挥,这时最好的办法就是:点燃自己,永远上进。点燃自己的目的除了自身感到沸腾之外,还可以照亮别人,从而不但自己可以上进,还能够带动别人上进。这既是一个人做人的原则,也是一个人做事的态度。

将这句话运用到感情上就是:如果你珍惜一段恋情,那么恋爱中的双方就应该是全身心的投入,不顾一切,像飞蛾扑火一样地去爱。

将这句话运用到事业上就是:如果你认定了一项事业的话,那就是断掉自己所有退路,倾其所有、拼尽全力地去将这项事业做到极致。斩断后路,才能走向成功。

一个真正的成功者,一定是不但懂得可以怎样点燃自己的梦想,而是应该懂得如何点亮别人梦想的人。

做人要有上进心,要用自己积极进取的精神影响别人。这样在成就自己的同时,也造就了他人。反过来,被你点燃的人,又可以照亮你,那你们不但可以感受到彼此的温暖,更能够发出比自身更强烈的光,那不是更有力量吗?

九、勇于担当

人生的道路上总是有填不完的坑坑坎坎,当我们面对困难抑或苦难时,要勇敢地面对、正视,并竭尽所能地予以支撑。

勇于担当就是敢于负责任。一个不负责任的人是不会有精彩人生的,也是不会成功的。

一个做工程的哥哥和嫂嫂双双出了车祸，准备发放给农民工的十几万元工资也随同燃烧的车一起化为了灰烬，家境并不富裕的弟弟一边处理哥嫂的后事，一边四处向人借款，如期如数地发放工资，了却哥哥生前的心愿。这是一种担当。

一对正闹离婚的夫妻，这时丈夫突然中风瘫痪在床，这时做妻子的收起离婚申请，毅然在丈夫床前侍候，天天如此。谁知这一侍候就是好多年，其实这也是一种担当。

担当就是直面困难，就是在我们应该面对的时候不要回避，就是在需要我们承担的时候勇敢地站出来。而事实证明，那些有担当的人并不只是付出这么简单，而是他们在付出的同时，也收获了一份别人所给予的诚信。

敢勇于担当的人，才可以算得上是一个真正成功的人。

十、学会忍耐

任何事情的发展都不会是一帆风顺的，免不了遇到困难，免不了面对荆棘、面对泥泞，大雨滂沱，电闪雷鸣都是常有的。这并不可怕，怕的就是面对这些不如人意时所具备的足够耐力。

有一个年轻的学子海外归来，一直找不到合适的工作，于是他心一横，收起自己的研究生学历，到流水线上当起了一个普通的工人。每天高强度、快节奏的工作，他忍了；每天加班3～4个小时，只收入十几元钱的加班费，他也忍了。最终，仅仅一年时间，他就掌握了生产所有的工序；又一年时间，他熟悉了所有的业务渠道；之后自己创业，仅仅两年时间，企业的规模就超过了原先的老板。

为了生活，每个人都需要在路上行走，无论是沐浴阳光，还是遭遇暴雨，都是一件很正常的事。当我们被暴雨阻隔时，就必须学会忍耐，要常常告诉自己的一句话就是"会过去的"。因为，不管雨下得多大、多久，总有放晴的一天。

第六节　心系天下，才为天下所系

要做大事的人，绝不是眼睛仅仅盯着眼前的那么一点点的范围，一个人的一生有多少价值，并不只是我们为自己积攒了多少，而是取决于我们帮助身边周围的人创造出多少价值。

一个人的人生越有价值，生命也就越有力量，自然也就越加容易得到快乐。

一、以身为天下，可以得天下

一个人只有去除私心，不打个人的小算盘，把自己的利益融合到群体利益之中去，才会得到别人更多的帮助。所以，我们做任何事情之前，都不妨先考虑一下他人的感受，对亲人，对朋友，对熟人，对他人都有个交代。

很多人之所以不会成功，就是因为他在面对一些事情的时候，总是斤斤计较。明明有锻炼自己的机会，他却因为计较这计较那而失去了机会。

1. 吃亏才能得福

一个人要发展，就需要具备能够拿得出手的本事，也需要有好的环境可以让你成长，还需要有合适的平台能够让你发挥，但在你还没有冒出来之前，就要受得了委屈、吃得起亏，要善于把握一切机会，让别人发现你。

我就认识这样一个人，她大学毕业后一直找不到工作，这时有个很成功的作家希望有人为自己打字，于是朋友就介绍她去做这件事，她也知道自己可以借这个机会向那位作家学到很多东西，但她第一时间考虑的还是从作家那里能够拿到多少钱。最终的结果，还是因为作家没有给到她期望的钱而与这份工作失之交臂。

偏偏这时，有个连初中都还没毕业的乡下小女孩自愿做这份工作，结果，一年后，这个小女孩不但赚到了钱，还因为打字而接触了作家大量的手稿，从而使自己的写作能力大幅度提升，之后在这位作家的推荐下，很容易就做了一家杂志社的编辑。三年后,这个连初中都没毕业,连做个流水线上小工都要被人家看作累赘的乡下小女孩,居然成长为国内一家很有影响力的时尚杂志主编,名与利都跟着她转。

2. 分享梦想才会有人追随梦想

一个人有梦想,但他只是藏在自己心里,别人不知道也就无法帮助他。同样,如果他的梦想只属于他自己,与他人无关,也不容易得到他人更多的帮助。

还是说说我们湖南那个经销商,因为喜欢关注女性的生殖健康,于是"拥有×××"就成了她的梦想,但很快她就发现自己的这个梦想并没有得到太多朋友的响应,甚至连那些平时动员她自己做点生意的人都没有太大兴趣。后来她发现了问题的实质,那就是:你的梦想再大,与他人何干?

于是,她在自己的梦想"拥有×××"之后,再加上了一句"造福你我他",这就成了大家共同的梦想了。自此,那些跟她有一样梦想的人都玩了命地介绍客户,她的事业也因此越做越大。

二、以身爱天下,可以托天下

人因有"心",才有许多得失、忧虑;若无"心",则大无畏,可得天下,可托天下也。因为我们在天底下生活,所以,我们就别无选择地应该以爱天下作为自己的行为准则,否则就会遭到天下人的排斥。

这个道理谁都懂,但现实中,我们却总难以避免地考虑自己会多一些,那考虑别人自然也就少了。

1. 点头就是招财

我们如果细心留意一下就会发现,那些成功的人总是在点头,点头是一种肯定,一种赞许,也是对他人最起码的尊重。你只有对他人赞许了,才有可能获得他人更多的赞许;你只有欣赏别人,才有可能得到别人更多的欣赏。

以前,我有个女同事就深谙此道理。大凡女人嘛,都喜欢"八卦",有事没事地就喜欢几个人凑一块,海阔天空地瞎聊,说得最多的也就是家里的长短这样一些鸡毛蒜皮的小事,她人长得漂亮,但已经三十出头了还没有结婚,于是她的情感问题就成了一帮女伴议论的热点,传到她耳朵里的话也是一句比一句难听。

一般人都认为她一定会找那些说她坏话的人理论,至少也会说上几句那些人的坏话予以回击,但她非但没有这样做,反而是利用一切机会说那些在背后说她坏话人的好话,碰面时也总是主动跟人点头打招呼。结果,一段时间后,那些原本说她坏话的人一个个都反倒觉得亏欠她什么,非得要说她一点好话才觉得心安，于是在此后很长一段时间里，再传到她耳朵里的都是一些关于她的好。每次评奖金之类的事情也是她得票最高，因为只有她平时不吝啬对于别人点头，别人自然也就会"投桃报李"，做个顺水人情。

2. 鼓掌就是聚财

鼓掌是对他人的一种鼓励，因为动作是由外而内的，所以也就容易聚集散落在周边的财富，别人从你的掌声中获得力量的同时，也将财富施予了你。而且我发现，那些掌声鼓得越起劲的人，聚敛的财富也就越多。

我认识一个启蒙过多个世界冠军的跳水教练，他现在自己开办了一间跳水训练馆，收费很昂贵，但为孩子报名的家长还是络绎不绝。是想自己的孩子日后成为世界冠军吗？应该不是，因为即使是出过几个世界冠军的地方，那成功的概率最多也不过只有千分之几，学费基本上都收不回来，那为什么还要砸锅卖铁地凑够学费，将自己的宝贝孩子送到这里来受苦呢？

后来我就这个问题问过几个家长，得到的答案却是：一是因为孩子自己愿意来；二是因为训练一段时间后，孩子会变得很自信。

结果向这位教练求证后我得到了答案，他的秘诀就是鼓掌，为那些成功完成动作，以及动作失败的学员鼓掌，他这样跟我说：那些做错事的孩子其实自己心里已经很不好受了，没必要非得让他们难过。所以，他对学员从来就是表扬，为他们的勇气喝彩，即使学员做错了也从不批评，在他的字典里只有值得表扬和暂时不能得到表扬两种态度。这样，学生哪个动作没做好，就会将精力放在如何做好上，也不用受情绪影响，因此，就是再苦，他们也愿意坚持参加训练。

3. 赞美成就大事

人都是喜欢听好话的，所以，平日里那些喜欢赞美别人的人，总是格外受人欢迎。

私下赞美别人，那是表达你对别人的欣赏；公开赞美别人，那就是表示你对别人的支持。

并非所有的赞美都是发自内心，但如果你这样做了，别人一定会有所感激，所以有机会的时候，也会适时地予以回报，那办起事来也会顺畅许多。

赞美别人其实也就是赞美自己，大凡成功的人都深谙此道理。一场比赛赢了，面对媒体时，胜者总是不忘赞美一下对手如何出色；一次落选，胜利者也不忘赞美落败者几句。这样做，一是向对方表达自己的好感，二是也说明自己取得胜利的含金量。

道理很简单，但现实情况却是很多人不知道其中的奥秘。一个人离开了一家公司，于是就开始说原先公司的坏话，但听者就会想：这样的地方你都待了这一段时间，可见你找工作是多么的不容易。两个人离婚了，一方就开始说对方的坏话，听者也会想，既然是这样的人，你还能跟他一起生活，你也真是太没身价了。

赞美别人，也容易得到别人赞美，传播开来，就会形成巨大的影响力。

一个喜欢赞美别人的人，至少说明两点：一是他的心胸宽大，可以忽略别人的缺点，放大别人的优点；二是他的格局很大，视野开阔，关注的不是小范围产生的作用，而是更大范围产生的影响。对他产生好感的人自然也就多，也更容易得到别人的拥戴，势必也就更容易做成大事。

记不得在什么地方看到的一句话，就很准确地概括了"爱天下"的具体表现，那就是：过得好时，助人为乐；过得一般时，知足常乐；处逆境时，自得其乐。

【关于这个问题，拙作《推销之道》有详尽的叙述，有兴趣了解的朋友不妨去附近的新华书店或者京东书城翻阅】

四 道

经营夫妇
——在这个世界上，谁是你最重要的人

第一节 夫妻关系究竟有多重要
第二节 不正常的夫妇关系
第三节 无形的平等，有形的有别
第四节 建立良好的夫妻关系

大黄是我们家养的一条公狗,平时用来看家护院的,据说与我的年龄一般大。

可能正是因为这个原因吧!家中所有的动物中,我最喜欢的其实还是大黄。但这个"没良心"的大黄最喜欢的却并不是我,而是村东头根子家的一条母狗小白。狗是群居动物,但大黄似乎对村里其他的母狗都不感兴趣,唯独对小白一往情深,虽然它平时都被我们家用铁链子拴着,有机会与小白在一起的时间也不是太多,但这个死心眼的大黄,偏偏只与小白一起玩,并且只与小白这一条母狗交配,年年如此。

小白也怪,虽然也会跟其他公狗交配,但每年下的两窝崽,一看毛色就知道全都是它与大黄的后代。

本来这些也没什么,可问题是根子家小气得有点气人,从来就不愿意拿出哪怕是一只狗崽给我们家,小白下的每窝崽都会被他们家的人全数拿到圩上卖了换钱。

我们家里也曾经有意撮合过大黄与其他母狗的亲事,也有意识地在小白发情的那段日子里,特地看紧了家中的大黄。但似乎不太管用,因为几个月后小白生出的一窝狗崽,一看还全是大黄的。

母亲说起这事就气不打一处来,多次指着大黄的鼻子骂它缺心眼,实实在在是个吃里爬外的货色。可大黄才不管那一套呢,依旧是我行我素。

有一年的冬天特别寒冷,地里的庄稼都冻焉了,一天早上醒来,竟发现地上的雪铺得比人还高。学上不成了,可人不能在屋里憋着啊,于是各家开始"自扫门前雪"。没多一会,地上厚厚的积雪,就被清除出老长一截"雪道",然后与邻居家的"雪道"相连。接近晌午的时候,全村各家各户的"雪道"都几乎贯通了,连着村外道路的几条通路也都是四通八达。

偏偏就是在这样的天气里,也是在不该清出道路的时候,迎来了一群沿"雪道"而来的不受欢迎的人。

有十几个大孩子,个个手上都拿着棍棒,见着鸡、鸭、羊的牲畜就一通乱打,从他们的谈话中得知他们是城里"打鸡队"的,这次被指派到镇上几天,是专程来"割资产阶级尾巴"的,目的就是不让各家养家畜,从而避免又变质到剥削者。说话间,这些人就奔着我们村的方向来了。好在我家的三只鸭子已经于几天前犯了村里的王法,被我爸镇压了。我猛地想起我们家的公狗大黄,碰到这帮人那还能活啊,于是撒起脚丫子就往家里跑,把"打鸡队"的事跟二哥一说,二哥当时读高中,听过城里闹打鸡打鸭打狗的事,所以,不用我多解释就将大黄引来，往怀里一搂，唤上我一起往东荆河堤上跑。

等我们仨刚在河堤旁的小树林藏好的时候，村里就响起了各种家畜的哀号声，很多家禽被"打鸡队"那帮人追着满地乱跑，满天乱飞。

我们偷眼望去，原先白茫茫的地上到处是一摊摊的鲜红的东西。我和二哥不禁倒吸了一口凉气，暗自庆幸因为刚才的明智之举，我们家的大黄逃过了一劫。

可就在这时，一旁的大黄猛地挣脱了绳索，大嚎一声，没命地朝村东头的方向奔去，等我和二哥反应过来它要干什么，并跟着跑过去的时候已经晚了。大黄关心的小白已经被十几个手持棍棒的人团团围住，倒吊在树上，垂下的头无力地耷拉着，正从张开的嘴里往外滴着血。而刚刚还生猛异常地冲过来的大黄，现在也已经是口里、眼里全是血，半躺在有些湿滑的地上大口大口地喘着粗气，眼睛却死死地盯住小白的地方。

围观的人群越聚越多，也不知是谁在人群里说了一句：连狗都懂得情义，这年头的人真不知是怎么了！

也许是人群中冒出的那句话多少起了那么一点作用吧，在场所有的人都像约好了似的，默默地不说话，过了一会，大概"打鸡队"的那帮人也觉得无趣，吆五喝六地提着棍棒悻悻离开了，围观的人群也陆陆续续叹着气走了。只留下大黄，像一团咸菜一样瘫倒在地上，将它拖走的时候，它的眼睛还死死地盯住小白躺倒的位置。

受了重伤的大黄没有死，他回家后仅仅躺了一个多小时就站起来了，除了一条腿被打断了，走起路来一瘸一拐的之外，身体似乎也看不出有啥大碍，但它却落下个毛病，对什么食物都不感兴趣，顶多也就喝点水之类的，身子也就越来越瘦。直到不成样子的时候，家里人都说这样不行，于是父亲咬咬牙就主动把它宰了。

因为家里平时也确实难得闻到一回肉味，所以，闻到锅里煮着的狗肉香时，我当时被馋得一个劲地咽口水。但等到吃饭时，母亲将满满一钵大黄的肉端上来时，我们这些平时见到肉就跟见到命一样地姊妹们，却好久没有一个人愿意主动动筷子……

很多时候我都会禁不住慨叹造物主的神奇和美妙，几乎所有的生物有公就有母，有雄就有雌，有男就有女。为什么呢？现在相信我们大家都会异口同声地说：为了繁衍。但在我看来，更多的还是协作的需要，因为不同的生理结构就决定了男女之间的分工不同。有些事情就适合男人做，有些事情还就适合女人做。

可能也正是为了满足这种需要吧，一个男人与一个女人走到了一起，他们同吃、同住、一起生儿育女，一起支撑着一个家，一个人的命运牵动着另一个人的心。从此之后，他们的生活方式也跟着发生了改变，男人要做什么，还得征求一下女人的意见；女人要做什么，也得考虑一下男人的感受。

我们习惯于把男女之间所建立的这样一种关系叫做婚姻，也习惯于把这一对男女称之为夫妻。

第一节 夫妻关系究竟有多重要

曾经有一位美国的心理学教授，有一天在课堂上突发奇想，他随意点了一个已婚的女人来到讲台上做习题。

这个习题做起来并不复杂，就是让这个女人在黑板上写下20个平日里与自己比较亲近的人的名字。

女人按照教授的要求，写下了一串邻居、朋友、亲人的名字。

之后，教授对刚刚在黑板上写完一长串名字的女人说：请你划掉这里面认为最不重要的人！

女人划掉了邻居。

教授又说：请你再划掉一个。

女人又划掉了朋友……

到了最后，黑板上只剩下了四个人的名字：这个女人的父母、丈夫和孩子。

此时的教室里出乎寻常的安静。在座的同学们都纷纷屏住呼吸，一个个目瞪口呆地看着教授，感觉这似乎已经不再是一道习题了。

终于，教授再次开口了，平静地说：请再划掉一个。

女人迟疑着，艰难地做出选择……终于，她举起手，划掉了自己的父母。

"请再划掉一个！"教授的声音变得严厉起来，冷酷地下命令。

女人惊呆了！迟疑了好一会，她才颤颤巍巍地重新举起手中的粉笔，缓慢地划掉了自己孩子的名字。然后，哇的一声哭了，稍许，便发出近乎撕心裂肺的呐喊。

教授等到这个伤心至极的女人稍稍平静之后，问道：和你最亲的应该是父母和孩子，因为父母是养育你的人，孩子是你亲生的；而丈夫是可以重新去找的，但他却为什么反倒成了你难以割舍的人呢？

这时的女人似乎已经恢复了过来，缓慢而坚定地说：随着时间的推移，父母终将会离我远去，而孩子也会长大成人后建立自己的家庭，也是要离我而去的。能真正陪我度过一生的，其实只有我的丈夫。

原来那个将陪伴你一生的人，才是你在这个世界上最为重要的人。

一、良好的夫妻关系是家庭稳定的保障

现在世界各国普遍实行的是一夫一妻制，一个男人与一个女人相互搀扶着走完一生，这本身就决定了从相伴之日起，两人的命运就注定连在一起。有快乐，彼此可以共同分享；有痛苦，双方必须共同分担。

因为夫妻是一个家庭构成的最基本要素，所以夫妻关系的好坏，也就决定了家庭基础是否稳固，家庭结构是否长久。

我父母亲都是老实巴交的农民，与土地打了一辈子交道，共同养育了七个孩子，也一起拉扯着这个家艰难地往前走。父亲主外，负责挣钱养家；母亲主内，打理一家老少的吃喝拉撒。

记忆中的他俩每天都是赶在天不亮时就双双起床，外面麻麻亮的时候，父亲就出门开始在地里忙活了，直到感觉皮肤被太阳晒得有点灼热了才开始回家吃早饭；而母亲已经喂好了家里的牲口，浇好了自家的菜园子，并做好了可以够一家人填饱肚子的饭菜，孩子们也已经在她的招呼下，完成了起床、洗漱、早餐等一整套程序，一个个在她的催促、目送下，纷纷上学去了。

接下来就是夫妇两人用餐的时候了，彼此间没有一句话，只是各自捧着自己的碗往嘴里扒饭，如果稍微有点肉吃的，母亲就会不动声色地往父亲碗里夹上一筷子；这时，埋头吃饭的父亲就会将母亲刚刚夹到碗里的肉重新又夹到母亲碗里；彼此没有一句话，但那筷子肉可能就在两个人这样你来我往的几个回合中完成了使命，最后的结果往往是重新又回到了原先的菜盘里。

父亲母亲就这样一年又一年地过着，彼此间已经形成了某种默契，不管日子艰难时还是舒坦时都是这样。印象中的他们似乎这辈子都没有什么抱怨，也没怎么吵架，但对方怎么想的，他们心里都格外敞亮。

我在刚刚萌生一点爱情的时候，曾经朦朦胧胧地觉得像父母这样过日子也老没趣的。但是在我有了一定年龄，经过了一些人生的历练之后，才恍然发现，其实像父母这样也许才可以算得上是真正的爱情吧！因为爱情未必就属于花前月下，未必就属于轰轰烈烈，也未必就需要海誓山盟，像这种平平淡淡、相敬如宾、默默相守的情感不也可以算得上是爱情的一种吗，也许爱情上升到一定境界其实就是这样的吧。

不过，现在看来，这样的关系至少可以保障一个家庭不至于出现太多变故。尤其是在那个物资相对匮乏的年代，要让贫穷的日子过得有点滋味，可能这样的模式才是家庭成员间的关系趋向于稳定的最佳选择。

二、夫妻关系影响着父母的幸福指数

居家过日子，难免磕磕碰碰，尤其是刚刚结婚不久的小两口，拌嘴吵架也是常有的事，一般也不会构成什么大的矛盾，不是有句俗语吗，大概是这样说的："天上下雨地下流，小两口吵架不记仇"。

床头吵架床尾和，虽说这只是夫妻俩的事，但却关系着双方父母的幸福，因为孩子都是父母的心头肉，谁家的孩子受了委屈，做父母能快活起来吗？看着自己的孩子伤心，做父母的心里怎么可能会好受呢？

像现在的夫妻，尤其是女方，一生气往往就往娘家跑，虽说到了娘家自己才觉得最安全、最温暖，也最容易平复自己的情绪，却不知道这无意间也将原本只有夫妻两人之间的矛盾扩大化了，将原本并不复杂的事情变复杂了暂且不说，还常常地让娘家人跟着添堵，也让自己的父母为此操心。而最为紧要的是：这种事一是父母听到的只是一面之词，所以插不上手；二是这其中还牵涉另一方父母的感受，不便于插手。况且现在都是独生子女，谁家都将自己的孩子看得很重，稍不留神就有偏袒之嫌。

三、夫妻关系决定了孩子的健康指数

别以为夫妻间的感情程度只不过是大人的事，其实不然，对于一个有子女的家庭来说，夫妻感情的变化常常是影响孩子健康的最重要因素。

有权威机构曾经做过一项统计，统计的结果表明：家庭不和所带来的紧张状态是引起孩子情绪不稳定、心灵失衡的主要原因。

那些经常吵闹、打斗的父母让孩子感到恐惧，做父母的也失去了孩子对于大人应有的尊重与信任。如果家庭不和，成员之间缺乏关爱，尤其是孩子发现父母对自己的态度与之前不一样的时候，就会因为家庭成员之间离心离德而产生痛苦。

于是，孩子就会产生厌倦、冷漠、愤怒、悲凉、郁闷等一系列不良的情绪，也就会因此缺乏安全感，从而产生对家庭的敌意。也由此容易形成像心理学家所说的"分裂性人格"，并容易出现以下的情况。

1. 分散注意力

在婚姻关系中，夫妻间能彼此感受到温柔和体贴时，在抚养孩子的问题上就倾向于合作，而且他们会更多地表扬和鼓励孩子，而较少唠叨、责骂孩子。

反之，就常常会无端迁怒于自己的孩子，而孩子也会因为担心自己的父母，从而分散自己的注意力，也就不可能安心地学习和做事。

2. 降低免疫力

在婚姻里，如果夫妇双方都充满紧张和敌意的话，那么在抚养孩子时，就会更多地表现为无端地对孩子发脾气，或者是过激地对孩子进行批评、表达愤怒，甚至是体罚等行为。

这种时候，孩子的情绪也会因此变得低落、抑郁、愤懑，从而在心中堆积块垒，久而久之，体质自然下降，身体的免疫力也就会跟着降低。

3. 具备攻击性

有研究表明，有些孩子在父母离婚时表现出持久的情绪困扰。早在婚姻破裂之前，有些即将离婚夫妇的孩子就有冲动和对抗的行为，稍不顺心就会爆发，从而做出一些过激的事情来。

这也可以理解，在诱发孩子打架的原因中，为什么绝大部分都是因为一方不经意间说到了另一方的父母，而这恰恰又戳到了对方的痛处，所以，矛盾才会不断升级。

第二节 不正常的夫妇关系

人类的好胜，现代社会已经开始逐渐渗透到男人和女人的交往之中了。对于丈夫或者妻子来说，既然双方共同组建了家庭，也就希望能够在家庭中获得更多的话语权和财产支配权。夫妇双方，如果一方强势的话，一方势必就要做出相应的谦让，这样正好也满足了部分社会组织和人群的需要，因此，也就一直在中国延续了几千年，到现在还免不了存有余孽，而且从地域上分还呈现了很多区域特点。

比如在我国的东北和中原地区，由于气候环境恶劣，在与自然的斗争中，更多地需要的是体力，相对较有优势的男人就形成了豪放不羁的特质，渐渐地，男人就占据了家庭中的主导地位，而女人因为对男人的依赖较多，也就自然而然地形成了从属地位，由此也助长了"大男子主义"之风盛行；但南方的一些大城市则不同，因为活动更多地侧重于对外交往，在公共关系的处理上，尤其是一些商贸比较发达的城市就显示"女汉子"的形象。

真正成功的商人除了利益之外，还免不了讲讲情谊。商海凶险，所以别看大宗物品进进出出，其实大多做的都是熟客。这时，更善于搞人际关系的女人就显出了优势，因此就出现了"怕老婆"的现象。为什么呢？因为单从对家庭的贡献力上来看，女人的作用似乎显得更大一些。

一、千年曲解：男尊女卑

也不知怎么搞的，总会隐约地听到一些声音说"男尊女卑"这一传统观念与八卦有一定关系，但我翻遍《易经》却总找不到能够令我信服的依据。

《易经》曰：一阴一阳为之道。关于阴阳，主要有四层意思：

(1) 你就是你，我就是我。这叫阴阳对立。

(2) 我就是你，你就是我，这叫阴阳统一。

（3）没有你就没有我，没有我就没有你，这叫阴阳相对。

（4）你可以变成我，我可以变成你，这叫阴阳变化。

八卦里，乾为阳卦，代表天、父、男人……坤为阴卦，代表地、母、女人……因为乾为天，在上；坤为地，在下。

仅就位置而言，确实阳卦在上，阴卦在下，原本没有什么尊卑之分。但不知什么时候，弄出个男在上为尊，女在下为卑，即：男尊女卑的说教来，害死了天下女人。以致中国几千年里，女人都成了一种可以买卖的商品，男人可以三妻四妾，可以给女人下"休书"，而女人稍有不轨行为就要被处以极刑，甚至还弄出个贞节牌坊之类的东西来糊弄女人。

这其中，尤以清朝为甚，为了限制女人的自由，竟然想出来给女人裹足，为了消除男人的"小心眼"，硬是将女人好端端的脚，变成了"三寸金莲"，致使行动不便，也就可以省却男人的一块心病。

以现在的眼光来看，这种荒唐事之所以有存在的土壤，是与夫权社会中男人狭隘的心胸脱不了干系的。用现代的眼光看来，这是一种极端的自私行为，是男人犯下的"幼稚型错误"。

男女关系原本符合阴阳关系的，既对立，又统一；既相对，又可变化；哪有什么尊卑之说！

二、百年误会：男女平等

中国社会长期承袭"男主外、女主内"的家庭结构。五四运动提倡妇女解放，开始有越来越多的妇女拒绝缠足或者解下缠足的绷带，纷纷从闺中走出家门、走向街头，开始自己的"新生活运动"。中华人民共和国成立后，提出妇女解放，女人也像男人一样成为职场人，靠自己的劳动挣钱养家，成为经济独立的人。

这原本是对"男尊女卑"的批判，是很好的，但是人们却忽略了男女的个性差异，主张绝对的"男女平等"。

其实男女还是有所分别的，男人做的大多是重体力与智力使用较多的工作，而女人则相对做一些轻体力，技术含量较低的工作，所以，女人的收入较之于男人还是低了一些。像我们乡下，以前女人也跟着男人一样出工、下地干活，男人记一个工，而女人就只能记半个工，老辈人就是这么传下来的，大家也没觉得有什么不好，后来搞男女同工同酬，男人就不干了，因为从需要体力的农活上来衡量，相同时间的条件下，男人干的工作量远远大于女人许多。

男女关系从一个极端走向了另一个极端，主张绝对的男女平等，世间上那有真正绝对的？俗话说，"世事无绝对"。

三、当今男女关系怪相

全球市场化，加之信息时代的到来，以及追求"眼球经济"的现实，有意识地扭曲了原本靠男女相互支撑的家庭结构，以至于弄出一些我们始料不及的事情来。

1. "剩男"遭遇"剩女"，婚姻恐惧症

现代城市中大龄未婚男女的数量越来越多，究其原因，除了男女婚姻要求高之外，对婚姻恐惧也是一大原因。

这是因为看到身边的已婚家庭，夫妇两人为财产吵架，为家务吵架，而产生不安，觉得没有安全感，甚至视婚姻为"洪水猛兽"，自然也就不敢迈出婚姻的那一步。

2. 只同居，不结婚，美其名曰：没条件

男女双方稍微有点感觉就搬到一起居住，过夫妻生活几年了也不考虑男婚女嫁的事，亲戚朋友问起来，一概以没条件作为托词。

我曾经见过一对男女共同生活了近十年也不结婚，女方为此还做过几次人流。原因就是经济条件不允许，没房没车没钞票。

这些人视感情为游戏，将男女同床共枕看作满足生理需要，减少生活开支的最佳途径。认为过日子就是找个伴，彼此既不需要对对方承担什么义务，也不需要对对方承担什么责任。

3. 超女、超男搏出位，不男不女也精彩

当下为了博得眼球，个别电视台搞的"超女""超男"等选秀节目，生生将某种女人或者某种男人特别独立起来，更有甚者，搞出男女性别外的第三种性别，着实让人匪夷所思。

像现在"女汉子""人妖"之类的现象出现，只能说明人们对于事物的好奇心理也就"作祟"到了"扭曲"的程度，但构不成主流，所以，也不必为此大惊小怪的。

4. "二奶"与"二爷"，拜金没商量

令人不解的是，经济越发达，男女之间的怪相也就越多，像"一夫多妻"，就是仗着自己有权有势有钱，包养"二奶"，还美其名曰：只要家中红旗不倒，任凭外面彩旗飘飘；甚至公开主张一夫多妻制的荒谬行为，在中国是行不通的。

与此对应的是"一妻多夫",一个女人同时被几个男人包养,或者同时包养几个男人的事情也都屡见不鲜,甚至还有原本是某个男人的"二奶",为了寻找平衡,索性用这个男人给的钱,包养"小白脸"(另外的,年轻漂亮的男人),俗称"二爷",也不足为奇。

5. 离婚像喝水一样随便、简单

现在办理结婚、离婚登记手续变得简化了,以前还要到单位开个介绍信什么的,现在已经一律不用了,结婚当事人凭个人身份证到男女一方的民政部门办理登记就可以了。于是,也给一群视婚姻为儿戏的人提供了便利,仅仅维持几个月,甚至几天的婚姻并不稀奇。

有位办理婚姻登记的朋友对我说,他经手最短的婚姻还不够一天,上午还见着两个人欢天喜地地拉着手办理结婚,下午两个人就水火不容地申请离婚。

之所以出现这么些林林总总的怪现象,究其原因,还是没有摆正男女婚姻关系所致。

第三节 无形的平等,有形的有别

既然"男尊女卑"不好,"男女平等"也不完美,那究竟怎样才是最科学、最合理的呢?如何做才能让一对夫妻在社会上,在家庭里发挥更大的作用呢?

我的意见是:无形的平等,有形的有别。

男女平等,应该看在哪些方面平等?我觉得在人格上、在感情上、在尊严等这些无形的东西上,应该做到绝对的男女平等。

男女有别,在社会分工上还是应该有所不同的。比如在某些体力工作,如在女性生理周期的那么一些时间点上,做男人的就应该更多地给予体谅,给予关照。

当然了,既然是夫妻,彼此间共同生活,相互协作,也就自然免不了需要承担对方的义务,也相应承担着对方的责任。

一、男女精神上应该平等

我们所谓的"男女平等"通常是说人格意义上的平等，因为中国封建社会几千年所形成的观念，女性一直在家中处于从属地位，也就没有太多的发言权。想在男性占主导地位的职场上生存，也要承受比男性更多的压力，所以，才会经常有男性欺压女性的现象发生。

社会发展，使得女性活跃在越来越多的领域，女性所取得的成就，以及所承担的社会责任也丝毫不比男性少。加上在一个家庭里，女主人的地位也越来越高，因此，女性欺压男性的事例也屡不鲜见。

其实，夫妻关系的好坏与经济来源与分配没有多大关系，与经济的多少也没有多大关系。

所以，我个人认为：讲平等主要是精神上的，一是尊严，二是人格，三是感情。

先说说尊严问题。无论男人还是女人，都应该维护彼此的尊严。对于女方家境优于男方的夫妇来说就更加应该注意，因为在潜意识里，女方总觉得男方各方面条件都不如自己，从而产生轻视，而做丈夫的也总有很强的自卑感，他潜意识里试图通过征服来摆脱自卑，于是两人总吵。

再说说人格问题。男女都应该有自己独立的人格，这跟学历高低、能力大小都没什么关系。因为无论是在社会上做事，还是在家料理家务，其实都是一份工作，都应该将其作为一项事业来做，都可以而且应该把它做好。这样，不但有了自己钟爱的一份事情做，而且在精神上可以充实自己，更重要的是可以据此证明自己的价值，获得彼此平等的机会。

最后说说感情问题。

在这方面，我觉得除了社会要为此营造更为宽松的环境外，作为一个有独立精神的人，女人在很多事情上也要自己争取，比如在处理个人感情的问题上，也不一定就需要等着男人来追，男人来宠，有时也不妨在这个方面主动一点。

即使是在家里，做妻子的也可以主动对丈夫多一点温柔。

此外，还应有"孩子教育权""财产处置权""父母赡养权"，等等。平等绝对不是什么"事业""经济"平等。无论是男是女，在一个家庭里，很可能只有一方有事业，有"经济"。但这都不应该成为不平等的理由，相反地，"军功章有你的一半，也有我的一半"。

二、男女社会分工有别

男女之间，不管是在外打拼，还是在家料理家务，其实都只是家庭分工不同。

即使作为女人在家相夫教子，那也是一种工作。做丈夫的经济收入中毫无异议地也有一半属于做妻子的。

但无论现实社会怎样冲洗，男女生理上的特征，也构成了在一个家庭中担任的角色有所不同。

1. 男人自强不息，以阳刚为主，像天

依我看来，就如《八卦图》显示阳卦在上，也就是男人在上，以释放为主，那就应该以自己的体力和精力撑起一个家，像太阳一样释放着自己的阳气的同时，为家庭成员提供从萌芽、生长、开花、结果所需要的阳光和雨露。

现代研究也对此有了依据表明，男人的视觉空间大，所以，更倾向于冒险，喜欢有竞争力，有挑战性的工作。

2. 女人厚德载物，以阴柔显德，像地

同样的，《八卦图》显示阴卦在下，也就是女人在下，以吸收为主，以自己的温柔和仁厚承载一个家，像大地一样，为家庭中的成员提供肥沃的土壤，生长的养分，以及能够蓬勃生长的力量。

现代的研究也同样表明，女人的视觉空间窄，所以，考虑问题总是不够长远，而且通常来说较为实际，更关注眼前的利益，当下的感受。

3. 刚柔并济，成就夫妇之道

阳与阴巧妙地配合，一刚一柔，就构成了一个家庭的基础，也成就了夫妇相处之道。

从表面看起来，刚更显示出力量，但就如中国的太极拳所展现的那样，真正的力量并非出自于自身，而是借助于对方，做到"刚柔结合"，就是这么一个道理。

第四节 建立良好的夫妻关系

一个男人与一个女人决定在一起过日子,也就意味着这是彼此一生中有可能相处时间最长,也最为了解的两个人。从同居一个屋檐下的那天起,对方的身体,对方的肌肤,对方的体味,对方的性格,对方的癖好,都已不再是秘密了。

正因为这样,所以由两个人精心构筑的小空间所发生的一切事情,都可能直接影响到家庭生活的质量;双方情绪的起伏,有可能还会左右事物的走向,甚至决定各自能在自己的事业中走多远。

所以,在一个家庭里输送什么样的能量,维护家庭中什么样的气氛,看似是两个人的事情,其现实的意义却远远超过于此。

那怎样做才能激发家庭的正能量,怎样做才能抑止家庭的负面因素呢?

1. 遵守承诺

承诺就是心灵的约定。

我们看西式婚礼中,主持婚礼的牧师总是郑重其事地分别问男女双方:××,你愿意娶(做)某某为妻子(丈夫)吗?无论贫穷、疾病,都不离不弃,终身爱她(他),守护她(他)吗?"

得到男女肯定的答复后,才会宣布这对男女成为正式夫妻。

两个人一起生活,共同计划着家中的柴米油盐,共同关心着彼此的工作、学习、事业、生活,以及亲朋好友的冷暖,共同照料着彼此的身体、起居、饮食,任何一方的任何变化,都会直接影响到另一方的情绪、精力,以及生活质量,从这个意义上说,夫妻两人更多地应该是一对拍档,一起面对人生的起起落落,一起承担生活的冷冷暖暖。命运的沉浮、社会的炎凉、人情的冷暖,都是要经历的。这并没有什么大不了的事,但有些人就经受不住,动不动就想"打退堂鼓",稍有不顺,就以离婚相要挟。

可能许多丈夫或者妻子将"离婚"这样的字眼挂在嘴边也不一定认真的,

尤其是妻子，更多的是将它当成了"口头禅"，但其实这是婚姻的大忌，因为一个健康的婚姻是忌说分手、离婚之类词语的。这实际上也就是在家庭中传递负面因素，久而久之，很可能就会弄巧成拙。因为，说者无心，听者有意，再随便的话，说多了就会认真起来。

2. 建立共同的目标

这一点很重要，虽然当初男女结为生活伴侣是因为爱情，但爱情过后就是更多平淡无奇的日子，那就得靠爱情之外其他的东西来支撑了。

夫妇间共同的目标就是维系好感情，因为这样就有了共同的努力方向，也有了共同感兴趣的话题。像我们熟知的梁思成与林徽因夫妇，钱钟书与杨绛夫妇，都是因为共同目标的维系，不但使得婚姻稳固，也使得事业到达了另一个高峰。

梁林两人都是中国建筑学的开创者，他们两人一起跨洋过海学习建筑，又一同回国创办建筑教育，同样痴迷于中国古建筑，又共同向世人介绍体现在中国建筑上的美，从而达到美的追求，美的理念。梁思成从建筑结构学的角度来诠释美，林徽因从文学、人文的角度来诠释美，夫妇俩珠联璧合，相映成趣，最终谱写了一段让世人艳羡感叹的琴瑟友和的佳话。

钱杨这对伉俪，也谱写了一段关于目标的佳话，他们一起研究中国文化，一起从事文学创作，丈夫钱钟书在世时，作为妻子的杨绛甘愿成为丈夫背后的贤内助，将自己几乎全部的精力都奉献给丈夫的学术事业；丈夫去世后，妻子杨绛专心至致地整理、出版丈夫的著作，撰文怀念丈夫，回忆与丈夫一起度过的美好时光。

当然，夫妇间共同的目标也不必都一定要这么非凡，共同抚养孩子，共同让小日子过得更加甜蜜，这也是值得提倡和尊重的。

一、各尽其职，相互配合

现在不少旅游风景区都设有双人自行车的出租业务，我一直很佩服发明双人自行车的人，两个人一起齐心协力地向着一个目标前进，既能体会到彼此努力后的一份浪漫，又能体味到亲密合作所展现出来的一份特别的力量。

从某种意义上说，夫妇间在家庭事务上的关系就是一对拍档，在家庭中承担着各自的角色，那就应该各司其职，相互配合。

配合是夫妇一生的事，比如：半夜有人敲门，就应该是男人去开门。

在教育孩子的问题上，也要做到：慈母严父。

在处理亲友关系的问题上也是如此。丈夫家的事，由妻子处理；妻子家的事，由丈夫处理。

年轻的时候，双方的精力都很旺盛，也都可以独自面对一切，这种"拍档"的关系也大多体现在精神层面上，所以，对相互合作、彼此依赖的理解和体会也不是很深；但到了老了就不同了，除了精神的相互依靠、相互支撑外，更多地还是身体的需要，彼此间有个照应，相互间多个帮手。

除此之外，一对夫妇在经济上相互支撑，可以最大限度地节约成本，让资本发挥更大的效能；在精神上相互支撑，可以相互鼓励，可以共同面对磨难，可以共同克服困难，可以共同度过危机；在人脉上相互支撑，可以省去一些不必要的环节，从而提高办事效率，并且避免或者少走一些弯路。

有一句话叫"执子之手，与子偕老"，就很好地形容了夫妻间的这种好拍档关系。这种情感是什么，就是共同养儿育女，共同孝敬老人，共同陪伴对方走遍天涯海角。就是搀扶着一起在公园晒太阳，就是一起"躺在摇椅中，慢慢地摇"！

二、信赖

人与人在一起时间久了，彼此在感情上也就有了依赖。当一方突然不在的时候，我们会感到寂寞，感到孤独。当内心被孤独寂寞占领的时候，我们的灵魂最虚弱，也最容易失落，这时候，我们就要学会忍耐；否则就会胡思乱想、猜忌对方。

较之于人与人之间的信任，夫妇之间的信任更多地表现为"唯一性"上。

首先是性的"唯一性"，无论西方人还是东方人，都把性行为看作是情感中最高尚的，也是最直接的表达方式，一旦拥有对方，就不希望与人共享性的权利。因此，夫妻间的矛盾有相当一部分都是源自于此，夫妻双方的矛盾往往因此"唯一性"而起。据我的经验：夫妇间的不唯一，百分之九十九是误会。误会更伤人，因为被误会的一方是委屈的。

其次是经济的透明度，两个人在一起生活，收入与支出都是共同的，财产处置权的平等。如有一方发现另一方对自己有所隐瞒，就会怀疑其动机及财富的去向。有这样一个女人，她要求老公把每月工资如数上缴，仅留100元作为零花钱。她认为男人手上没钱，就没法变坏了。其实，如果她的老公真想变坏的话，总会有别的办法的。不管男人和女人，要变坏是管不住的。那些不会变坏的，根本就不用管；那些容易变坏的，即使怎么管也无济于事。既然这样，那又何必费那个神呢！

还有就是情感的专一性，一方在彼此共处时心不在焉，倾听的时候分心，都容易让对方认为你在敷衍他，从而开始忽略对方，进而开始怀疑对方。

其实，夫妻间成天这样疑神疑鬼的事最伤感情。如果连最起码的信任都没有了，夫妻缘分也差不多走到尽头了。

正确的做法应该是：你要相信自己的眼光当初没看错人，而且怀疑对方其实也是对自己的不够自信。退一万步说，你若是还想让夫妇关系延续就必须宽容，以自己的行动让对方值得你信赖，若发展到一方要防备另一方的程度，那夫妻关系就很难和谐了。

三、尊重

婚姻不是占有，而是结合，所谓结合，就像联盟，首先要尊重对方。

妻子应该无条件地尊重丈夫，丈夫也应该无条件地尊重妻子，这是维持夫妇关系的基础。夫妇之间因为有共同的承诺、共同的目标，共同的责任，是一种紧密的合作关系，所以，彼此尊重就显得尤为重要。

1. 不能欺压对方

说起这个话题，我不由得想起以前那个物资相对匮乏的年代了。

那时年轻夫妇一起外出，大多是两个人骑同一辆自行车，气力充足的时候，女的坐在前面的横杠上，男人用劲地蹬着脚踏板，身体累，但心里甜；如果是男人实在骑不动了，女人蹬车也是可以的，男人可以坐在自行车的后面，腿长的话还可以一边帮着蹬腿，便于减轻对方的体力消耗，还可以一起唱着歌、说着笑话，再远的路也不会觉得漫长。如果遇见上坡，一个在前面使劲蹬，一个在后面用力推，等到自行车下坡的时候就更是热闹了，两个人一起夸张地跟着滚得飞快的车轮，大呼小叫地往坡下冲。

现在经济条件好了，出门可以以车代步，不用像以前那样卖力流汗，但夫妇之间也变得更加计较了，最典型的就是总喜欢在家庭事务中一方欺压一方，在家庭经济权方面是这样，在家务分配上是这样，在教育孩子问题上也是这样，瞅准机会就会在对方面前耍耍威风。

2. 只了解人品，不了解细节

谁都有自己曾经美好的回忆，也喜欢留一点信物有个念想，这没有什么，都过去了，有时回忆反倒会更加珍惜当下。

夫妻之间完全可以允许对方保留一点秘密，想说的自然会说，而对于一些不想说的，尤其是个人以前的一些事情，一方不愿提起，另一方也就不必追问。

不一定什么事情都要刨根问底，问个水落石出不可。即使知道的事情，只要不涉及人品问题，也不必涉及相关细节。否则，让对方重复一次痛苦的回忆，你自己又增加一次伤害，何苦呢。

3. 留给对方"做人做事"的空间

夫妻之间也难免有自己的习惯与爱好，只要不影响正常的工作与生活，就没有必要迫使对方改变。比如：喜欢下下棋、摸几圈麻将，收藏点稀奇古怪的东西之类，可能他如痴如醉，但你却很不喜欢，只要不影响你，也大可不必过于较真。过多的干预，不但伤感情，还容易造成对方的抵触情绪。

4. 世上没有同一片树叶，宽容个性缺点

夫妻之间，对于一方的个性和缺点，应该多采取包容的态度，无伤大雅也就不必过于拘泥，更没有必要非得让对方按照你的意愿改变不可。

生活中，常常会将一方与某某相比，将自己的意愿强加于对方。

连树上的叶子都找不到两片绝对一样的叶子，何况是活生生的人。

既然我们接受了对方，就应该愉快地接受对方的一切，甚至包括对方的缺点。凡事不妨大度一点，要有容人之量，当对方有错时，你不要得理不饶人，不要咄咄逼人，更不要揪住对方的"小辫子"不放，你可以在对方态度都比较平和的时候，好好和对方交流，在恰当的时机，指出对方的失误，这样对方也才会比较容易接受。

四、宽容

爱情不是亲密无间，而应是宽容"有间"。结婚后，每个人都有自己的交往圈子，夫妻双方有时模糊点、保留点，反而更有吸引力，给别人空间，也是给自己自由。

"金无足赤，人无完人"，经过浪漫的恋爱后，原本素昧平生的两个人最终成为"一家子"，恋人之间的那种神秘感也慢慢开始消失，恋爱中各自隐藏起来的缺点也开始暴露无遗了。呈现在对方面前的往往是本真的自我。但这种"本真"有时会让你感到很失望，甚至由此产生后悔怎么嫁（娶）了这么一个人。

这时，需要经受考验的是我们的理性，因为是人都会有缺点，而往往正是那些看似没有缺点的人，其实就是最大的缺点，因为他丧失了作为人的本性，他的所有行为都像是按照剧本在演戏，多了一份刻板，少了一份随意。

夫妻双方也都要尽量检点自己的行为，因为人的忍耐是有限度的，不要做得太过分，否则等到其中一方忍无可忍的时候，这个家也就面临崩溃了。

当然了，两个人一起过日子虽然甜蜜，但也免不了有些不尽如人意的地方，比如工作的压力，生活的艰辛都可能影响人心情，从而反映到情绪上。这就需要彼此多多体谅，能够感知对方的难处，能够分解对方的压力。

夫妻本身就是一家人，没有特殊情况的话，是要相伴终生的，所以要学会相互体贴，相互照顾，相互关心。身体好的一方，要多照顾身体差的；工作清闲的一方，要多做一点家务，缓解另一方的压力，要懂得为对方付出，为家庭奉献。

这绝对不存在谁吃亏，谁占便宜的问题。试想想，你在付出的同时，其实也是在收获！

俗话说，家和万事兴。家庭和睦了，夫妻就能够心往一处想，劲往一处使，就能够"夫妻同心，其利断金"！何愁小日子不越过越红火呢？

五、幽默：只言情，不讲理

家不是讲理的地方，更不是算账的地方，家是一个讲爱的地方。不是有这么一句话吗？男人是泥，女人是水，男女的结合不过是"和稀泥"。婚姻是两个人搭伙过日子，如果什么事都追究"法理"，那只会弄得双方很疲惫。如果能适时地幽默一下，不是更多一份甜蜜吗！

我们不妨设想一下，如果丈夫干完一天活累了，和着一身油污、臭脚丫子倒下就睡，做妻子的此时没有一句抱怨，而是默默地帮他脱衣服、洗脚、掖被子就好了。又如，妻子一不小心把饭烧煳了，做丈夫的没有指责，也没有嗔怪，而是微笑地夸老婆"点石成金"，"我刚才还在想呢，今天是不是买点小米锅巴来吃"幽她一默，那该是多么温馨的画面啊！

家庭不是讲理的地方，夫妻间讲的是情趣。

六、性生活是夫妇间的一种责任

性生活是夫妻最亲密的交流，有这种关系的男女因为其亲密性而构成特殊的关系。由于双方以身相许，鸾凤和鸣，男欢女爱，从而产生了一种超越一般人的信任感。这种信任感不仅是因为彼此对对方有生理上的要求，也不仅仅是简单的生活上的密切合作，更多的其实还是因为双方灵魂的交融而产生的推心置腹、无拘无束的情感交流，并由此所产生的相互依赖。这是双方的权利和义务，没有喜不喜欢的问题，也不存在心情好坏的问题，只有"应该""不应该"的问题。

当然，毕竟这也是夫妻双方愉悦的事，所以在需要的同时，还应该讲究点"艺术"。

我的体会是：一是性爱是夫妻的必然，保持一定的频率，并尝试变换点花样，动点心思，不要像完成任务似的；二是爱不离心，爱在心，不在其形。虽然说出来最大的好处就是可以让对方记住，但夫妇在一起久了，天天挂在嘴边也确实有点虚伪，但至少你的爱意要通过言谈举止让对方感觉到；三是适时给对方一点惊喜，不断给爱情保鲜。

归纳起来，就是"三多三少"——多赞美，少批评；多表扬，少抱怨；多鼓励，少责骂。

这不由得使我想起三个故事来。

第一个故事发生在抗战时期，一位我军的高级将领，因为长期的战斗生活养成了雷厉风行的习惯，每次过夫妻生活时都喜欢直奔主题，有时冲进门连句话也没有，就将妻子往床上按，而妻子是书香门第出生的大家闺秀，读过洋学堂，喜欢玩点小资情调。

对此，做妻子的没有批评，而是赞美丈夫像机关枪一样的有劲，并暗示做丈夫的可以在每次战斗前，先侦察一下"地形"，再试探一下"敌情"，胜利的把握就会更大一些。

第二个故事发生在20年前，一位20多岁的小伙，娶了一位30多岁的寡妇。同房后，寡妇新娘才发现年轻的新郎那个东西太小，但她没有抱怨，而是通过变换自己的体位让自己有感觉，也让新郎找到了自信。

第三个故事就发生在我的身边，一位女企业家朋友身上。结婚后才发现老公有早泄的毛病，常常是她这边还没进入状态，老公那边就已经完事了。为此，做老公的也很是懊恼，而她总是不断地鼓励自己的老公，而且坚持不让老公去看医生，终于几个月后老公重新焕发了雄风。

所以，夫妇双方在性爱方面，都应该用心地感受对方的需要，倾听对方的心声。这是一份坚实的责任，更是一个不可推卸的义务。

1. 热暴力受人指责

"家庭暴力"的实施者通常都是男性，他们仗着自己身强力壮，对柔弱的妻子动不动就是"拳脚相加"。这一方面是因为想以此让妻子对自己百依百顺；另一方面，是怀疑妻子趁自己不注意的时候在外面"偷汉子"，再有就是明显的"性变态"，非得做出一些强暴的粗鲁动作才觉得"过瘾""刺激"。

日前，有报道称，一位22岁的女子趁丈夫熟睡时，用刀砍死了丈夫，并坦然地到派出所投案自首。事后调查中，邻居们反映，这位丈夫经常实行暴力，而做妻子的好像天生"懦弱"，一直默默忍受。

也有女性实行"家暴"的,有些"河东狮吼"发起威来让人发怵。

有这么一对"80后"夫妇,一次因为家里老人的问题上发生争执,当时已经是半夜12点了,妻子抄起东西就向丈夫扔去,刚开始还是枕头、玩偶等比较软的东西,为了避免矛盾的升级,做丈夫的尽量躲着。可能感觉不解气,妻子又顺手抓起相册扔过来,边沿刚好砸在丈夫的额头上,没流血,但感觉到硬生生的疼。那一瞬间,妻子在丈夫的眼里变得很可恶,好在"好男不跟女斗"的信条又迫使丈夫最后选择了逃离现场,才避开了一场家庭危机的升级,也暂时挽救了一个家庭。

2. 冷暴力更是害死人

男女双方在恋爱的时候总觉得有说不尽的甜言蜜语,但是婚后,彼此间的话却越来越少。尤其是男方,婚前总是想着与女方有话没话地说话,但是婚后却一下子没了兴致。甚至连夫妻性生活也像是完成任务一样,过得没有质量。

于是就出现了我们通常说的"冷暴力",夫妇一方有什么不愉快,嘴上不说,但在过夫妻生活的时候就表现的极不配合。

有这样一位妻子,在外人看来,她的涵养很好,从来没有动过粗口,也不会哭闹,每次两口子发生矛盾后,她都选择忍气吞声地把自己锁在卧室里。有时,做丈夫的宁愿她能跟自己骂一顿、打一架,那样的话,自己的怨气才有个发泄口,可是,这位做妻子的永远是那么"贤淑"。在丈夫有生理要求时,却怎么也不让丈夫碰自己,即使勉强让丈夫碰了,也像个木头人一样,让丈夫觉得无性趣。丈夫觉得受到了莫大的侮辱,就跑到外面酗酒,下半夜,一个人醉醺醺地回家时,让车给撞死了。原本好端端的家,也就这样被毁了。

3. 权利和义务

其实,夫妻——呼气,很重要的一个功能就是:可以彼此说说话,平时不便于在人前说的话,都可以通过"共枕眠"的时候说出来。

不愿示人的知心话尚且如此,那么,如果一方对另一方有意见不说出来,而是以这样或者那样的方式反抗的话,那越是这样,反而会让矛盾变得越深。化解不了的话,就很容易走向极端。

(1)男人有婚外情是女人经营不善。

许多女人认为过日子不就是柴米油盐,尤其是生了孩子之后,觉得老夫老妻的不必太讲究,于是开始不注意修饰自己,在家邋里邋遢,过夫妻生活时也显得不耐烦。时间久了,做丈夫的在老婆身上再也找不到激情,这时很容易就让其他女人有了可乘之机。

从道义的角度来说，大家很容易就会指责男人的"花心"，但细心想想，像这样做妻子的难道就没有一点责任吗?

　　(2) 女人有婚外情是男人经营不善。

　　现在不少做丈夫的也很不讲究，由着自己的性子过夫妻生活，也不像刚结婚时那样对妻子温柔、体贴，甚至视夫妻生活为"交家庭作业"一样不太情愿。

　　久而久之，做妻子的正常生理要求得不到满足，于是在外面"寻求刺激"，红杏出墙。等到丈夫醒悟后，一切都已经晚了。

　　(3) 权利与义务是对等的。

　　其实，就性生活而言，夫妻间的权利与义务也是对等的。丈夫要求妻子做到的事情，首先应该自己先做到；妻子要求丈夫做到的，也应该自己先做到。

　　无论丈夫还是妻子，都不要只讲权利而忽略了自己的义务。

　　总之，夫妻关系是一对阴阳关系，要做到：

　　你是你，我是我；保持独立，彼此尊重。

　　你是我，我是你；夫妻一体，没有分别心。

　　没有你就没有我，没有我就没有你；夫妻相依相续，彼此宽容。

　　你可变成我，我可变成你；夫妻配合。

五 道

经营孩子
—— 天下父母心

第一节　可怜的孩子们
第二节　孩子最想要什么
第三节　家庭教育最重要
第四节　学校教育有乾坤
第五节　自然教育藏玄机
第六节　所有教育的目的只有一个：明事理

经营之道

在连续两年下蛋满足我长高的营养要求之后，老母鸡歪脚花花下的蛋明显比以前少了，以前都是下三四个蛋才歇一天，现在好了，居然一天一歇，甚至三四天才能见到一只蛋。于是，家里人商量来商量去，最后得出的结论是继续养着也不合算，不如趁早宰杀掉，腾出窝来换一批新鸡。当然，也征求了我的意见，为了宽慰我，最后还是开出了来年开春时买来雏鸡两只归我的条件，才换来了我的同意。

那一年，也正赶上家里准备的年货有点不足，恰好可以把"清蒸歪脚花花"作为年夜饭的一道大菜端上桌。

可就在全家磨刀霍霍准备年夜饭的时候，歪脚花花却神秘地失踪了。

父亲发动全家人找遍了村里的每一个角落都没有找到，这件事发生得蹊跷，而且太匆忙了，致使全家人第一次吃了顿没有"清蒸鸡"的年夜饭。

来年开春的时候，全家人开始兴致勃勃地准备购进一群鸡养，并兑现对我的承诺的时候，神奇的一幕竟然发生了：歪脚花花一瘸一拐地从苇荡子里走出来了，后面还屁颠颠地跟了一群羽翼尚未丰满的小鸡。

雏鸡一共有9只，身上的茸毛都早已褪尽，一个个小翅膀上也都已经露出了一茬茬硬硬的花毛，从鸡冠上都能判断出公母了。真不知道这么冷的天气歪脚花花是怎样克服困难把这些小东西孵化出来的，又是怎样单凭自己腿脚还有点不便的力量将这9个孩子养大的。

"歪脚花花"与她的9个孩子不但给我们全家带来了欢喜，一时间也成了全村乃至我们全校的明星，大家都争先恐后地往我们家跑，想一睹英雄母亲的芳容，以及那9个顽强的小生命。几乎不用招呼，一拨拨来看热闹的孩子，也都没有忘记顺手捎上几只捉来的小虫子、小蚯蚓、小青蛙之类好吃的作为"见面礼"。

歪脚花花和它的孩子们也似乎知道人们喜欢它们，所以，平时出去觅食的时候，歪脚花花总是昂首挺胸在前面领路，后面一个挨着一个地紧跟着歪脚花花，大模大样地列队往前走，雄赳赳、气昂昂的，一个比一个来得神气。

歪脚花花的9个孩子在大家"众星捧月"的关照下长得很快，不出两个月，一个个都已经出落成"帅小伙""俏姑娘"了，艳丽的羽毛油光光的，远远一看，就比那些在村中谁家暖窝里孵化的鸡来得更为精神。

一共是3个"帅小伙"，6个"俏姑娘"。随着它们羽翼的丰满，它们各自父亲的秘密也随之揭晓了。那个浑身黑白相间，顶着同样黑白相间一撮毛的，一看就是村东头菊花家"一撮毛"下的种；那个浑身乌黑透亮，腮帮子下面吊垂着

五道　经营孩子

两片血红冠脸的，是村西头冬狗子他们家那个最喜欢打架，而每次打架后鸡冠都会鲜血淋漓的"黑凤"的崽；还有那个全身黄得跟干泥巴一样，钻进泥巴窝里很难发现，只有左右一对翅膀下各露出翻卷着翘起的一对白毛才能暴露目标的"小翘翘"，一看就知道是家后门米叔家"翘翘"干的好事。而那个全身像雨点一样的芦花小公鸡却不论怎么看都看不出它的爸爸是谁，但除了头上的冠要长些之外，其他都好似与歪脚花花一个模子里倒出来的一样。

歪脚花花虽然第一次当妈，但就像是前生经历过很多回一样，对照顾孩子的事驾轻就熟得让人心生嫉妒。每次发现什么好吃的，都会嘴点地"咕咕"召唤在身边的孩子们过来分享，若是此时横刺里杀出一个不自觉的过来争抢，它也会用尖利的喙轻轻教训一下那个没有规矩的孩子；若是地下的泥土松了，它也会在湿湿的泥地边上来回地走动，提醒孩子们这里危险。碰到电闪雷鸣的天气，雨突然不期而至的时候，它就会就近找棵大树或者茅棚，总之是暂时可以抵挡一下风雨的地方，并展开宽厚而结实的翅膀，用自己的体温把孩子们湿漉漉的羽毛捂干。碰到孩子们打闹的时候，它就会静静地在旁边有一搭没一搭地看着；但若是孩子们的玩耍升级真的打起来的时候，它又会第一时间出现在对立的双方中间，用一侧翅膀的频频煽动来警告情绪更为激动的一方，直到场面重新恢复平静后才肯罢休。

说来也怪，同时一窝蛋孵出来的鸡，芦花公鸡一直都像个兄长一样总是站在母亲一边，无论母亲做什么，它都会上前来帮助。可能也正因为如此，"歪脚花花"的9个孩子，长大后的命运各不相同，而芦花公鸡却一直留在我们家。

在我大概读到小学五年级的时候，市场上的物资真是匮乏到了极点。有一年临近过年了，家里实在拿不出什么像样的东西，于是全家人一合计，不得不把家里养的最后几只鸡拿到市场上去卖，好换回一点钱，置换一点必要的年货回来，其中就包括闻名全村的"英雄鸡妈妈"歪脚花花的贡献。但即使这样，对家中事一向民主的母亲却力排众议，固执地留下了一个歪脚花花的儿子——芦花大公鸡。

连父亲都弄不清楚母亲到底要留下这只不会生蛋的鸡干什么。问多了，母亲也只是笑着回答说这只鸡会自己找食，不费粮食。

一切有生命的东西都知道传承，所有做父母的都懂得呵护。一个生命在他幼小时是很脆弱的。从体格上来说，尚没有发育完全，经不住过强的外力袭击；从谋生技巧上来说，基因里留存的东西有限，绝大部分都要靠后天的学习、模仿、创新所得；在此基础上既形成了相同的共性，也有了自己独特的个性。

任何人的习惯都不是与生俱来的，而是靠后天点点滴滴磨炼出来的，这其中孩提时代养成的习惯占了主导因素。一个人身上易于被别人接受的个性如果多一些话，就容易成功；反之，一个人身上让别人讨厌的个性多一些的话，就难以成功。

所以，要想自己的孩子日后有出息，就应该在他的性格培养上多下功夫，因为——性格决定命运。

第一节 可怜的孩子们

都说现在的孩子不愁吃不愁穿的，过得很幸福，我倒不这样认为，正因为什么都有了，孩子才会少了那么一点童趣；正因为这也不缺那也不缺，孩子才唯独缺了自己。

孩子喜欢什么，不喜欢什么，都是由别人决定的；孩子做什么，不做什么，也都是由别人安排的。这样长此以往，孩子就会渐渐地失去自己的主见，也就自然会少了一种自己独立的精神。

一、孩子成了父母的"面子工程"

攀比是人类的天性，对于中国的家长来说就尤其如此。自己的孩子比同龄的孩子学习成绩好，会摆弄的东西多，脑瓜子转得更为活跃，身为孩子的家长，就会在亲戚、邻里、同事跟前显得有面子。

于是，花样百出的显摆也就开始了，一个尚不懂事的孩子在人前能背多少首唐诗，能说多少句英语，画画、弹琴、唱歌、跳舞都是可以秀出"天才"的途径。结果，年龄才2～3岁孩子的一天就会被"填鸭式"的背诵和各种各样的辅导班占得满满。以致很多孩子在睡梦中还没忘记"用功"，从而被剥夺了"玩"的天性。

二、孩子成了完成父母理想的"工具"

每一个成年人对自己所取得的成绩其实都不是完全满意的，或者因为某些方面不够努力而没有成为自己所希望的人，或者因为没有把握某次机会而错失了一次更加好的结果。

也正因为如此，大多数的为人父母者，从孩子一出生就赋予了新生命太多的东西，期望自己的孩子能够避开自己的弯路，希望在孩子身上看到一个更强的自己。所以，也不管孩子是否愿意，逼着孩子学这学那。于是也不管孩子的生理特征和心理需求，一味地让孩子参加各种兴趣班，填鸭式地一股脑儿向孩子灌输各种各样暂时还用不上的知识。

结果，孩子成了一台机器，一股脑儿将东西生吞活剥下去也消化不了。

很多家长就总喜欢把自己的愿望传递给孩子，但结果往往是事与愿违，于是做家长的就想不通了，难道我对孩子有所期待不好吗？我时不时地提醒孩子将来做个能干大事的人，这有什么错？

表面看起来也确实没什么错，但这些家长却忘了一条颠扑不破的真理，那就是谁都不愿别人强加于自己什么，对于现在普遍追求个性独立的孩子来说，就更是如此。

如果我们还像封建社会的家长似的一厢情愿地为自己的孩子设定路径，那这样做所取得的效果，搁在过去也许还有一些可能，对于今天的孩子来说，结果只有一个——南辕北辙。

三、孩子成了家庭的"中心"

家中突然降生一个新生命，从哪个角度说都是一件大事，因此，也很容易就会牵动所有做大人的心，这其中既包括孩子的父母，也包括孩子的爷爷、奶奶、外公、外婆，都开始围绕孩子转，结果宠坏了孩子。

家庭所有的工作都是围绕孩子，夫妻一方的精力全部在孩子身上，另一方势必就会被冷落。尤其是做母亲的，往往生下孩子后，就会将自己所有的精力都倾注在孩子身上，甚至连做丈夫的有个生理需求也会被斥为：不正经。

这样，势必就冷落了丈夫，丈夫也就成了夫妻感情上可有可无的角色。孩子也就成了与丈夫争夺资源的角色，情爱与母爱就发生了冲突，平衡不了的话，就会让一个家庭中原本因为孩子的降生带来的欢乐，结果变成了套在父母身上的枷锁，以致沉重的责任占了主角。

影响夫妻感情是一种情形，也影响爷爷、奶奶与外公、外婆的关系，原因也就一个：以孩子为中心。

四、孩子成了父母口中的"宝贝"

现在的孩子出生后就成了父母的心肝宝贝，捧在手里怕摔了，含在嘴里怕化了。孩子无论做错了什么，那也不是他的错，都是对方的错，即使是孩子自己不小心摔了一跤，那也是地板的不对，受惩罚的也理所当然是地板。

这其实也算是爱的一种方式，只要父母这样认为也没什么，反而更能体现做父母的责任心。但如果是将宝贝时时刻刻挂在嘴里，就容易造成孩子的自私，因为幼小的孩子，看着那么多人都围着自己转，自己无论提出什么要求都会无条件地得到满足，就会因此滋生私利，认为老子天下第一，谁都应该为自己让路。

五、孩子究竟是谁的

现在的父母总把孩子当作自己的私人物品，尤其是做母亲的，总觉得孩子是自己身上掉下的一块肉，所以，自己对孩子拥有绝对的支配权。

做父亲的也是这样，认为"自己的娃娃"，爱怎样管就怎样管，别人管不着。

同时作为孩子的生母，做妻子的也会认为自己生下了孩子，让男方延续了血脉，就是对男方家族的最大贡献，自己也应该成为男方家族的一个大功臣，所以只要受到来自男方家中的一点点伤害，不管是有心的还是无意的，都会觉得受到了天大的委屈。

其实，孩子应该属于他自己，"生而不持、养而不占"应是正确的态度。

六、孩子成了胁迫的"手段"

有些做妻子的喜欢拿孩子胁迫丈夫。凭着自己平日里与孩子待在一起这样的便利条件，教唆和拉拢孩子与自己一个阵营，并与孩子订立双方的"攻守同盟"。只要夫妻一吵架，就让孩子大声哭闹；如果做丈夫没有满足她的某种要求，孩子也就成为一个"撒手锏"。

更为严重的是，做妻子的还动不动就以孩子的抚养权胁迫丈夫，稍不顺心，就以改嫁改姓相要挟。更有甚者，就是自杀也要带上孩子，并非不爱自己的孩子，只是想以此手段来"惩罚丈夫"，让丈夫痛苦不堪。

也有丈夫拿孩子胁迫妻子的，尤其在双方离婚时。

七、孩子成了"分数"的奴隶

由于应试教育所带来的弊端，所以，现在的孩子们从进校门读书起，就成了为分数而生的，学校判断学生的优劣用分数，有些学校当班干部也是看分数，甚至教室排座位也按分数。回到家里，家长也是用分数来衡量自己的孩子，并且以此来决定是否可以让孩子出去玩一会，是否可以与同龄孩子来往，等等。

大学录取，也几乎是以高考分数定输赢的，很少考虑学生的综合素质和道德情操，以致每年各地的高考状元，也都是各个高校争夺的对象。还有些家长让自己的孩子非北大、清华这样的名校不读，没被录取就复读，一年不行两年、三年、五年，直到考取才算罢休。还真别不信！我就见过一个在当地高考录取率排名年年最高的一所中学，高考补习班里，有个七八年"补龄"的学生不算稀奇，什么原因？就是家长要求孩子非"清华、北大"不读。

当我们什么都指望孩子的时候，孩子就会以为父母对自己有所依赖。在孩子看来，你总是要求我这样，要求我那样，就不想想我自己可以怎样，那好！既然是这样，那就你越想我成为这样的人，我就越不怎样。

八、阿斗现象：一代不如一代

现在的孩子其实也真的很不好教，因为他们可以从各种渠道接收信息，所以，不管是他的思想也好、口才也好，一般的父母都不是他们的对手。有些父母与孩子稍微过招几个回合，就没辙了，部分束手无策的父母实在是急了，就会由教训孩子最后变为央求孩子，更有甚者连给孩子跪下这样荒唐的事也做得出来。

做父母的这样做还不光是丧失了做长辈尊严的问题，更重要的是这样非但起不到作用，反而会加剧孩子的霸道行为。久而久之，孩子就会错误地以为无论自己怎样做，大人们都会顺着自己，干脆就我行我素起来，他提出的要求就一定要得到满足，否则就会整出一些让你伤心的事情来折磨你。

由于家长们在"独生子女"的教育方面普遍没有什么经验，只知道一味地宠着、惯着，致使现在的孩子越来越变得有恃无恐起来，不但自立能力差，而且还一个比一个懒惰，也造成了如今"啃老族"现象的不断出现。那边"80后"的问题还没解决呢！这边"90后"问题又出现了，现在"00后"的现象又突出地摆在面前。

现在大家对"90后""00后"的孩子普遍的印象是有恃无恐，"老子天下第一"，"一个比一个能说，一个比一个无能"，"目空一切，心里脆弱"，经不起任何一点点挫折。有些勉强应征入伍去了部队，原本是想经受锻炼，结果还是娇生惯养，怕这怕那，即使让他们晚上站个岗、放个哨这类的小事也是洋相百出，"一点风吹草动就会让他们尿了裤子"，如果真的上了战场，又怎能指望出战斗力呢！一旦需要"亮剑"的时候，又凭什么与世界先进的国家和民族的角逐呢？

第二节　孩子最想要什么

现在资讯的发达，使得孩子可以通过很多渠道了解世界以及他们自己。所以，对于究竟要什么的问题，其实孩子还是有自己的想法的。他们希望父母能够顺应自己的意愿，让自己做一些自己喜欢做的事。

况且，出于身心发育的需要，他们更多的还是希望能够做一些与自己的体格和身心相匹配的事情。

一、健康的体魄

一个人体格的形成，除了遗传之外，很大程度上还是会与孩提时代身体发育过程中所吸收的营养、合理的休息、适度的运动有关。

对于孩子来说，身体发育有自身的规律，若违反了就会畸形地发展。

我有个远房亲戚，夫妇俩生怕孩子的营养不够，就总是千方百计地让孩子"补补"，孩子刚上小学一年级，每天的任务就是吃下一只鸡，或是一只甲鱼，或是几只田鸡之类的东西，孩子开始还有点馋嘴，到了最后，几乎每次都是含着眼泪吃下去的。结果，可悲的事情也就发生了，入学时显示孩子的体型是非常健康，可到了小学三年级，孩子身高虽然只有一米六，但体重已经超出 200 斤了，腹部、大腿的皮肤都能明显地看到大面积的只有孕妇才可能会有的"妊娠纹"。说明这孩子胖得皮肤都已经包不住脂肪了，行动也就变得越加困难了，发展到最后，竟然连自己的大小便也都只能在床上解决。

二、快乐的心灵

孩子的天性本来就是无忧无虑的，所谓快乐的童年似乎是上天给予每一个人的恩赐。但现在的孩子却很难快乐起来，因为打从他们记事起父母就很忙，也很少有时间陪他们，他们童年的大部分时光都是与爷爷奶奶、外公外婆一起度过的。因此，也造成了他们孤僻的性格，得不到及时排解的话，就会养成许多与实际年龄不符的习惯。

同样的道理，一个人品性的形成也多半与孩提时代所养成的习惯有着很大关系。好的习惯不但能够帮助孩子的身体健康地发育，还能训练出孩子良好的品性；坏的习惯不但会阻碍或者破坏身体的发育，而且还容易滋生一些不良的品性。

对于一些不好的品性，在孩子小的时候，可能别人还能原谅，可是等到长大成人步入社会后，就会成为影响他事业发展的巨大阻力。

三、生活的智慧

生活是人生第一课，也是最基本的课程，生活习惯的好坏，不仅影响孩子的身心健康，而且也是一个孩子综合素质的体现，对于幼儿期的孩子来说，可能就是一些最习以为常的习惯，这其中就包括饮食、起居、排便、卫生等习惯；对于青少年来说，就是如何与人相处，如何提高个人素养的问题。

1. 学习上进的精神

学习是一个人成长的必要程序，所有自然的常识，以及生活的技巧都是通过学习得来的，也是每个人孩提时代的主要任务。但学习却包括"学"与"习"两个层面，也就是说不但要想学、会学，还要常习、勤习。所以，同样是学，却因为"习"的不同，从而使学习的质量产生较大的差异。

2. 生存能力的本领

孩子大点之后，能够自己做饭、洗衣服，换个灯泡，通个下水道之类的事情，懂得一些常见急病的简单诊治，懂得照顾人。这些事情看上去琐碎，但却都是我们日常生活中逃避不了的，通常情况下也只有自己动手。

3. 遵守规矩的习惯

缺少约束，搁谁谁都容易犯错误。大人如此，孩子就更不要说了。

帮助孩子建立规矩，并不仅仅只是要求孩子"乖""听话""好调教"就可以完事，更重要的是，遵守有规律的生活，可以保证孩子在有秩序中成长，可以帮助孩子判断是非善恶能力，从而自发地去建立良好的秩序与和谐的人际关系。

礼貌看起来只不过是一个人外在行为的表现，但实际上它反映的却是人的内心修养，体现了一个人的自尊和尊重他人的意识。所以平常的时候，父母要教育孩子，学习使用诸如"您好""请""谢谢""对不起""请原谅"这样一些最基本的文明礼貌用语。同时，还要注意培养孩子的文明举止，比如：见到认识的人要热情地打招呼，别人问话时要首先学会倾听，并眼睛看着问话人有礼貌地回答。同时，还要时刻保持服装的整洁，走路的时候要精神集中，并做到站有站相，坐有坐相。

有一次，我在深圳一次大型活动中有个很重要的演讲，临开场前，我发现来宾中夹带着一个也就只有三四岁的小男孩，我担心待会开场后时间一长这个小男孩就会因为待不住而影响了场上肃穆的气氛，于是就跟工作人员商量是否可以将这个小男孩派专人照顾待在休息室玩。工作人员去与随孩子一起来的母亲商议后，回来报告说，小男孩的妈妈坚持要带着孩子一起在下面听我演讲，并保证说自己的儿子绝对不会发出任何声响。思来想去，我还是有点不放心，毕竟是这么严肃的会议，而且一会还有市领导到场，如果出一点纰漏的话，那整个会议团队几个月的努力就要白费。于是，我当即做了个可以算得上此生最猥琐的动作，就是尾随小男孩和他的妈妈，看他们的表现是否真的可以让我放心。

我看见的第一个情景是小男孩跟着妈妈上厕所。到了女厕所门口，小男孩停住了，妈妈进去了，他在离女厕所门口两米左右的位置，背对着女厕所毕恭毕敬地站着，面带微笑地对每一个进出女厕所的人打着招呼："阿姨您好！我在这等一下我妈！"，"姐姐好！我在这里等我妈妈"……

我看见的第二个情景是母子俩静静地在座位上坐着，当母亲的不经意间轻轻咳了一下，小男孩很快就从自己身上摸出一张纸巾给妈妈递上，等妈妈在纸巾上吐完痰后，小男孩仔仔细细地将妈妈用脏了的那块纸巾叠好，然后起身丢进了有十米开外的垃圾桶里。

我彻底地放心了，也难怪做母亲的那么自信，这么乖巧的孩子是绝对不会给会议添什么麻烦的。果然，会议开了整整一天，这个小男孩显得比谁都要安静，我趁着自己在台上演讲的机会，还有意识地向小男孩坐的方向瞥了几眼，发现他不仅在自己母亲身边专注地听着，而且居然还时不时地在面前的纸上做着"笔记"。

第三节　家庭教育最重要

一位困惑的母亲向一位高僧求法。

"请问法师，我的孩子不听话，不爱学习怎么办？"

法师没有直接回答，而是反问道：你复印过文件吗？

"复印过。"这位母亲不假思索地回答。

"如果复印件上有错别字，你是改复印件还是改原稿？"

"应该复印件和原稿一起改，才是最好。"

父母是原稿，家庭是复印机，孩子是复印件。如果说孩子是父母的未来的话，那父母就更是孩子的未来，因为孩子的模仿能力特别强，所以，做父母的一言一行都可能影响孩子的一生。

一、慈母严父，巧妙配合

虽然现在的孩子性格普遍倔强，但也不能由着他的性子来。这时做父母的一个要唱红脸，一个要唱白脸，相互配合。

在通常情况下，做父亲的是严厉的，对于孩子的错误要给予相应的责罚，一定要让孩子明白，做错了事就要付出代价，这样更容易促使孩子上进；做母亲的是慈爱的，对孩子应该施予更多的关爱，让孩子知道：无论他做了什么，父母都是爱他的，而父母所做的一切，也都是为他好。

1. 孩子心中总有个怕的东西

养孩子最怕的就是孩子有恃无恐，没有什么东西可以约束他，他就会把什么都不放在心上，从而无法无天，做出许多危险的举动来，结果不是闯祸，就是置自己于危险当中。

好在孩子的想象力极为丰富，惧怕一切陌生的东西，这对他们早期智力的发展还是十分必要的。但这时，孩子并没有分清哪些是真实的，哪些是虚构的。小孩子不好好吃饭，不认真睡觉，做大人的就会吓唬说狼来了就会把小孩子叼走。

所谓胆小，其实也是一种自我保护，一个孩子容易接受长者的生存经验，也就会自然而然地约束自己了。

2. 父亲是纠错的，母亲是施爱的

孩子的第一个偶像应该是父亲，因为他是家庭中最威严，也最能干的一个人，没有他干不了的活，也没有他办不成的事，说出去的话也从来都是说一不二。所以，在孩子面前最适合扮演的形象就是纠错，父亲就代表正确，父亲就代表权威；而母亲则更多应该是慈祥的，更多的是爱抚角色，是一个可以释放委屈的地方，是一个可以疗伤的地方，是一个相对安全的地方。

对于我们小孩子做错的事，我的父亲一般都不直接批评，而是默默地自己动手做。这样反倒会让我们心里觉得很愧疚。

我记得大概上初二的时候，有一年暑假，我清早起来，像往常一样将家人头天晚上拉的尿桶倒到距家 50 米远的自家菜园子里，也不知是怎么的了，那一天的尿桶特别的满，黄色的尿液都已经溢出来了。

我吃力并且小心翼翼地将溢出来了的尿桶提出家门，为了图省事，趁人不注意，索性就将一多半的尿倒进了雨水沟里，就提着只剩不到一半的尿桶走了 50 米，倒进了自家的菜园。

这事正巧被父亲看见了，我以为会挨他一顿骂，结果他就像是什么事情也没发生一样。

第二天，我还没起床呢，就看见父亲拿了只空尿桶，将那只经过一夜后已经重新被家人拉满的尿桶，倒了一半在那个刚提上来的空尿桶里，然后，一手拧着一个只装了一半的尿桶很轻松地往自家菜园去了。

这事弄得是比打我一顿还难受，自此以后再没犯类似的错误。这也影响到了我以后的工作和生活态度，遇到问题，总是千方百计地去解决，绝不做任何投机取巧的事。

3. 伟大的父母形象：父亲是英雄，母亲要善良

现在的家长是越来越不好当了，说实话，社会变化快，人的认识和思维的跨越式提高，使越来越多的家长感到力不从心了，也确实弄得有很多家长还不懂得如何当家长，就将小孩匆忙带到这个世界上，然后就将教育责任统统推给了学校和社会，却偏偏忘了父母才是孩子的第一任老师，人的很多成长经验是需要言传身教的，这怎么能将小孩教育好呢？

大人给孩子做榜样，也体现在一些日常的琐事上，有些事虽然与小孩子没有

什么直接的关系，但孩子其实都是看在眼里的。比如：不要当着孩子的面吵架；对亲戚朋友提出的请求，要尽可能地提供帮助；不要随意对人发脾气；避免在孩子面前犯错，一旦犯错了就要立即承认等。

榜样的力量是无穷的，再多的言传，也不如身教。

二、道法自然，因时而教

人作为自然的一种生物，身体结构无疑也是要受自然的影响。

虽然我们暂时还找不到可以支撑的依据，以及与之相对应的数据，但是，老辈人一代一代这样传承下来，已经摸清了一个孩子大致的发育和成长规律，通俗地说就是：三岁一个坎，六岁一道墙，九岁孩子分阴阳。

1. 一岁之前

刚由"胎儿"变成"婴儿"的身体其实还是很脆弱的，尤其是肠道适应了母体内的东西，一下子接触外界的东西，吸收能力就会大打折扣。

（1）应吃母奶、母乳是婴儿最天然，最好的营养品。但现在越来越多的年轻妈妈为了保持自己的体型，主动放弃"母乳"，过早给孩子断奶，把希望寄托在"洋奶粉"上，这是完全错误的。

（2）多看多听、刚从一个世界进入另一个世界，孩子对一切都感到新奇，也最容易留下印记，所以，还是不应该让他们过早地模仿这、模仿那，最适合的还是让他们多看、多听，尽可能地接触美的东西。

2. 一至三岁，不哭闹

孩子不哭闹，这其实是一个小小的进步。不吵闹，说明孩子开始关注别人的态度了，也懂得顾及一下别人的感受。

现在的孩子宝贵，吃起"洋奶粉"来就没个完，致使体质和免疫力都成了问题。所以，孩子都长到一岁多了还是不会走路，而且也娇气，稍不注意就会生病。

我记得以前，家里孩子多，一般城里的产假也只有49天，孩子刚满月，做母亲的就得上班，乡下更是要下地干活，养鸡喂猪。所以，做母亲的给孩子喂奶的同时，还喂点米汤、稀饭之类的东西，孩子都长得很结实，免疫力也比较强。更重要的是：这时期的孩子，应该让他们学会独立生活。

（1）培养生活技能。这时期的孩子模仿能力特别强，所以穿衣、吃饭、洗漱，这样基本的生活技能，不仅应该让孩子自己学着做，而且要培养他们良好的姿势和正确的态度。

在行动方面，应该是能够做到按时睡眠、起床、安静睡眠并有正确的睡姿；在饮食方面，不挑食、不偏食、懂得细嚼慢咽，饭前便后正确洗手、早晚刷牙，饭后漱口，等等；在娱乐方面，玩具玩完后知道自觉地放回原处，懂得自己的东西自己整理和爱清洁、讲卫生、做事有条理等这样一些方面的好习惯。

（2）多说"正确"的话，多读"文化"的语言。这时期的孩子记忆力也特别好，也是咿呀学呀的年龄，因此，说话正确与否就显得尤为重要，如：中华启蒙教科书等，对提高孩子的语言能力有很大帮助。

（3）多做"善良"的事。这时期的孩子，还是塑造性格的最佳年龄，发现孩子一些不好的脾气，应该及时纠正，绝对不能由着他们的性子来，平时也要注意培养他们的交往能力。比如：与人为善，和小朋友相处呵护之道。

3. 三岁一个坎

现在做父母的也娇贵，一个孩子几个大人伺候还忙不过来，非得请个保姆，弄得自己反而一点带孩子的经验都没有。

其实，这时期的孩子是个性形成的时期，也是缺点开始暴露的时期。所以，在孩子尚未"定型"之前先"塑形"。

（1）慢慢培养孩子的独立意识和独立能力。有心培养孩子的父母，一般等孩子三岁左右，就应该逐渐培养起他的独立意识来，像自己叠被子，自己动手洗衣服这类的事情都可以让他学着做。也应该鼓励他相信自己能做好，比如：可以经常性地给他灌输这样的意识：我年纪已经不小了、我自己能行，我自己的事情我可以自己做。

（2）培养孩子交朋友的能力。我们现在都知道说情商对于一个人的发展有多么重要，其实培养情商最好的时间就是这个年龄段，要培养孩子与人相处的能力，可以让孩子与其他小朋友一起玩玩具，一起做游戏，从中体会到分享、谅解的快乐。

（3）培养学习的兴趣和习惯。这时期的孩子不但记忆力最好，也是兴趣和习惯形成的黄金年龄。要培养他们对学习的兴趣，以及良好的学习习惯。

4. 六岁一道墙

这时期的孩子身心都已经初步定型，也是上"学前班"的年龄了，就像是面前横亘着一堵墙一样，很难突破自己。这时，做父母就要协助孩子推倒这道墙：

我们常常听到做父母的抱怨：这孩子，啥都不会；但平心而论，作为孩子的父母，我们又教给了他什么呢？

对于孩子，有时不能要求太高，你希望他这也会，那也会，往往就会物极必反。一般六岁的孩子，能够料理自己的日常事情，顺带帮助家里做些家务，还能自觉学习，做什么都无须人监督，就已经很了不起了。

人都不是"生而知之"的，没有哪个人天生就会做这做那，所有的知识与经验，都是通过后天的学习和经历得来的。

这时期的孩子也该读学前班了，所以教育方式也应该有别，如：男孩穷养，女孩富养，讲的都有道理，但也不能偏执，重要的还是让孩子能够身心健康。

5. 九岁孩子分阴阳

对于九岁的孩子，就应该让他明白男孩与女孩之间的生理特点和性格差别，知道男女有别。趁着结婚纪念日这样特殊的日子，做父母的也不要只顾着自己庆祝，可以带上孩子一起，顺便也告诉孩子那个最难回答，孩子也问得最多的一个问题：他是从哪里来的。

但现实生活中，由于做长辈的一些性别癖好，把男孩当女孩养，女孩当男孩养这样的事时有发生，结果弄得一个好端端的孩子，结果被弄得男不男、女不女的。

我就目睹了这样一件事，大概在我读小学三年级的时候，班上转学来了一位女同学，她家里因为一直没有男孩，所以从小到大都是把这个女孩当男孩子养的，她平常不但都是穿的男孩子的衣服，连走路姿势、做事风格也是男孩子的做派，就连上厕所也是走进男厕所，至于是否站着拉尿就不得而知了，因为据说她即使上个厕所也总是带把大大的雨伞，将自己整个人都包裹在伞下。

可能也正因为如此，所以，这位女同学才需要频繁地更换学校，因为她的性别秘密即使隐藏得再严实，也终归是要被人发现的。

现在这种荒唐事已经不多见了，但在广大的农村以及偏远地区，拐卖妇女儿童，家庭暴力事件还是会经常发生，连当地人也觉得习以为常，见惯不怪了。

6. 女十四、男十六，一不小心走邪路

这时期的孩子读初、高中了，应该注意德、智、体方面的协调发展。民间流传"女看七，男看八"的说法，意思在生理上，女孩七年为一个生理周期，而男孩则是八年为一个生理周期。女孩有个十四岁，男孩到了十六岁，性发育基本成熟，生理上开始排卵。这个年龄段正是孩子的生理转变期，也是性格上最为叛逆的时候。伴随着躁动、亢奋，总觉得有种东西想要冒出来。

男要自强不息，女要厚德载物，此时强化教育最是时候。

（1）正确分别真善美和假恶丑。这时期的孩子能分清好与坏，善与恶，美

与丑，对人格的塑造至为关键，所以应该培养他们正确的价值观。

（2）男要有正义感，女要有羞耻心。这时期的孩子要有责任感，学会对别人负责，也对自己负责。男孩要有担当，女孩要懂得廉耻。好品行也适宜在这一时期塑造。

（3）德智体全面发展。

这时期的孩子如果稍不顺意，很容易就会走极端，放纵自己、离家出走都是很平常的事。应该密切注意孩子的玩伴，一旦跟一些做事比较出格的孩子一起，很容易就会学坏，因为孩子的判断力、自制力毕竟有很多不确定性。

7. 弱冠之年，父母重在帮孩子规划未来

20岁，是孩子读大学的年龄，也是一个人价值观、世界观定型的时候，对于未来做什么，也该有个大致的方向，但孩子的社会阅历少，看问题往往容易受表面事物蒙蔽。加之现在信息发达，了解太多了往往让人无所适从，孩子也是这样，因为没有太多的经历和阅历，看问题容易只看表面，想问题也多半会只顾眼前。

这时当家长的就该出面引导，最好的方式就是帮助孩子，分析、说明每一件事的利弊关系，但最后决定权还是应该交还给孩子自己，否则过多的干预，反而会引起孩子的反感，甚至出现抵触情绪。

三、严格遵守规矩

孩子长大了，终归也是要走向社会的。孩子有些不好的习惯，在家时，家里人还有可能会忍让，但一旦走向社会，就不容易得到这样的宽容度了。所以，最好的办法还是从小就让孩子养成良好的习惯。

要教育孩子凡事多替父母着想，多替他人着想。要想将来有所成就，就要严于律己，宽以待人，豁达宽容，光明磊落。而且，有时还需要吃得一点亏、受得一点委屈，以适应复杂的社会生活环境。最重要的还不能忘了，那就是遵守社会通行的公德。

1. 守时

做事拖拖拉拉是不少孩子的通病，一个人没有时间观念也可以看作是没有责任心的表现，就是不懂得如何约束自己，所以，做大人的发现孩子这个毛病后千万不可大意，因为这样发展下去，很可能就会出现以后做任何事都不认真，都变得疲疲沓沓的。

从一些平常的小事上，就应该开始做规矩，比如：吃饭就吃饭，时间过了，

饿极了也不给吃的；出外游玩，到点就出发，不等不候，磨磨蹭蹭的，取消资格。

2. 敬畏

让孩子有种敬畏之心。懂得尊老爱幼，珍惜朋友友谊。现在孩子最大的问题其实还是因为自私，一般的家长只知道抱怨，却从来不去想想自己的孩子为什么会变得如此自私？这其中的原因有很多，但归根结底还是孩子不懂得敬畏。

培养敬畏应该从最小的事情做起，一家人在一起吃饭，做妈妈的第一口菜应该夹给爷爷、奶奶，并且让孩子明白：之所以有他是因为有爸爸妈妈，而爸爸妈妈也有自己的爸爸妈妈。

培养孩子从小对长者，对所接触的人和事心存一份敬畏，他就会懂得付出，他就不会自私，也不会贪心。

3. 进取、学习

孩子的上进心也是后天培养的，凡事争强好胜、不服输。要教育孩子多向比自己成绩好的同伴看齐，凡事多看看别人的长处，无论学习，还是说话、做事，都绝对不要落在别人后面，敢于争先才是真豪杰。

4. 节约

节约的另一层意思是懂得珍惜，知道尽可能少地消耗有限的资源。这可以从不剩下一口饭，节约每一滴水，节省每一度电开始，作业本用完才换新的，纸张必须做到两面用。让孩子懂得珍惜他人劳动的同时，还明白勤俭持家的道理。

5. 凡事不走极端，不唱高调

孩子的心智尚处于发育期，所以做任何事情都喜欢偏执，吃东西时要么不吃，要么就没个够；要么不爱运动，要么就停不下来。还有个很不好的毛病就是"说大话"，打肿脸充胖子，办不到的事情还喜欢轻易夸下海口。

这样既不利于孩子身体的健康，也不容易帮助孩子心智的成长，因为以后进入社会，如果说话、做事有任何激烈和极端的行为，都会招来他人负面的反应。也就很难与人相处。

6. 自律，遵纪守法

坚守自己的道德底线，遵守社会的准则，这是孩子跨入社会的第一步。教育孩子走路时靠右行，不要闯红灯，不要翻越栏杆，不要因为看见别人这样做也跟着学样，要坚持正确的东西，恪守自己、管束好自己的行为。

当孩子什么都学会了，摇身一变，就是条龙。

四、培养良好的品德

人要在社会上立足，品德有时候比才能更重要。

好的品德可以弥补一个人才能方面的缺憾；同样，没有好的品德做保障，才能如果用在邪道上，才能越大，破坏力也就越大。所以，锻炼孩子能力的同时，千万不要忽略了对孩子品德的教育和培养。

1. 宽容

孩子得理不饶人，为了一点小事就耿耿于怀，这是孩子最容易犯的毛病，因为他们总觉得事情是这个理，如果得不到合理的解释就会觉得很受委屈，就会想不通。所以，小孩生闷气也就顺理成章了。

最有效的方式就是将孩子带到弥勒佛面前，面对佛大大的肚子，告诉孩子要懂得宽容，天下成大事者，必能"容天下难容之事"，对于别人无意间的伤害，一笑置之，既避免了矛盾的升级，也体现了自己的气度。

2. 分享

孩子还有一项很重要的品德就是分享，有好吃的东西应该分一点给其他小朋友，有好看的卡通书，好玩的玩具，都可以与其他小朋友一起分享，这样才不会自私。

语言的分享也是这样，绝对不要因为说不好，或者怕在人前出丑，就不敢开口说话，要勤学苦练。

我们经常能够见到这样的场面，家长的普通话说得很"蹩脚"，但孩子的普通话却说得很流利，这是因为孩子已经养成了说普通话的习惯，这也就是让他融入社会的第一步。所以，家长或老师在和孩子交流的过程中，要有"教育"的觉悟和意识，引导孩子尽量用普通话交谈，尽量说规范的语言，而且在咬字吐音上尽可能做到标准。

这样做的目的，一是可以培养孩子准确把握语言表达的能力，二是能够强化孩子从小就具有融入社会的独立意识。

我是在一个小地方长大的，小学老师很多也都是用方言教学的，加上自己在这方面也不够努力，所以我在这方面就吃了不少亏，直到现在在语言表达上还有很多欠缺。即使后来还正儿八经地读了几年大学，但普通话至今也还是一个"二把刀"，以至于我现在虽然在工作，甚至讲课时也有比较浓重的地方口音，但我在与孩子交流时，也会尽可能地坚持用字正腔圆的普通话，这是因为我不想自己的孩子从小就觉得可以与别人有什么不一样。

3. 感恩

因为没有太多比较，尤其现在更是独生子女为多，所以，有好东西自然首先就是给孩子的，但这样长此以往，孩子就会觉得是应该的，不知道谦让，更不懂得感恩。

感恩的核心是付出。培养感恩的最好方式就是让孩子明白东西都是从哪里来的，所有好吃的、好穿的、好用的东西，都来之不易，其中包含了多少人的劳动，又有多少人需要为之付出，所以要懂得珍惜，懂得感恩。

4. 坚持

孩子做事大多都是一阵子的热情，所以经常就会出现一件事干成"半拉子"的情况。这就应该在日常生活中有意识地培养，比如——排队，就可以一边领着孩子排队，一边跟他讲解排队需要齐心需要整齐划，不要慢吞吞之类的道理。

五、自信

对于熟悉的东西，孩子做起来没有什么问题；但对于一些初次接触的事情，孩子会有种自然的畏惧，一是怕这事有危险，二是怕自己做不好挨骂，所以经常就会缩手缩脚。这时，做父母的就要多多给予鼓励，告诉孩子这事他一定能做好，孩子一想这事父母肯定干过，那我也肯定能够做好的。

同时，支持也表明了做父母的一种态度，这样孩子就会觉得只要自己努力了，即使没做好也不至于挨骂。出于对父母的信任，孩子也就会变得自信起来。

第四节 学校教育有乾坤

中国现在实行的应试教育制度确实诟病不少，这些大家都有同感，但很多家长又都出于很无奈的状态不得不照着这么做。

我个人是这样认为的：现有的教育体制确实存在一些问题，但在尚未解决这些问题之前，就简单地抱怨也不是解决问题的办法。有些过激的家长干脆就将孩子带回家中自己教育，让孩子脱离学校、脱离伙伴、脱离社会，那就更不可取了。

依我看来，虽然现行的学校教育问题多多，但是，孩子进学校，至少可以解决这样几个问题：一是吸收基础知识，二是习惯分享的氛围，三是掌握与人相处的本事，等等。

一、健康第一，关爱为上

好动是孩子的天性，尤其是男孩子，聚在一起就喜欢推推拉拉、打打闹闹，而且下手往往不知道轻重，稍不留神，就容易引发打斗现象。

所以，学校在平时就应该多些进行这方面的常识教育，跟孩子说明利害关系，多灌输一些彼此关爱的道理，同时告诫孩子尽可能不做那些容易伤害自己，也容易威胁到别人的事情，并且引导孩子——同学间做得更多的，应该是相互帮助，快乐地度过自己的学习时光。

二、校园内人人平等，没有歧视

现在社会上有种不良的风气就是喜欢"拼爹"，对于孩子就更是这样，他们都以自己的父亲为荣，个别老师也是这方面的"势利眼"，谁家的家长做什么的都早已摸得一清二楚，也就难免会在平时的言行中表现出来，更何况是孩子。

对于农村的孩子，或者那些家庭经济相对困难，或者家长的社会地位一般的孩子，就会受到某些歧视，发展下去就会出现语言的轻慢，甚至一些肢体动作等行为。

虽然考出的分数有高有低，成长的环境也有好有坏，但在校园内，大家就是同学，没有任何歧视的理由，要人格平等、尊严平等。

三、传道、授业、解惑，不以"分数"判优劣

教师的职责就是传道、授业、解惑的，对于前两点，很多老师都能做好，但对于解惑往往就会显得不耐烦，一是因为老师觉得学生小脑瓜里装些与读书无关的事有些不务正业，二是孩子提出的问题也常常是老师知识的盲点，答不好有失脸面，答好了学生还会因此没完没了地提出更多新的问题。

虽说现在不提倡给学生分数排队，但还是有不少班级会这样做，并以学生的分数来分优劣，弄得学生一股脑儿啃书本，尽可能将自己的成绩往前挤，结果很可能就是成绩好的成了书呆子，除了考试，啥都不会；那些分数垫底的，干脆就

"破罐子破摔"，自暴自弃。

四、学高为师，道高为范

因为要经常性地面对教学成绩的考核，所以现在的教师一般都很重视自己在专业上的努力，而忽略了在道德方面的垂范，这表现在某些老师平时不拘小节、爱占小便宜，甚至利用工作之便，满足一己私欲的事件发生。

殊不知，学校、学校，就是学习、校正的地方，除了读书、学知识之外，其实还有很重要的一点就是：学习怎样做事，怎样做人。

以前，我们读书时，每个学期都会安排时间学工、学农劳动，就是培养动手的能力。将书本上学到的一些知识与实践相结合，顺便还可以从工人身上、农民身上学到书本上没有的知识，尤其是做事、做人的道理。

五、奖励与批评

人都是需要鼓励的，对于成长期的孩子就更需要这样做。老师一句口头的表扬，一张荣誉证书，一个价值轻微的礼物，对于学生来说，就是对他们的肯定，就是极大的鼓励，也都可能使他们因此焕发更大的学习热情。

1. 方方面面设奖

奖励要立即兑现。有了好成绩可以获奖，做了一件好事可以获奖，绝妙地回答了一个问题也可以获奖。奖励可以体现在方方面面，形式可以多种多样，奖品也可以五花八门，目的是让孩子能够接收到别人肯定的信息，并体验荣誉带来的快感。

2. 违反规矩要批评

批评要照顾"面子"，免伤自尊心。对于孩子平时无意间一些无伤大雅的小毛病，做老师的可以装作看不见，但如果学生违反了规矩，做老师的绝对不能当"猫头鹰"——睁一只眼，闭一只眼。比如：学生溜到教师窗口打饭，学生在学校建筑物或者公用物品上乱刻乱划，这就不能不管，因为这破坏了规矩。如果任由其发展下去，以后像这类破坏规矩的行为就会越来越多。

六、拔苗助长害死孩子

孩子的身体和智力发展是有自身规律的，但现在的大人们似乎缺少点耐心，等不及了，可一急就犯下了一些错误。于是，形形色色、千奇百怪，给孩子"帮倒忙"的事也就屡见不鲜。

1. 弄什么竞赛班、重点班

像大家熟知的"奥数班"之类，弄一些连数学家都头痛的题目"训练孩子"，可进入社会后，却一点帮助都没有。

对于成绩好一点的孩子还专门编成一个重点班，让教学经验丰富的教师"开小灶"，单单以考试成绩将孩子就分成了三六九等，这样做好吗？

2. 孩子能力的发挥是有时间段的

并非所有孩子年龄都一样，聪明、智力也一样的，事实是有所偏差的。

同年龄段的孩子，智力发育也存在一个早晚的问题，而且因人而异，会表现得有所偏重，有些孩子逻辑性强，适合做一些推理、运算方面的工作；有些孩子想象力丰富，抽象思维突出，更善于做一些语言、文字和表达方面的工作。

孩子的成长也是这样，有他们自身的规律，如果违背了这些规律乱来的话，不是帮助孩子，反而害了孩子。

3. 拔苗助长，心急的结果是悲痛

这是中国古代的一个寓言故事，说的是有一个心急的人嫌秧苗生长太慢，于是就每天帮助拔出一点，结果没几天，秧苗就死了。表面看起来，拔起的秧苗确实是比如期长出的秧苗更高了一点，但却违背了植物生长的规律，其结果也就只能是事与愿违。

在现实生活中，确实也有这样的家长。

我认识一对年轻的公务员夫妇，在他们的女儿还不满一岁时就开始轮流指导孩子的学习。他们的女儿也确实比同龄的孩子懂得更多书本上的知识，终于在女儿刚满五岁时，夫妇俩通过熟人的关系，让女儿直接就读三年级。

看到别人夸自己的孩子聪明，为此夫妇俩也很是为此得意了一阵。第一个学期这个女孩的学习成绩还好，在全班排名前十。第二个学期，女孩的学习成绩开始跌落到中上水平。孩子自尊心太强，就玩命似地往上赶，牺牲了很多睡眠的时间，结果，不仅明显感觉比其他同龄的孩子生的矮小，而且既自负又自傲。更重要的是，看似智力发育没问题，但生理、心理的发育明显跟不上。

同龄孩子还在读初二时，这个女孩就已经考了个一般的大学。但个头实在太矮，又性格好强，慢慢地就开始跟不上同龄人的进度了，结果，才读了一年就因为压力过大患上了精神疾病，被迫中途退学了。她的性格很好胜，看着同龄的孩子一点点地进步，而她却没有朋友，没有快乐，更没有前景。终于在一个月黑风高的晚上，趁人不备，从自家十楼的阳台上跳了下去，然后，就再也没有然后了……

一只蝴蝶化茧成蝶，需要先破出一条缝，然后再凭着自己的力量一点点地挣脱开，直至冲出来，翅膀伸展开后才能振翅飞翔；一只小鸟破壳而出，也是先在蛋壳上啄破一点，然后再逐步扩大，直至身体将蛋壳挤成两半。如果谁要是因为心急，给正努力挣脱蛹或者壳的小生命帮忙的话，这个"忙"很有可能会帮倒忙，会危及它们的生命。

第五节 自然教育藏玄机

人是自然的产物，人的很多生存经验和发明创造，都是受了自然界变化和生物进化的影响，因此，亲近大自然是所有人都喜欢做的事，也是孩子们最容易接受、最容易印象深刻，并且最乐于做的一件事。

一方面，大自然的空旷、自由，可以释放孩子们旺盛的精力；另一方面，自然现象、生物的多样性，也容易激发孩子们的好奇心和丰富的想象力，增强创造力。

一、向植物学习适应

我们的孩子如果喜欢花草，父母可以利用家中的阳台，买来花盆和一些花籽，引导孩子种一些平时喜欢的花草，让孩子在培育花草的过程中，观察植物的生长过程，看植物如何从发芽、长叶、开花、到结果，从中体会到植物生长的过程。

记得以前在学生中流行一种"绿毛人"的植物，外表看起来只不过是一个裹满棕叶的球状物体，但只要坚持天天浇水，就会从"绿毛人"的头部长出很多青草一样的绿色植物，就像是密密麻麻的头发。

也可以教孩子在自家阳台上种几粒绿豆、蒜瓣之类的作物，教孩子适时、适量地浇水，就可以看到这些植物发芽、出土、抽枝、长叶、结果。有条件的情况下，还可以种一些热带植物，比如仙人掌之类，让孩子懂得在极端环境下如何适应的道理。

二、向动物学习变化

有时让孩子了解一些动物的变化规律，对于培养孩子的危机意识和创新能力也会大有帮助。

可以在家里养点蚕，看这些小生命从一粒芝麻大小的籽里爬出，然后变成白色的节肢动物，再历经一次次的蜕皮，一天天地长大，最后吐丝成茧，再破茧而出，成为蛾子产籽，直至死亡的变化过程。

也可以在家里养点水族，不妨有意识地养大一点，凶猛一点的鱼的同时，再养几条小鱼，让孩子目睹大鱼吃小鱼的全过程。目的是让孩子清楚：世间事都是残酷的，其实生命很脆弱，不努力就会遭到淘汰。低等动物：为食物而奔波一生，为繁衍而存在，为进化而繁衍；高等动物在继承了低等动物的所有特质后，会进化出意识、感情，为壮大而存在。

让孩子懂得，世间事没有绝对的公平，也没有完全的平等，要让别人对自己刮目相看，就要学会自己给自己争光，自己为自己争气。

让孩子明白，所有的生命都只不过是一种存在形式，没有我，没有你，地球照样转，不要把自己不当回事，也千万别把自己太当回事。

三、学习金水的品格

做人如水，水的精神：无论何时何地，随时可以改变自己的形态不断地寻找出路；不拒绝任何加盟的沙石和物障，反而是裹挟前行，壮大自己的力量，勇往直前；任何时候遇到阻挡，总是慢慢蓄积力量，最后加以冲破；历经千里万里千难万险，始终不改变自己的本质。

做人如金，金的品性就是不管如何锻打，如何历练，都无法改变其品质，而且无论条件如何恶劣，都一样闪闪发光。

教育孩子不管面对什么环境，无论遇到什么，都要坚持做好自己，并且像金子一样经得起锻打，闪闪发光。

四、学习木火的上进

人活着就应该努力向上，像树木一样，永远都是向上笔直地生长；像熊熊的火苗一样，只要还能燃烧，就不应该停止向上的火苗。

教育和引导孩子永远追求上进，就是不受周围环境的干扰，不自暴自弃，善于创造一切条件，为自己争取锻炼的机会。

五、学习土的敦厚

土的特质就是踏踏实实，一是一、二是二的，没有半点虚假。要使孩子懂得，无论做人还是做事，都要实实在在的，千万不要有半点虚假。

在这个过程中，也要让孩子明白一个道理：无论你怎样着急，你今天撒下种子，它不会明天就长大。要想有收获，你就必须耐心地等待，给它浇水，有时还要松土、除草、施肥等，并让它享受到充足的阳光。任何弄虚作假的行为，都非但不利于事物向好的方面转化，反而会加速失败。

六、学习大自然的循环

大自然任何事物都有一个循环的过程。草本类植物从出芽、生长、开花、结果，最后枯萎，然后化作泥土，再孕育新的生命。

水的循环有海陆间循环，也称之为大循环。按顺序大体有：蒸发 →水气输送→ 降水→地表径流/地下径流，反复循环。

可以从节约水开始，不仅告诉孩子水对于一切生物的重要，更重要的是让孩子明白水是怎样完成一个又一个的循环过程。

做父母的教会孩子这些有什么好处呢？让孩子明白循环的道理，就能够让孩子学会重复利用所有的资源，也可以让一件事情或者一个好的习惯，持续不断地保持下去，并持续不断地给自己带来利益。

第六节　所有教育的目的只有一个：明事理

曾经有记者问一位荣获诺贝尔奖的科学家："您认为您在哪所大学学到的东西最重要？"

这位科学家平静地说："在幼儿园。"

"在幼儿园学到什么？"

"学到把自己的东西分一半给小伙伴，学到不是自己的东西不要拿，学到东西要放整齐，学会吃饭前要洗手，学会做错事要表示歉意，学会要仔细观察大自然。"这位科学家出人意料的回答，直接说明了儿时养成的习惯对人一生的决定性意义。

一、锲而不舍是种态度

锲而不舍就是不管遇到什么困难，不管发生了怎样的变化，都一如既往地坚持自己的梦想。孩子做事的过程中，父母在关键时刻要给予指导和帮助，这不是代替而是教育孩子想办法，目的是教育孩子在碰到自己一时解决不了的问题时，千万不要受情绪影响而变得灰心丧气。当孩子想不出办法又不愿去想时，或者有偷懒或依赖父母的迹象时，父母这时万万不可给予帮助，而是应该更多地注意启发性教育与鼓励。

我们最耳熟能详的就是"龟兔赛跑"的故事，先天行动就缓慢的乌龟硬是靠着自己持之以恒的决心，跑赢了心高气傲的兔子。就能很好地激发孩子坚持就是胜利的决心和信心。

当然，必要的时候也可以给予孩子适当的批评，教育孩子克服困难，并监督孩子一个人独立地做完某件事。只要长期这样坚持下去的话，孩子以后遇到一些挫折就不会自暴自弃，就会主动积极地想办法将事情做好。

二、辨别是非彰显智慧

很多时候，我们总是把学习文化知识放在首位。认为只要具备了丰富的知识，教育问题就自然而然地解决了，却往往忽视了培养孩子对事物的辨别能力。这里，有两点至关重要：

一是言传身教。父母的言行，处理事情的方法，对孩子都具有很强的潜移默化的作用，所以，在与孩子相处时，我们都要严于律己，以身作则。

二是循循善诱。我们应该借助书本上的小故事，现实生活中发生的、媒体上公布的事件，启发和诱导孩子大胆说出自己的见解，并适当地给予补充完善其不足之处。

有一次，我在广州雕塑公园里看见一对母女俩，小姑娘看上去只有四岁左右的样子，但看起雕塑来居然格外认真，几乎对每一尊雕塑的内容她都要问长问短。令我惊奇的是小姑娘的母亲，居然对于孩子的每一个提问都不厌其烦地给予回答，并且还会由此引伸开来讲一些与此相关的典故。

当碰到一尊刽子手挥刀砍人头的塑像时，面对小女孩的提问"他为什么要砍他的头啊！"我想这个当妈的会被难住了，她又如何向自己的孩子解释关于暴力、血腥这样残酷的问题呢？

没想到，当时这个当妈的居然出奇淡定，她耐心地告诉自己的女儿：那个砍头者与被砍头者并没有什么仇恨，这只不过是他的工作。那个被砍头者也并非就罪有应得，可能是蒙受了一桩冤案，也可能是遭到了某种陷害，甚至有可能是某种阴谋的牺牲品。

这个母亲的学识和智慧让人钦佩，不但向孩子灌输了知识，更重要的是培养了孩子独立思考的辨别能力，以及在大是大非面前所具备的必要的觉知。

有一句话说得好：实践出真知。培养孩子的辨别能力，事事都是机会，处处都是课堂。除此之外，还可以多让孩子参加一些有益的集体活动，亲自体验"真善美""假丑恶"带来的利弊。

三、教育的目标：明事理

从某种意义上说，所有的人都是教育的产物，对于接受事物能力很强的孩子来说就更是如此。不是分数，不是文凭，不是"面子"，更不是"虚荣心"等，否则就是书呆子。

判断一个人是否受过良好的教育，不是看他考出了一个多好的成绩，上过什么名牌大学，而是应该看他对于他人，对于自然，对于社会，都有哪些帮助，而这一切，又都应该建立在明事理的基础上。

一个明事理的人，对生命充满了敬畏，对每一个事物都觉得亏欠，所以，千方百计地寻找机会回报；而一个不明事理的人，却总觉得社会亏欠他的，有机会就要占点便宜。

很难想象一个不明事理的人会做出什么对社会、对别人有帮助的事情来。

人，只有明白事理，才不会狭隘、自私，才不会由着自己的性子做太出格的事情，才不会做出伤人害己的事情。

只有明白事理，人生才健康、快乐，才活得有价值、有幸福感。

六道

经营家庭
——有天、有地、有空气

第一节 家庭的核心是夫妇

第二节 清明节上坟的启示

第三节 心中有父母是孩子成长的原动力

第四节 家风、家规、家教

第五节 夫妻双方的家族是平等的

第六节 良好的家庭关系是社会和谐的基础

经营之道

我大概上初中的时候，一位远房亲戚送来一对羽翼未丰的鸽子。

也许是对陌生的地方有点恐惧，印象中的这一对鸽子，一天到晚地都依偎在一块，什么事情都成双成对地去做。

终于能飞了，它们扑愣愣地一起在地上互相追逐着嬉闹，又一起在天空中翱翔。

每天早上一打开笼子，这两只鸽子就会迫不及待地往外飞，还一定要绕着村子盘旋几圈，一起越过东荆河，到对岸的苇荡子里玩耍，直到玩累了才回来，吃饱喝足后就懒洋洋地待在院子里的树上、屋顶上晒太阳；太阳下山后也总要在村子上空尽情地兜上一圈又一圈，等到天色明显暗下来以后才肯进笼。

几个月后的一天，其中的一只开始围着另一只不停地转着圈地"咕咕、咕咕"，随后的很多天里都会上演同样精彩的一幕。这样精彩的场面没多久，公鸽就开始忙不迭地衔来一些枯枝、碎绒毛之类的东西搭起了一个窝。几天后，那只母鸽就在这个窝里下了一只蛋，隔一天又下了一只。

接下来的 20 个日日夜夜，这一对鸽子所有的工作就是围绕孵蛋展开。每天早上 10 点到下午 4 点是公鸽孵蛋的时间，其余时间母鸽亲自孵蛋，等到晚上的时候，公鸽的任务就是负责在窝边站岗。

有一次，不知是发生什么事情，公鸽下午出去后就一直没有回来，难以想象孤零零独自承担孵蛋任务的母鸽是怎样度过那个漫漫长夜的，直到第二天上午，太阳都升得老高了，也不见公鸽的踪影。

正当家里人都以为公鸽确实是回不来了的时候，奇迹却发生了，上午 10 点整，也就是该公鸽上班的时间，它竟然不知道从哪冒出来的，突然出现在正孵蛋的母鸽面前。更为奇特的是，平日很温顺的母鸽此时却怎么也不肯让出正孵蛋的窝。公鸽也有耐心，硬是在旁边软磨硬泡，一直磨到中午时分，才把母鸽劝出来。

20 天后，小鸽子啄破蛋壳出世了，光溜溜，眼睛都还没有张开。可没几天工夫，体型就已经是出生时的几倍，总是将嘴巴张到最大等着它们的父母喂食，一天一个样。然后很快就变成了它们的父母刚来我们家的样子，一窝两只，与它们父母幼时一样，双栖双宿，形影不离。

等它们自己能够找食吃的时候，它们的姊妹也降生了。它们围绕着父母身边开始另觅栖息地，直到有一天，它们也开始建立自己的家，有了自己的孩子。它们的精力也在自己的家上，但还是会与父母一起在天上盘旋、飞翔。一起护着它们的家，又一起过着它们各自的小日子。

仅仅一年多时间，鸽子的家族就发展到了拥有几十个成员，十多个各自独立的家庭。这几十只鸽子共同守护着它们的大家庭，又各自呵护着自己的小家庭。有时可能会为一点食物，或者一点水源争执，但当它们一起在天空翱翔的时候，一起抵御外来者侵入的时候，却表现出异乎寻常的团结、有纪律、有规矩。

后来，村里人也通过不同的途径搞来了鸽种，养鸽子的人家一时间变得越来越多，天上飞的鸽群也越来越密集。白天，这些鸽子一起追逐、嬉戏，晚上各自回到自己的家，经营着各自的小窝。

家是每个人的生长地，也是出发地，更是归属地。如果把人生比喻成一艘航船的话，那么家就是一个补给站，你前进的动力需要在这得到补充；家也是一个风平浪静的避风港，无论经受了多大的风浪，无论遭受了怎样的损失，也都可以在这里疗伤、休憩、修复。

有句话是这样说的：即便这个世界上所有的门都对你关闭了，家里的门也会向你敞开的。

但一个好的家也不是无缘无故地从天而降的，那是需要家庭中的每一个成员细心呵护，精心经营的结果。

第一节　家庭的核心是夫妇

男女双方在结婚前，不管是否已经独立生活，其实都是以各自父母生活的地方作为家的，父母的关系才是家庭核心，相比而言，子女在父母为主导的家庭里都是从属关系，并不占主导地位。

作为子女的男人或者女人，一旦结婚以后，组建了自己新家庭，原来家庭成员间的关系也就发生了根本性的变化，夫妻关系也就立马变成家庭中核心的、占主导地位的关系，而与各自父母、姊妹的关系则演变成为从属的关系了。

明确了这样的一层关系，我们也就明确了每一个人在家庭中的位置，经营家庭也就有了可能，否则就只能是一句空话。

一、没有血缘关系的男女睡得好，家才好

说起来，在一个家庭里面，只有夫妇两个人才是真正没有血缘关系的，但偏偏就是这样一对没有任何血缘关系的男女却要睡在一个房间里，睡在一张床上。而他们睡在一起的质量，也决定了一个家庭的经营质量。

男主人与女主人共同打理家中事务，通过彼此的合作，让有限的生命资本无限地增值；并通过共同的努力，使各自的价值最大化。在每一个家中，这对没有血缘关系的两个人经营好了，整个家就经营好了。

做丈夫的需要妻子来经营。因为作为女主人的妻子，所具有的宽慰和理解、鼓励和鞭策，可以无时无刻地激活和挖掘丈夫身上无穷无尽的潜能，同时逐渐克服自身的缺点、弱点而变得日趋成熟。

做妻子的需要丈夫来经营。作为一家之主的丈夫，也许就是一句体贴与关心的话，也许就是一分亲切的温柔与呵护，都会使妻子从里到外呈现出一种幸福无比的美丽，使一个女人日渐完美。

做孩子的需要父母来经营。父母的励志和宽容、父母的慈爱和尊重，都可以促使孩子快乐而健康地成长。因为，无论如何，自己孩子的成才，都是为人父母永远不抛弃、不放弃"经营权"的希望。

做父母的也需要孩子来经营。孩子不经意间一句无所顾忌的童言童语，一个漫不经心而又蕴含无限依恋的回望，都会使做父母的除去心灵残存的污垢，焕发出一种为父为母的荣光。有时候，甘愿以孩子作为自己的榜样。

一个家庭的兴衰荣辱，关系到家庭每一个成员的脸面，也维系着家庭每一个成员的命运。所以，一个家庭，从组建那天起，就注定了需要每一位成员去苦心经营，精心打磨，方可常拭常新，闪耀光芒。

而这一切的核心是夫妇的经营。

二、夫妇关系是家庭的中心

男女结婚之后，也意味着个人在家庭中的身份、地位也跟着发生了变化。如果说婚前在家庭中也只是从属关系，家庭的大小事还有父母做主并且支撑的话，那么，婚后摇身一变成为家庭核心，也就意味着更大的责任，更大的压力，更多的甜蜜，更多的幸福。

但现实情况却是：已婚男女常常忘记了自己身份的变化，于是，问题也就由此出现了。

常见的问题有：

1. 一有矛盾跑到父母处，撂下家不管不顾

这种情况多出现在女方，稍微有点不顺心或者受点委屈，就往自己的娘家跑，而将自己刚刚建立的新家丢下不管，还非得让当丈夫的上门赔礼道歉多次，并信誓旦旦地做出很多保证才答应让丈夫接回家。

这样做，一方面将夫妻间的矛盾扩大化了，使得女方家人因为只听了女方的一面之词，从而一家人容易产生误会，并且忌恨男方，由此也深化了男女两个家庭的矛盾；另一方面，也使得做丈夫的，以及男女双方的家庭成员，人为地增加了不少麻烦，分散了很多精力；同时也让夫妻之间的感情，无端地蒙上一层阴影。

2. 有矛盾用孩子胁迫，丢下孩子不管

夫妇俩有了孩子，本来可以以此为沟通的纽带，但很多妻子却将矛盾也波及孩子身上，自己离家不算，还将正嗷嗷待哺的孩子丢下，让平日里并不擅长带孩子的老公一个人面对。结果好端端的家，因为若干天的"停摆"而变得乱七八糟。殊不知，夫妻之间的问题，只有透过夫妻间的沟通、协调才是最佳的解决方法。

这都是没有把夫妇关系看作家庭核心关系的缘故，其实想想，不管你多么依赖原先的家，现在建立的家，才是新的希望所在；不管你多么爱自己的父母，多么爱自己姊妹，丈夫和孩子才是你新的情感寄托。

这也就奠定了家庭的基石——夫妻关系和睦，整个家庭关系才和谐；夫妻关系长久，整个家庭关系才长久。

第二节 清明节上坟的启示

中华民族素来是有情有义的民族，重视感恩、喜欢牵挂。朋友之间有一段日子不见了，就会彼此惦记；亲人之间阴阳相隔，就会格外思念。所以，我们的老

祖宗就专门发明了一个节日——清明节。利用这个万物复苏的季节，专门去逝者长眠的地方进行一系列的祭奠活动，携儿带女地去先人的坟前扫扫墓、烧烧香、送上一点纸钱。

在寄托一份思念的同时，算是表达了一份感恩，让逝者安息，让后人铭记，同时宣示家风的传承、血脉的延续。日子也就在这样日复一日、年复一年，变得更有意义。

一、为什么要上坟

据说上坟这个习俗自从人类茹毛饮血的时代就开始有了。那时人类的生活还属于游牧状态，因为生活所迫，常常需要迁徙，如果有亲人死了也只能是就地掩埋，为了方便日后的凭吊，所以就会在坟前做个记号。

冬去春来，草木萌生。活着的人想到了埋葬先人的坟茔，是否有狐兔之类的动物在穿穴打洞？会不会因雨季来临而塌陷？所以，一定要去亲临察看才安心。在祭扫时，顺便给坟墓铲除杂草，添加新土，供上祭品，燃香奠酒，烧些纸钱，或在树枝上挂些纸条，举行简单的祭祀仪式，以表示对死者的怀念。

其实大家心里都清楚，逝者与生者阴阳两界相隔，无论怎么做，先人未必知道，但为什么还要这么做呢？

这其实既是了却心里的一份思念，更是做给更多活着的晚辈看的。因为父母是孩子教育最好的老师。

对于祭奠先人来说，这些都是给自己的儿女做个示范，目的就是为了让子女从中明白孝道的道理；对于公祭来说，这样做的目的是表示我们懂得感恩，表达对于那些为换取我们今天安稳生活的先烈们的敬重。既可以珍惜当下来之不易的幸福生活，也可以让我们对日后的幸福有更多的期待。

二、上行下效，万年真理

中国人是以家庭为单位奋斗的。在一个家庭中，孩子是从属地位，也就是下级。孩子也的确是把父母作为上级的，所以，上级的一举一动都会成为下级的孩子效仿的对象。

民间对此有个很贴切的词叫做"有样学样"。所以说，你如果想要孩子日后对你有孝心，你首先现在就要对你的上级，也就是你的长辈有孝心。更不能让父母蒙羞。

1. 人世间最不能等的莫过于孝敬父母

孝敬父母是做子女的责任。这其中有三个层面的意思：

（1）生而有养，包括精神抚慰。

老人活着的时候，做子女的应该赡养老人，不但应该给予物质上的帮助，还应该多给予精神上的支持，经常抽空看望老人，花多点时间陪伴老人，陪老人说说话，照料老人的起居生活。

（2）死而有祭，还有人记着你。

即使老人走了，还不应该将他忘了，每年特定的日子，还要去墓前祭奠一下，表达自己对老人曾经付出的一份感恩。

祭奠先人，激励今人，勉励后人。如此循环往复，也让生活过得更有意义。

（3）无论生死，都要为父母争光，因为父母只需要自己的孩子有出息。

天下做父母的没有不为自己孩子操心的，目的都是希望自己的孩子有出息。所以，不管老人是否还健在，我们都要有所成就，做出点成绩来为老人争光。

我们幼小的时候，父母呵护着我们成长。随着我们不断地长大，做父母的还是一刻都没停止过操心。但当我们成人了，走向社会了，有太多的东西使我们无暇顾及自己的父母，我们也想着自己能够做出一番成绩来，让父母在他人面前风风光光的，享受人世间的福分。

我们总对自己说：再等等吧！但我们年轻时需要打拼，没时间顾得上孝敬父母；成家后，需要照顾自己的妻儿老少，没精力孝敬父母；等到我们人过中年，稍微有点精力来孝敬父母的时候，我们才发现，人到了一定年龄以后，精力以及身体的抵抗力开始下降，体质也变得大不如前了，于是我们就会发现，原本看起来好端端的父母，可能就是说话间说没也就没了。

于是，我们的等待成了一拖再拖，换回的往往就是阴阳相隔。这时只有留下难以弥补的遗憾，也不可能再有让我们感恩的机会。所以，珍惜当下，让父母有生之年为儿女而感到自豪，就是对父母最好的报答。

2. 小孝治家，大孝治天下

懂得孝道就是懂得感恩，这是一份责任，也是一种忠诚。将这个含义延伸，就是对自己的父母孝敬，才可以治家；对自己的国家孝敬，才可以治理好国家；对自己的百姓孝敬，才能将百姓的冷暖记在心上，也才能得到百姓的拥戴。

我们国家将每年的 9 月 30 日法定为公祭日，用于祭奠那些为国家的和平、繁荣做出过突出贡献的先烈，这不但是一种仪式，更是一种情怀。以前我们读小学的时候，学校每年清明时节都要组织全校师生去烈士陵园为先烈扫墓。那时的汽车还是稀罕物，因此，到烈士陵园的十几里路就全靠这群尚未发育完全的孩子两条腿走着去的。那时还是以年级组为单位出发的，走这段路对于一群年龄相仿的孩子来说，也确实不是一件轻松的事，但孩子们还是很开心的，毕竟这也是学校组织的一次集体活动，所以头天晚上就会嘱咐大人将干粮准备好，将水壶灌满水。次日，天还没亮，就会兴致勃勃地赶往学校，然后排着整齐的队伍，一路唱着歌出发。渴了，就拿着水壶嘴喝一口水；累了，大部队就会找块有草的空地歇一会，很多孩子的脚都打起了水泡，但没有一个人会在中途退出的，为什么？因为大家心里都有一份使命感，我们是接班人，长大了是要接班守住这来之不易的好日子的，是要让这种好日子不断延伸、扩大的人，现在怎么就让这点困难吓倒了呢！

由此引申开来，一个人只有从心底里愿意做事，才能将一件事情做好；一个人只有对他人投入真感情，才能换回人心；一个人心怀天下，才能得到天下人的拥戴。

第三节　心中有父母是孩子成长的原动力

我们如果细心一点就会发现这样一个有趣的现象，那些在婚前就有所成就的孩子多半都是比较孝敬的孩子，这是因为他们在心里有为父母争气这样一个强烈的愿望，让父母过得更好，让父母因为自己而感到骄傲，就成了他们不断进取的动力。

应该注意的是，孝敬不同于孝顺。敬是心存一份敬畏；而顺，则没有独立性，则没创造力。所谓孝顺，可能是孔门的书呆子之论。

一、为父母争光才上进，才有羞耻心

孩子取得了成功，做父母的在亲戚面前，在同事、邻里面前，也会感到有面子；反之，如果孩子不成器，做父母的也会为此在别人面前抬不起头来。

所谓羞耻心，就是指一个人意识到自己的言行、品性与社会道德准则、行为规范不相符合时而产生的一种内疚、自愧、难为情的心理体验，是一种积极的心理反应。

因而，培养孩子的羞耻心也无须太复杂，只要讲清楚他们所作所为对于当父母的有多大影响就可以了。因为孩子听不进什么大道理，而与他们终日相伴的父母在别人面前的状态，对孩子而言才是最大的动力。

但现实情况却是，因为一点物质利益而出格的事频频发生，尤其是有些现代女孩完全没有羞耻心，在网上求包养的事也做得出来。不但自己受辱，还让父母蒙羞。

二、可孝但不可顺，才是孝敬

孝代表尽心奉养父母，顺则是顺从父母之意。中国古代不乏这方面的经典论述：夫孝，天之经也，地之义也，人之行也。人之行，莫大于孝。

孝是可以的，但顺不一定好！"孝顺"一词也是个被误解的词。

"身体发肤，受之父母，不敢毁伤"，是孝之始；"立身行道，扬名于后世，以显父母"，是孝之终。

一个人只有对父母孝敬，他的内心才会有感恩，才会对社会有好的作为。而"孝"也并非要求我们一味地去愚孝。

三、孝顺的某些误解

中国人一直是把"孝"作为一种礼节来对待的。君臣之礼、朋友之礼、同学之礼、邻居之礼……但是千礼万礼，礼之始，最初的礼指的是你先对你的父母。

讲孝就要讲顺，但不知什么时候把"顺"也加进来，结果与"孝"组成了一个词，因此就出现了对于"孝顺"的误用，甚至认为讲孝就要顺，就要唯唯诺诺，就要唯命是从。这是我的理解，不一定全对。

有学生曾经问孔子什么叫孝。

孔子说"无违"，也就是不要在礼节上违反父母。

再问："侍父母几谏?"父母可能有一些错误的想法，甚至愚蠢的想法。怎么办？

孔子回答的是：要劝说，但是不能粗暴，应该婉转地劝说父母。

孔子还讲："父母在，不远游，游必有方。"父母健在，你不要跑到很远的地方。你就是去远的地方，你得告诉父母你去哪了，别让父母为你担心。如果父母焦虑了，那么，父母的健康就会受影响。

关于这种礼，孔子还讲过"父母唯其疾之忧"。父母年迈，身体可能一天不如一天了，各种各样的病也来了，所以你对父母的身体要特别注意。

孔子还讲到"父母之年，不可不知，一则以喜，一则以惧"。父母的年龄你要知道的，心里要特别清楚。随着父母年龄的增长，一则以喜，你应该高兴。父母高寿，父母健在，父母这个岁数了。能活到这个岁数，好，为他高兴。另一方面，心里一则以惧，惧就是忧虑、害怕的意思，也就是说父母岁数这么大了，年迈了，身体要衰落了。一步步走向死亡，所以，你心里还应该有忧虑、害怕。有这么一种情感，这都是礼。

由此就可以看出，儒家讲孝指的是满足父母合理要求。所以，作为一个孝子，你在孝敬父母的时候应该注意不能不分是非地去孝顺父母。对父母的一些不正确地方，你应该恰当处理好。如果你一味地迎合父母，对那些不正确的东西，你也去迎合，你反而是不孝。

有人说，父母想干什么就让他们干什么，愿意干什么就随他们去干什么，儒家并不提倡这个。儒家认为，真正的孝应该是这样的：满足父母的合理要求，及时制止他们那些不合理的要求。

四、孝是一定的，对的顺其愿，错的婉拒

每个人都是独立地面对人生的，所遇到的情况也未必一样。对于孩子来说，长辈就是自己的上级，尽孝是天经地义的事，但长辈并非完全了解你的实际情况，所以，做出的判断也难免有偏颇的地方，有些无伤大雅的事情可以顺从，但对一些原则性的问题，比如：长辈粗暴地干涉你的婚姻，这些却可以不顺，只是执行起来需要讲究方式方法，处理起来也没有必要那么生硬。

如果父母真的为子女好，也就应该尊重他们的意愿，自己幸福不幸福，只有自己知道，如果父母跟着瞎掺和，那也只能是添乱。

这样想来，做子女的也就不必事事顺从父母的意思了，因为只有子女们才知道自己幸福的方向，一旦子女们抓住了幸福，做父母的也会为他们感到高兴。

反观那种事事顺从父母之意的子女，心里委屈还是要在父母面前假装开心，既丧失了自己的幸福，又欺骗了父母，结果闹得个被动的局面，愿望很好，却不知不觉做了一件得不偿失的事。

五、单亲如何支撑一个家

在一个家庭中，男主人、女主人、小主人构成一个稳定的三角关系，这其中小主人是需要大人来支撑的，但一个家庭由于男女主人的变故，而使原本稳定的三角关系发生了动摇，最直接的结果就是原本需要靠另外两个角支撑的小主人，现在只能是仰仗一个角了。于是，就出现了一个特殊的家庭结构——单亲家庭。

以前因为灾难等不幸事故，使得一个好端端的家瞬间变得支离破碎，一方只得独立担负起两个人的担子，现在受到社会多元化的价值观影响，因为离婚或未婚生育等产生的单亲家庭已经越来越呈上升之势。

虽然成为单亲家庭都是出于这样那样的无奈，对于一个家庭来说，确实是一件不幸的事，但对于只能在单亲家庭中长大的孩子来说，也未必就是一件坏事。

1. 单亲往往出人才

有一个数据很有意思：35%的诺贝尔奖获得者出自单亲家庭，54%的美国总统和英国首相出自单亲家庭，像我们熟知的林肯、丘吉尔、克林顿等曾一度风光无限的人，均出自单亲家庭。

中国历史上也不乏出自单亲家庭的人物。比如孔子三岁就失去了父亲；孟子也是三岁丧父；一代红顶商人胡雪岩也是童年就没了父亲；前段时间被炒得沸沸扬扬的教育天才——哈佛女孩刘亦婷，其实也生长在单亲家庭。连老子、六祖慧能、海瑞等这些耳熟能详的名字也不例外。

事实说明，虽然单亲家庭的孩子容易产生问题，但是，单亲家庭的孩子更容易成才却是不争的事实。

那么，为什么单亲家庭的孩子更容易成才呢？

首先，单亲家庭中，父亲或者母亲只有一份收入，因疲于生计，往往无暇照顾自己的孩子，孩子从小就被迫要处理自己的事情。这种处境，容易培养孩子独立的性格。

其次，单亲家庭在经济上一般都比较拮据，孩子往往也要过早地感受生活的艰辛。俗话说"穷人的孩子早当家"，单亲家庭的孩子被迫要"早当家"，就得事事都要靠自己的努力，从而少了一份依赖。

再次，单亲家庭使孩子很早就能从家庭、经济等方面尝试到"失败"的滋味。使他们更容易通过"失败是成功之母"的机制中明白道理，从而避免重蹈覆辙，进而获得成功的概率比一般的孩子要高。

最后，单亲家庭与正常家庭有着明显的区别。这种区别有利于单亲家庭的孩子培养出客观看待事物的能力。一个看问题不片面的人，也就容易从全局或整体的角度观察、判断、把握事物，这些又都是做大事、成大器者所必须具备的素质。

当然，这一切的前提和重点，还得有一个贤慧的母亲。

2. 拿孩子说事好不好

相对大人而言，孩子的心理承受能力还是极为有限的，所以，应该多鼓励，多输送一些正能量，而不应该传播那些负面的东西，更不应该拿夫妇间的矛盾来影响孩子。

有些夫妇一吵架就喜欢拿孩子说事，孩子成绩不好，就责怪哪一方，孩子哪方面不尽如人意，就喜欢说都是遗传了对方身上的坏东西，这样久而久之，就会使孩子失去了必要的自信，家庭关系也会因此变得越加紧张。

还有一些大人过于谦虚，也容易造成孩子的误解。我以前教书时有位女同事就是这样。别人夸她儿子帅，她就说："帅有啥用，看你女儿长得多可爱啊。"有人夸他儿子成绩好，她居然说："成绩好有啥用，还不是书呆子。"

家长可以做人低调，但不能拿孩子的成长来说事。孩子的心灵脆弱，自信心尚在建立阶段，孩子的内心强大与否，与他青少年时期自信心构建得稳不稳固，是有紧密的关系。这是积极的一面，但反过来，也容易导致孩子在父母之间投机取巧。

相对来说，单亲家庭只有作为父亲或者母亲一个人维系，可能更容易拿孩子说事，但孩子却没有了投机取巧的机会，也就会将更多的心思花在用功上。

3. 离婚后要不要与对方联系

出于保护妇女儿童的需要，我国现行的法律在夫妇双方离婚后，一般都会将尚未成年的孩子判给条件好的一方，或由孩子自己选择。

这也导致了另一种不好的现象发生，未履行监护权的一方抱怨，甚至质疑监护的一方，以致孩子也受到影响，从而患得患失起来。

我的意见是：离婚了就最好不联系。只当是对方没了，这对孩子有益处。虽然这样做对于离婚夫妇一方，甚至对于孩子来说都未免有些残酷，但却可以促使孩子自强自立。

4. 宁要讨饭的娘，不要做官的爹

在一个家庭中，教育孩子的任务大多是由做母亲承担的，因为女性的细腻和耐心往往更容易让孩子接受，所以，在一个家庭中，母性才是最容易让孩子接受，也是最容易影响孩子的因素。

民间有句话叫做："宁要讨饭的娘,也不要做官的爹。"做父亲的虽然更容易给孩子好的物质条件,但相比之下,做父亲的更多还是根据自己的心情来教育孩子,不但在处理家庭的大是大非问题上是这样,在很多生活小节上也是这样,结果往往弄得孩子变得无所适从。况且,作为男性,做父亲的生活中一些小毛病也容易对孩子产生一些不好的影响。

我的一个邻居,孩子还不到十岁就学会了抽烟,把大人气得够呛,问他为什么这样做,这个孩子振振有词:爸爸每天抽那么多烟,他行!我干吗不行?

而做母亲的则不然,由于感情受挫,就会把生活重心向教育孩子转移,再一个原因就是母子相依为命,孩子由于从小亲眼看到了妈妈在生活中受到的伤痛,更容易变得懂事、奋进。这样的孩子由于和妈妈相濡以沫就更加懂得去理解妈妈,关心妈妈。因为不愿看到母亲为自己操心受累,所以早早地就开始独立。

实践证明,一些伟大的人物如:六祖慧能、老子、孔子、孟子、海瑞、耶稣基督等,都是由母亲构成的单亲家庭抚养成人的。

在这里,我呼吁所有离异的家庭,把孩子最好判给母亲,目的是为了孩子健康成长。当然,前提是:母亲也应该是"择邻处,断机杼"的孟母。

第四节 家风、家规、家教

我们有时会觉得很奇怪,很多东西都像是有传染似的,有些人家的孩子个个懂事,有些人家的孩子特别会读书,有些人家的孩子个个都有出息,我们总喜欢将这些都归类为遗传。其实,这一切并非天生,而是与后天的环境即良好的家风、家规、家教是分不开的。

现在,大家好像已经意识到了这个问题,所以很多地方都开始积极推崇文化的应用,其实,我们的老祖宗就是家教的本源。

我们的祖先一直都是很重视家庭教育的,尤其是以前那些名门望族的大户人家,不仅有家谱,还有家训、家规、家书,其实都是约束族人的一种规矩,或称规则，久而久之就形成了一种自律意识，一个人如果做了什么不雅的事，就会觉得愧对祖先、给族人蒙羞。

但在中国的现状是：已经好几十年没有富人了，最近的一二十年虽然零零星星地出了一些富商，但一直穷怕了，由穷到富的心里还没"倒过时差"来。所以，展现在我们面前的就是"暴发户"，就是"土豪"，就是满世界疯狂"炒楼"、疯抢奢侈品的"中国大妈"，因为穷憋的时间太久，自我约束的能力也早已蜕化了。

一、家庭作风

望子成龙或者望女成凤是天下所有做父母的共同愿望，但期望中的龙或者凤是否天生的呢？答案是否定的，因为任何龙与凤都是靠修炼而成的，而修炼的一个最基本，也是最有效的因素就是家风纯正。

有句话说得好：上梁不正下梁歪。为人父母的如果不能以身作则，严于律己，做出一些有辱门风、丢人现眼的事情，做儿女的难道不会受到感染吗？

1. 做家的三宝：仁爱、幽默、体贴

家是一个人一生中待的时间最长的地方，也是心灵最后的栖息地。因此，如何处理家庭关系也考验着家庭每个成员的智慧。

研究者在一项对不喜欢回家的人的问卷调查中得知，"没意思"成了最广泛的答案，可见如今家庭关系的冷漠给人带来的失落。

仁爱是一个家庭最应该营造的环境。夫妻之间、长辈与晚辈之间、兄弟姊妹之间，在外听到、看到了什么新奇的事，工作中发生了什么有趣的事，都可以拿出来与家人分享。一家人有说有笑地彼此都有了一份好心情，做起事来也会格外带劲。谁都想拥有一个其乐融融的家庭气氛，但却忽略了一点，其实这一切往往是需要刻意营造的。

幽默是融合家庭气氛的润滑剂。一家人围坐在一起谈笑风生，时不时地来点插科打诨，彼此逗逗趣，平日里的一些烦恼、一些误会，可能也就是通过一两句风趣的话就可以化解掉了。

体贴是稳固家庭关系的一剂良药。家庭成员间彼此关爱，相互呵护，谁遇到了什么困难，家人一起出出主意、想想办法；谁心里有个什么疙瘩，家人帮着一起解开，那即使再清苦的日子也会过得无比甘甜。

2. 齐家的三宝：和气、和乐、和平

在一个家庭中，营造其乐融融的家庭气氛比什么都重要，因此，会生活的人

也是一个会营造家庭气氛的人。

一团和气是家庭中最应该出现的气氛,并不一定要做什么了不起的事,只要饭桌上能够抢着添饭、好吃的知道相互推让就能在餐桌上吃出乐趣。

一脉和乐是家庭中最珍贵的,家庭成员有个什么动态,大家通报一下;家庭中共同关心的什么人有了新的消息,大家知道一下;家人间有什么开心的事也可以拿出来说说,一家人共同分享。

一方和平是家庭中最应该有的气氛。对家庭某个成员有意见,要慎重点说,否则容易引发矛盾;工作中有什么不顺心的事,也不要轻易拿到家庭来说,因为家人未必帮得上忙,反而为此添堵;不利于家庭成员团结的话,就更别在家里乱说,这样每个成员才可以安心地做好自己的事,不用因为家庭琐事而分心;遇到一些小利益知道互相谦让,不计较对家庭成员贡献的大小,就会使家庭的气氛更加浓郁。

3. 传家三宝:正气、正直、正义

家庭也是一个小社会,成员间也难免会为一些事情纠结,这其实很正常。

遇到这样的事,就需要家庭成员间有人站出来主持公道,这其中也牵涉维护真理、讲正气、树正直、匡扶正义的问题,也是为人处世的根本。

义字最难讲:忠义——不分是非;侠义——不重生命;正义——不唱高调,不走极端,以合理为标准。

这是"中道",也是一个家庭中不可缺少的东西。

二、家庭规矩

过去中国人都以族而聚,每个族都有自己的族谱、规约,谁这一生的成就如何,干过什么令族人争光的好事,干过什么令族人蒙羞的坏事,族谱中都记得清清楚楚、明明白白。人就有了荣辱观,顺应社会发展,就感到荣耀;阻碍社会发展,就知道羞耻。

如果留意那些传承时间长的大户人家就会发现,之所以家族兴旺,其实是与他们的家规民约有着极其密切的关系。因为每个人的辉煌与堕落都是要写进族谱,所以,谁都希望自己留下的是亮点而不是污点。

1. "家规"就是家庭的法律

虽然现在中国真正的贵族已经消失殆尽了,但严守好的家规,期望重新制定家规的人群还是大有人在。

遵纪、守法、互助,这是家庭中每个成员必须恪守的家规。但现在社会纷繁

复杂，彼此的监督也能取到很好的效果，有必要时，还可以用一定的文字数据记载固定下来。

前不久浙江东阳一个家庭发生的故事上了新闻的头条，有家朱姓老人的子女从全国各地汇聚东阳，一起商讨设立朱家教育基金会，把家规具体化、常规化、章程化。他们推选大姐担任主席，其他七个兄弟姐妹为常务理事。

家规规定凡朱家后代，不仅要捐出年收入的3%用于朱家大家庭进行亲情助学，基金会每年还要对评选出的优秀子孙按成绩优异进行奖励。

现在社会的多元化发展，使很多不良的价值观，负面的东西也乘虚而入，所以，一个家庭要获得幸福，就很有必要对成员有个约束。口头说的东西容易忘记，也没有一个参照的依据，所以制定一些"家规""家训"之类的东西还是很有必要的。

2. "家规"以小见大

"家规"是一个家庭做事的底线，比如：不赌、不嫖、不偷、勤俭、节约、进取，等等。

也不一定都是很大的内容，像"全家人尽可能在一起吃晚餐""家庭成员中如有人过生日应尽量到齐"等联络感情的事都可以作为家规。

实施家规的方式，是家庭成员中实行批评与自我批评。现在很多家庭的"议事会"，大事小情的，大家都围坐一起发表一下意见；同时，全家人还可以借此机会，在一起喝喝茶、磕嗑瓜子、吃吃水果、聊聊天，既解决了家庭可能出现的问题，也过了一把家庭其乐融融气氛的瘾，何乐而不为呢！

3. 常回家看看

中国区域经济发展的不平衡，使得人口的流动性比率严重失调，离家在外打拼，生存的压力很大，对于父母的家就更是无暇顾及，所以，看望家中的老人都成了一件极其奢侈的事情。因此，孤独也就成为当代老人的生存常态，以至于现在不得不把"常回家看看"也写进了法律，希望通过家规的手段来规范做子女的行为。

以法律的行为干涉道德的问题，这也确实是一种无奈之举，是没有办法的办法。但这样做至少可以明确做子女的责任，尤其是对于一些人口较多，又各自都组成了自己"小家庭"的"大家庭"来说就更合适不过了，既可以借此增进一下家庭成员间的感情，也可以使家庭氛围更加浓厚，更可以使老年人能从中体验到久违的天伦之乐。

三、家庭教育

中国大一点的家族都非常重视家庭教育,而体现最多的还是"家训"。不仅是家族某个成员的行为准则,更是祖先们处事原则和经验的总结。

因为有些事情家庭管理起来比社会管理更有效果,因为人的血缘就决定了一个人无论走多远,家都是无法割舍的东西,也是绕不开的一个门槛。

1. 家教的重要

中国人对于家族的重视,就决定了即使是再冷漠的人,也不能忽视家庭成员的感受,所以,家教往往能起到绝对的制衡作用。不仅有利于家族的兴旺,也有利于社会的和谐。

(1)传承家风、家规,做人、做事准则。

一个好的家风、家规,不仅可以让人养成一个好的习惯,更可以成为做人、做事的行为准则。

因为"禁烟"而名扬天下的林则徐,不但给后代留下了《十不益》的家训,而且一直不让家人沾上与烟有关的东西,对后人影响很大。据说直到现在,林家的后人中,都没有一个抽香烟的。

(2)传承中华优秀文化和优秀品质。

我就发现很多优秀文化是通过家教传承的。像我们熟知的节俭、勤劳这样的美德,就是一代又一代这样传承下来的,以至于现在旅居海外的同胞也普遍秉持了这种美德,留给外国人最深的印象也是:华人勤俭持家。

2. 经难念,也得念

中国人常说"清官难断家务事""家家都有一本难念的经",意思都是说,每个家庭面临的情况不同,处理起来,尤其是外人处理起来势必就要受到很多客观因素的制约,也难免会被一些主观的东西所左右。

像现在有一些独生子女自私自利、好吃懒做、挥霍无度这样的一些坏毛病,也都是社会发展中遇到的一些新问题,也弄得家里很是头疼。

但恰恰就是因为这本经难念,所以,才要求我们时时刻刻挂在嘴边,目的都是为了一家人统一认识,彼此约束,相互监督。

3. 言传不如身教

有些话别人听多了也未必往心里去,所以,最好的方式还是做出来,让自己的行动,潜移默化地影响人。家教也是这样。

有个年轻的家庭主妇,她做完每一道菜之后,都要将用过的厨具随手清洗之后擦干,炉台及油烟机上的污垢更是一定要擦拭得铮亮如新。别人告诉她不必这么麻烦,等全部饭菜都做好了再做也不迟。她却有着她自己朴素的理由:"这些看似很小的事情如果不及时处理就会懈怠的。以前我看别人这么做也觉得没有必要,可当自己成家以后,做的家务多了,才发现这个环节省不了。否则你今天手懒一下,明天油污可能就不再好擦了,时间一久,油污自然就会越积越多,到最后没有办法,就只好扔掉重新换一个。我现在坚持不偷懒,厨房里也就永远保持一种洁净的状态,家庭其他成员也就不忍心随意搞得乱七八糟了。"

如果说家庭的每一位成员,都是家庭生活中的一套不可缺少的器具,那她的那套"不能偷懒"的理论,就非常适用于有意经营家庭的人们借鉴。

所以说,经营家庭,不仅仅是两个人将东西放在一起过日子这么简单,而是人与人之间的一种相互影响,是一个灵魂对另一个灵魂的一种互补经营。

第五节 夫妻双方的家族是平等的

男人和女人组成了自己的家,但情感却并没有完全脱离原先父母的那个家,所以,说话办事也就难免会倾向于自己那一方的家人,在经济上也会有所倚重。这是影响家庭和谐的一个严重错误。

许多人尤其是新婚夫妇不明白这个道理,仍然把自己与父母和姊妹之间的关系看成是高于自己的夫妻关系,总觉得自己与父母和姊妹之间的关系神圣不可侵犯,若是对方侵犯了这种关系,就是对自己的蔑视,就是对自己的一种示威,我就要和你理论。因此,吵架也就在所难免的了。

一、夫妇是家庭中的老板

新的家庭建立后,也就意味着一个独立的机构也开始运作了,于是,独立核算、自负盈亏就成了夫妇必须面对的问题。

一般而言,结婚后,夫妇在家庭中的核心位置也使得他们在经济上是完全自立的，不应该再有经济上的外援和帮助，这其中，男人看重的是事业，女人看重的是家庭，其效益虽然不能简单地用金钱来衡量，却与金钱也脱不了干系。

1. 婚姻是一种投资

一个善于经营的人，首先应该是一个善于理家的人。

婚姻生活说穿了就是一种投资，两个人花费了那么多的情感、金钱和精力，目的就是希望一个人的快乐可以两个人共享，一个人的责任可以两个人分担。至于能不能取得 1＋1＞2 的效果，是赚还是赔就完全取决于经营的效果了。

2. 亲情是一种产品

一个完满的家庭由老人、夫妇、孩子共同组成的团队，老人的作用，丈夫的作用，妻子的作用，儿女的作用，每个人搁在家庭中都有其不可替代的作用，用得好就能焕发潜力巨大。

亲情是一种产品，不用的时候不过就是一种摆设，只有用出来才能产生生产力。所以，亲情也需要消费，而且越消费关系越紧密。因为，亲情这种产品与一般意义上的产品不同之处就在于，它是通过情绪的传递使人体更加健康。长辈健康了可以省却很多医疗开支，从而才能降低家庭经营成本；晚辈上进了可以不用托人找关系开后门，凭自己的努力就能读个好学校，有个好成绩，找个好工作，也就少了不少付出。

3. 亲人就是客户

在一个家族中，亲戚的作用也不仅仅是一种摆设，而是能够直接带来经济效益的。

经营家族关系，也就跟做买卖是一样的，如果说亲情是需要出售的产品，那亲人就是可以消费的客户，而且这种客户一般都比较稳定，没有什么大的变故也是要终生相依的，并且很难受市场和外界因素影响。

二、家族的水要端平

家庭矛盾中有很大一部分是在处理双方家族事务中不平衡造成的。当亲此疏彼的现象发生，一方就会认为另一方轻视自己的家人。

曾经听一个朋友抱怨，他说他和妻子经常吵架，根本原因就是妻子认为丈夫对自己家人的照顾比对她家人的照顾更多一些。因此，十天一大吵，五天一小吵，弄得心情很不爽。

后来他试着改变了做法：买礼物一定是一式两份，自己的父母和岳父母一边一份；安排亲戚工作也尽量做到公平，两个家族的人数相同、职位相当。这样两个家族也就都没有什么话说,也就相安无事了。

俗话说清官难断家务事,处理好家庭人际关系是一门永远学不完的学问,它不仅关系到自身家庭的稳定,也关系到与双方父母、姊妹和其他亲属的和谐相处。

第六节 良好的家庭关系是社会和谐的基础

我们现在一谈起"和谐社会"就以为是很大的题目,以为自己不过就是一个平头百姓,这一切都离自己很远,但却忽视了一个很现实的问题,那就是:再大的社会也是由千千万万个普普通通的家庭组成的。

所以,要构建和谐社会,我们首先就要从社会最基本的元素——家庭开始。换句话说,要建设和谐社会,就必须从构建和谐家庭开始。

一、后院不起火,前院才踏实

中国传统文化中对如何经营家庭都有很精辟的阐述。儒家一向把"齐家"视为"治国"的前提条件,孟子说"天下之本在国,国之本在家"。就是说,只有家庭关系和睦,才会有社会关系的和谐、顺畅。

家是个人的"家",国是我们共同的"家",二者只有相互依存、相互促进才能达到家庭、社会共同的和谐、稳定与发展。

目前很多家庭不幸福的主要原因,还是夫妻双方认识不到家庭的重要性。不少人认为工作比家庭重要,结果夫妻感情日渐枯竭;不少人认为客户比子女优先,结果亲子关系横逆日生;不少人认为赚钱比婚姻重要,结果家庭关系濒于破裂。而那些深谙家庭重要性的人,则想方设法都要留下更多的时间给家里人,他可能因此而失掉不少赚钱的机会,但得到的却是全家人的欢乐相聚。

我们要出去打拼,应该先将一家老小先安顿好;我们要想事业做得风生水起,前提必须是家中事务无牵无挂。

二、和谐家庭的表现形式

现在我们都喜欢讲"和谐社会",什么是和谐?我认为任何社会的和谐,都应该是建立在家庭和谐基础上的。正因为每个人都是社会的一分子,所以,对于一个人来说,如果家庭都不和谐,那说破天去,再大的和谐也是一句空话。

我认为,一个家庭的和谐,至少应该具备这样几条:

1. 稳定的婚姻关系

如果夫妻双方互敬互爱,忠诚爱情,坚持共同协商家庭事务,就会具有以爱情为基础的婚姻家庭关系。

反之,夫妻之间如果同床异梦的话,那再好的被窝也是捂不热的。

同样的道理,如果家庭成员间的关系淡漠,那即使烧得再暖的房间也会让人觉得冷冰冰的。

2. 平等的家庭关系

家庭关系主要指夫妇平等、分工有别、各司其职。

我们都有这样的体验,在一个紧密型结合的家庭里,每个人都是有具体分工的。家庭中任何一个成员的离去,都会让整个家庭的结构发生变化,其他成员蒙受阴影,甚至很长时间都走不出由此带来的负面情绪。做爹的没了,那做妈的势必就多了一份责任,不仅要独自养家,还要承担家中的体力活;做妈的没了,做爹的也就要承担起教育子女,照顾子女的义务;孩子没了,父母共同支撑的东西也就坍塌了。

家庭成员间也是这样,无论幸福还是痛苦,都会产生连锁反应。

所以,在一个家庭里,只有夫妻之间平等、关爱、互敬、互谅,这个家才温暖;只有父母与子女之间相互理解、相互接纳、相濡以沫,这个家才和睦;家庭其他成员间只有互相尊重,互相宽容,互相帮助,这个家才幸福。

3. 和睦的邻里关系

日子是否过得舒心,还有不可忽视的一点就是有一个比较和谐的邻里关系。以前大家住的大多是平房,邻里之间走得非常勤,现在住进了高楼大厦,各家独立拥有一个单元,于是有人就据此推算出"老死不相往来"之类的话。

其实,这取决于你的主观愿望,是否真心与人交往。你封闭自己,自然别人也不便打扰;你为社区,为邻里做了多少,大家也都会看在眼里,记在心上。

处理邻里关系的一个窍门就是:吃亏就是占便宜,乐善好施。如果我们这样做,也相应地会得到邻里的好感,家中真要遇上什么事,也更容易得到大家的帮助。

邻里之间互相帮助、和睦相处，团结友善，加强沟通与了解，可以理顺平常的关系，也方便大家共同创造良好的生活环境。

4. 健康的生活方式

家庭成员间最应该关心的其实还是彼此的健康。并不一定都要上升到疾病这样显而易见的问题，而是需要一种健康的生活态度，其中包括：自强自立、积极进取，有正确的人生观、世界观，远离黄、赌、毒等不良行为。

与此同时，家庭成员之间还应该树立正确、积极的消费理念和科学文明的生活方式，勤俭持家，适度消费，积极参与健康向上的文化娱乐活动，爱护环境，合理利用资源。这样才称得上是生活富庶美好，并且具有较高的现代家庭生活水准和高尚情趣。

三、家是每个人的疗伤中心

现代人的生存压力都很大，为了能够在工作中有突出的成绩，为了在人际交往中有出色的表现，都无所顾忌地透支自己的健康。因此，把自己搞得很疲惫，甚至是遍体鳞伤，而家就是疗伤的最佳地点。

家庭成员间的关心、爱护，就是最好的一剂良药；家庭成员的抚慰作用，是其他任何一种社会关系成员都不能替代的。

亲戚之间的关系也是这样，只有彼此心里有对方，才能将日子过得圆满。而无论这份情感是否让亲人真切地感受到，关键是你这样做了，亲人就会收到，而亲人也就能够从你的行为中感受他们所希望的东西，也就会以同样的方式对你。

情感是维系生命最重要的物质，而贯穿其中的亲情、友情、爱情，更能彰显一个人的价值。对于成功来说是这样，对于家庭来说，就更是如此。

七道

经营团队
——众人拾柴火焰高

第一节　团队的灵魂
第二节　团队的自由
第三节　团队的规矩
第四节　团队的文化
第五节　团队的作风
第六节　团队的和谐

大概在初中的时候，学校里有许多"兴趣小组"，也就是一群有同样特长、爱好的同学自发组织起来，利用课余时间开展一些课外活动。

　　我那时最喜欢的功课是物理，尤其喜欢能在水面上跑的大轮船，于是就想自己动手做一个能在水面上跑的轮船模型，但制造模型需要相应的工具、材料，这笔费用在当时还是一笔不小的开支，我们家掏不出，于是，我就找到了家境较好的几个同学一起搞。但讨论几次后还是搞不成，有经济方面的原因，也有技术上、精力上面的原因，人员倒是进进出出了几拨，项目却一点都没有进展。

　　最后，还是同村的好友大头主动找到我，大头再邀上了他的一个好友小三子，我们三个人一拍即合，准备自己动手做轮船。

　　小三子家里是做木工的，他从小到大都是在木屑中长大，不但学了点木匠手艺，而且还会雕刻，木材也是现成的。所以，小三子负责船体，大头负责船上的帆及其他装饰，我负责船的动力。

　　起初我试着用姐姐扎辫子的橡皮筋在船尾驱动，皮筋一拧紧，一放手，船就向前跑，虽然能动，但控制不好方向，而且拧的皮筋有限，船也跑不出多远。

　　后来我就开始在垃圾堆里找一些能用的材料，终于有一天在通往县城的路上，发现了不知是谁丢弃的一双"回力牌"球鞋，鞋破得很厉害，白色的帆布鞋帮上打了好几个补丁，但确实是地地道道的牛筋底。

　　为做出一根出色的皮筋，我与大头三个人从田沿上挖来泥巴，做成长长的一根泥棒，然后在太阳下晒干，趁未干之前，用锯条比画着在泥巴上划出长长的沟槽，这就算是简易的模子了。然后，将牛筋鞋底割下，找个废弃的装水果的铁罐，在火里熬了满满一大罐，趁着融化的胶还热着，迅速倒在事先准备好的"泥模上"。

　　硬是靠这样的土办法，我们做出了一根比我们三个人的身高加起来还要长的一根牛皮筋。之后我们三个人一放学就开始讨论，一致的意见是：既然有这么"牛"的皮筋做动力，那要搞就搞出个像样的，让不相信我们能做好的那帮人开开眼。最后的结论是：仿造连环画《赤壁之战》中一幅插图中的东吴军队的指挥船的样子，做一艘有一张书桌那么大的大帆船，我负责画出整艘船的设计草图，这工作必须在三天内完成，然后，经过我们三人表决通过后就开始实施了。

　　原本以为挺容易的事，其实等到真正画起来才觉得是个既费神又费力的活，最终，这张《赤壁战舰图》我足足画废了十几张纸，到了第三天的晚上总算是踩着点如期交稿，又经过我们三个人一次次的讨论、修改，直到第六天头上才正式确定了下来，而且正式命名为"赤壁战舰"，并重新安排了我们这三人团队的分工。

还是由小三子负责船体制造，材料、工具、加工都是自己负责解决；大头负责船体的装饰和色彩，所需的颜料、画笔也是由自己解决；我负责船的动力。

其实，领到任务后我就后悔了，按说小三子家是做木工的，弄点木板、做个像模像样的船体应该不难；大头平时就喜欢画画，把这艘船打扮漂亮点也应该不难；可我即使有再多的皮筋，要做一个有动力的"无动力船"也确实不是件容易的事啊！因为皮筋即使再长，那所旋转的圈数也是有限的，毕竟那么大一艘船，总不至于只在水面上跑那么几下就完事了吧！再说了！还得控制船的行驶方向，否则再长久的动力，到时总在水面上打转转岂不是让人笑掉大牙。

大帆船很快就做出来了，足足有一扇门那么大，还没上漆就已经漂亮得不行了，果然是小三子从家里翻出来的一个闲置不用的大门板，然后再找些废弃的凳子脚，箍桶之类的材料用隼头连接起来，一刀一刀地雕出来的。

为了这艘船，大头也付出了很多，先是剪掉了他奶奶年轻时穿过的一件白色旗袍，再后来又拆了他们家里的几只口罩，用针线东拼西凑地缝，硬是缝出一面又大又精致的大大的船帆。大头平时看上去挺粗心的，怎么会一下子拿出这么好的针线手艺？已经容不得我多想了，现在我轮到我施展的时候了，我该怎么做？心里一点底也没有，但我知道自己绝对不能拖了这个团队的后腿，也绝对不可以在学校其他同学面前丢脸。所以，那段时间我几乎是茶饭不思，整夜整夜地睡不着，生平第一次体会到了失眠的滋味。

好在灵感之神终于在一个不眠之夜里降临到了我的头上，我想到了用多轴连动的方式来解决一根皮筋所产生的动力有限的问题，也就是将皮筋按六根为一组并排作为动力，那每次就会有六根皮筋所产生的合力来驱动帆船了，一是马力大，二是六个点同时使力，也可以使船在水里行驶时更加稳当。但这样每次拧紧皮圈只能跑出15秒左右的时间，要想解决时间长的问题，就必须有个"接力赛"，也就是当一组动力刚好用完的时候，下一组动力刚好启动，这样就能一直传下去了。

不过，这样一来，中间的连接就成了问题了，我想到了"环扣理论"，也就是每一组皮筋的驱动都设立一个扣作为钥匙，下一组的钥匙掌握在上一组的上面，这样，当上一组的皮筋最后的圈数用完的时候，就会自动解扣，下一组拧得满满的皮筋正好可以接着，这样动力也可以跟着一组接一组地传递了。我一共设计了18组，算了一下，每组运行的时间是15秒，18组加起来就是270秒，差不多5分钟时间，不烧油，不用电，这么大的一只船在无动力的情况下，在水里潇洒地跑上5分钟，那也绝对是够"牛"的了！

我把自己这个想法跟大头和小三子这么一说，他们也都兴奋得不行，我们当即就分头做，忙了整整一宿，三个人连早饭也顾不上吃，就将我们这组设计复杂，操作简单的动力装在了船底，并剪掉了两只煤油桶，将白铁皮敲敲平整，在船尾安装了三块划水板，控制方向。等一切都办妥的时候已经是中午了，我们三个人雄赳赳、气昂昂地扛着我们的"船"，穿过村子，去东荆河上"试航"。当时就吸引了村里一多半的大人、孩子前来观看。

首航非常成功。等到那些围观的人陆陆续续散去的时候，已经是下午三点多钟了，我们这才想起我们这三个团队成员，已经有20多个小时没吃任何东西了，肚子也开始提意见了，这才觉得真是饿了。

几天后，我们代表学校参加了县里、市里的比赛，结果都是一路凯歌地拿了名次回来。我们三个人的团队也一时成了全校的英雄，被学校请上台，由校长给我们带上大红花。整个少年时代，这也是我最辉煌的一段经历。

一直这样以为：人类的文明史，其实就是一部群居史，因为共同的生活目标需要联合起来抵御自然、抗击侵略、谋求利益。由此，我们也就可以将所有为了达到一定目的而建立起来的组织统统称之为团体。

团队本身是个非营利的组织，只不过是为了共同的价值而一起奋斗的一群人。按组建的功能分，主要有指令性团队与自发性团队两种，前者是为了完成一个任务而指派或者临时搭建的，目的就是共同去完成一项工作；后者是为了一个信仰而自发组织起来的，目的是普及和推广某种价值观。

但无论是哪一种形式的团队，其性质都是一样的，那就是：他们是一个群体的代表，所作所为都要维护群体的利益。这也就决定了团队的定位——服务。

第一节　团队的灵魂

再大的团队也是由一个人或者几个人发起的，然后追随者越来越多，团队规模也就越来越大，所起到的作用也会越来越强。

要问我一个团队最重要的是什么？我觉得还是灵魂，而宗旨又是灵魂的最直接体现，这也是凝聚一个团队的根本。

因此，一个完整的团队就必须花费大量时间和精力去研究、制定一个既属于团体又属于个人的宗旨，并围绕宗旨，构建和强化一个团队"与宗旨有关"的活动，其中就包括：思想建设、文化建设、作风建设、人才培养、民主建设、精神动力、准则或章程。（见图7-1）

图7-1

一、共同的价值观

一个团队存在的基础是什么？我认为是相同的价值观。也就是对于价值的基本认识，这是团队成员做人、做事的基本态度，也是团队成员关于目标或信仰的共同观念和看法，还是解决团队中矛盾、争论和冲突的关键。

衡量一个团队有没有战斗力，很大程度上取决于团队成员的价值观是否相同。有了相同的价值观，对内，团队就可以确立自身的行动方向、获得前进的动力；对外，也可以做出坚定的承诺，从而得到认可的人更多的支持与帮助。

比如，某公司在俱乐部创建的时候，就确定了团队的宗旨是：让客户满意，让会员放心。简单的十个字就明确地说清楚了团队存在和发展的方向。对于客户，所有的努力就两个字——满意，这包括所提供的产品：安全、有效、贴心；也包括提供的服务：用心、尽心、诚心。对于合作伙伴，所有的努力也是两个字——放心，既对品牌战略放心，也对市场策略放心，还对分配制度放心。

为了更好地理解团队宗旨，依江春俱乐部还补充了一些核心价值，那就是：

(1) 健康。
(2) 财富。
(3) 自由。
(4) 互助双赢。
(5) 潜能发挥。
(6) 领导力提升。
(7) 公平、公正、公开。
(8) 多姿多彩的生活方式。

有了共同的价值观之后，俱乐部的目标明确了，大家在一起做事才有方向。客户才知道团队想干什么，正在干什么。

二、团队的目标

对于团队来说，目标就是旗帜，是团队生存的力量和精神感召的源泉。

要想一个团队有战斗力，并且在每个阶段都能够持续地发展，就必须使团队的具体目标始终保持一致，绝不能有一丝一毫的摇摆不定。

1. 有业绩，团队才有生存的价值

对于一个以业绩为目标的团队来说，就是把原本那些看似宽泛的指令，转换成具体的、可评估的业绩目标。这样做的目的有三：

第一，有助于帮助团队确定一套既不同于整个组织的使命，又不同于个人工作目标的工作成果。

第二，可以促进团队内部透明的沟通，以及有建设性的冲突。

第三，有助于团队把注意力始终集中在怎样取得成果上，而不是其他方面。

只有具备了团队的业绩，团队成员才有了具体的考核指标。也只有这样，团队中的每个人才知道有劲应该往何处使。

2. 完成任务，才是团队价值的体现

任何团队都是因为具体的任务而设置的，因此，全力以赴地完成任务也就成了团队工作的方向，也只有这样，一个团队也才具备了自身存在的价值。否则，各打各的"小算盘"，各怀各的"鬼胎"，团队上下又都是心怀叵测的话，即使口号喊得再响，那完成任务也就只能是"放放空炮"而已。团队的价值也就无从体现。

3. 唐僧精神：矢志不渝的目标

团队的目标一旦确立，就是吹响了冲锋号，也就意味着团队已经没有了

退路。

《西游记》里的人物唐僧就是一个对自己的目标和使命非常清楚的人。他很清楚自己的目标就是去西天,任务就是取经,他也知道一路上会遇到很多困难,而且凭他个人的能力也很难独立完成,所以,他找来了孙悟空、猪八戒、沙和尚组成一个团队,共同实现目标。

唐僧师徒也由此踏上了一条披荆斩棘、降妖伏魔、九死一生的取经之路,并凭借团队成员的勇气和智慧,书写了一段跌宕起伏的生命时光。

三、团队的梦想

决定一个团队是否能够长足发展的因素不是别的,正是我们现在频频挂在嘴边的梦想。但梦想绝对不是无根之树,不是空穴来风,而应该适应时代和科技进步的发展与变化,由此,团队目标的制定也必须充分考虑团队作为一个系统的可持续发展性。

这一方面可以使团队变得举足轻重;另一方面,又可以使团队不断发展壮大。这就要求我们除了需要考虑团队成员的实际情况之外,还必须顾及以下几点:

1. 团队的梦想要有前瞻性

梦想之所以吸引人,就是因为与现实之间总有那么一点点距离,看似伸伸手就能够着,但还是需要通过努力才能做到,也就因此越加诱人。

这一点对于一个团队来说尤其重要,因为团队无论什么样的梦想都是用来超越的,也正因为这样,才构成了一个团队特有的魅力。

2. 团队的梦想要有高度

一个优秀的团队格局应该很大,凡事都应该从全局考虑问题,站得高、看得远。比如:共产主义是所有共产党人的梦想,这就便于吸纳更广泛的群体为之奋斗,也就成了可以不断扩大的组织。因此,团队在设定梦想的时候就要为以后的发展、壮大,留下足够的空间。这样做的目的,一则是方便不断吸引、充实新的成员;二则可以针对市场形势的变化,不断地予以调整。

这样,也为团队的做大、做强,预留了足够的空间。

3. 实现梦想的策略要有灵活性

团队在实现梦想的过程中,其实周边的环境也在不断地发生变化,这就要求团队实现梦想的策略也要跟着灵活多变。

战场上有句话叫作:将在外,君命有所不受。这并非指可以违抗军令,而是说，指挥员可以根据战场的形势，随时调整战略战术，因为战场的形势瞬息万变，再完善的策略也难免有疏漏，所以，就必须适应不同的环境，制定对应的战术。

这与团队的统一和组织纪律性并不矛盾，因为再详尽的策略也不可能做到事无巨细。一个优秀的指挥员在指挥战役时，对于大的方针不能变，但在具体战术执行上应该根据环境的变化灵活地调整，见机行事。

如果形势已经发生了改变，团队的策略还不进行适时调整的话，那团队就只能是面对两种情况，一是始终在原地踏步，二是被迎头赶上的团队所践踏。

第二节 团队的自由

由于团队是为了完成一定的任务而设置的，因此，它也就不是一个独立的机构，所以一般的团队是只有奖惩之权，没有刑罚之权。这一点很重要，决定了团队做什么和怎么做的问题。

所以，团队根据自己发展的需要建章立制是可以的，但擅自制定法律、刑法是绝对不可以的。因此，判断一个团队是否良性发展，可以从这样几个方面予以衡量。

一、来去自由

团队的大门永远是敞开的，所有成员的进入和退出也都完全出于自愿。这样做的目的，一是可以保持团队的纯洁性，避免一些投机行为的发生；二是强化团队的战斗力，不至于因为一些勉强留下来的成员，有负面的情绪影响其他成员。

结合儿时造船的故事，按现在团队的理解，我想做一个能在水面跑的轮船而自己的能力有限，于是找人合作成立一个团队，想法和方向都是对的。成员也是根据自己的意愿参加进来的，其间，发生了这样那样的问题，有人扛不住要退出，可以；有人觉得有意思，想参加进来，也可以；原先退出的成员，经过一段时间，或者重新思考后，想再次进来，也可以，只要遵守团队的规则就行。

有愿意来的，热热闹闹欢迎；有想走的，高高兴兴欢送。这样才能确保一个团队的机动性，这样的团队也才有生命力。

二、不设私刑

团队每一个成员都是独立的，既要协同实现团队的目标，也要完成自己承担的任务，所以在实施过程中，就要维护各自的独立性。

还是以造船的故事打比方。进来的每个人都是冲着造船的目的来的，也都要完成造船工作的某个环节，工作性质和工作时间都是可以自己掌握的，别人没权力做过多的干涉。更不可以因为自己的好恶而对人施之以冷眼，冠之以冷语，或者有意识地进行刁难。尤其是在别人退出后，为发泄怒气，而采取打击、报复等卑劣的手段。

就如墨家所倡导的那样：非攻。既意味着捍卫自己的领地，也意味着尊重他人的领地，严防成为黑社会。

三、遵守规则

一个团队必须有它的规则，规则是告诉团队成员该做什么，不该做什么。不能做什么是团队行事的底线，如果没有设定底线，大家就会不断地突破底线，一个不断突破行为底线的组织是不能称其为团队的。

以我们的造船团队为例。团队成员中有出钱多的，也有出钱少的；有能力强的，也有能力弱一点的；有本事大的，也有本事小的。但这都不应该有什么特殊，只要进入团队，就要受到团队规章制度的约束，不得有任何人，以任何理由搞特殊。

团队成员不管之前有多么辉煌的经历，也不管现在有多么大的本事，只要进入了团队，就是团队中的一个成员，就必须遵守团队的规则，"我行我素"是一个团队的大忌。

在这一点上，即使是自恃"天皇老子也管不了"的孙悟空也不能例外。

四、言论自由

在一个团队里有不同意见是很正常的一件事，应该允许畅所欲言，鼓励知无不言，言无不尽，只要出发点是好的，是有益于团队发展的，都应该值得提倡。

自由的精神实质，其实就是个非攻而已，不得以任何形式阻碍对方发表自己的意见。否则，就会出现领导下达意见，领导做出决策，员工像木头桩子一样依照领导的指挥做事。长期下去就会导致领导一人思考，一人决策，团队变成了一个没有思考意识的团队，也容易养成员工的惰性。

像我们的造船梦想最终能够得以顺利实现，也是大家言论自由的结果，及时发现了问题，及时排除了问题。

当然，自由也不是想怎么样就怎么样，前提是对团队的发展无损。

第三节 团队的规矩

对于一个团队而言，人是影响团队运转和绩效发展的重要因素。不管是多么伟大的目标，也不管是多么缜密的计划、多么完善的战略战术，最终都要通过人去实现。不过，话又说回来，团队在执行过程中所遭到的阻力，也大半是人为造成的。

所以在一个团队里，规矩就显得尤为重要，应该明确地规定团队成员应该干什么，这样才能让团队每个成员明确自己什么是可以做的。

一、章程

团队成功的一个最为关键因素，就是有一个相对完整的章程，也在于团队章程的被接受程度。

一个好的团队章程，至少应该向所有团队成员和关注团队的人，准确无误地传递这样几个信息：

1. 团队所承担的工作

章程中应该明确表达团队是干什么的，团队因为什么而成立。这样就便于团队成员有个清晰的工作目标，从而在执行过程中不至于偏离轨道。

2. 团队组织结构，成员和角色

团队的行政架构，既显示团队体系中的管理结构，也标明了团队成员彼此间

的隶属关系，这样工作起来可以避免一些没必要的交叉，也容易分清成员间的义务与责任。

3. 考核团队目标和绩效的基本原则

这一点可以保障团队在硬性指标下达之后，在执行的结果上予以考核的依据。

4. 团队运作的限制和界限

这可以细化团队成员的职责权限和工作范围，从而进一步让团队成员明确什么可以做。

5. 管理团队组织关系的流程和接口

流程和接口都是解决操作过程中技术层面的问题，即是做事的节奏，也是做事的节点，更是明确了成员间工作时的交叉点。

二、检查

要想使一个团队时刻保持一种状态，检查很有必要。这既包括上级管理机构对团队的检查，也包括团队内部的自查。

检查的目的是为了团队良性地发展，范围也可以很广，比如：成员情况普查，阶段性业绩完成情况，存在的问题及原因，下一阶段的目标、内容、措施、审核意见，等等。应该做到以下几点：

1. 经常化

检查的目的是为了及时发现问题，及时排除隐患，所以必须经常化。这有两方面的含义：一是检查的频率，二是检查工作的长期性。

2. 严格化

检查不应该有任何的宽松度，必须一视同仁，而且还要彻底，对于发现的问题，出现的情况，一定要实事求是，不能有一丝一毫的偏袒，更不能姑息养奸。否则，再勤的检查也会形同虚设。

3. 制度化

一个好的检查绝对不应该是走走形式，做一些表面文章，而是要作为一项制度固定下来。这其中就牵涉一个考核的问题。

三、严格奖罚

奖励或者惩罚的目的，都是为了激励。

奖惩制度一旦确立下来，就要严格执行，否则就缺乏必要的严肃性。久而久之，非但起不到激励的作用，还会变得疲沓起来。不妨试着从这样几个方面入手：

1. 奖小罚大

实行奖惩制度，必须本着"奖小罚大"的原则，也就是将奖励的天平向基层员工倾斜，而将惩罚的板子尽可能地打在领导干部身上。

对于一般成员应该多奖励，让他们对自己做的事有一份成就感；对于团队领导，需要进行处罚，让他们明白无论谁的错，首先就是自己的错，懂得在任何情况下都要有所担当。

2. 奖罚分明

有奖就要有罚，干好了理应得到奖赏，干坏了免不了受到相应的处罚。这一点必须做得非常明确，不能有一丝一毫的含糊，否则时间久了，搁谁都会形成一种无所谓的态度。

3. 奖罚兑现

奖励或者惩罚，无论是精神上的还是物质上的，如果不能及时到位的话，那就失去了激励的目的，弄不好，还会严重挫伤团队成员的积极性。

有些人不太重视这件事，总觉得既然定了的东西早晚实行还都不是一样吗！大错特错，任何事情拖久了就会变得疲沓。

我认识这样一个老板，他对于一切奖赏都定得很清楚，也从不赖账，但就是兑现得不够爽快，比如他的年终奖要到次年的5月、8月分两次支付，他的理由很充分，这是为了不至于使员工流失。但他却忘了人心很重要的一点，那就是：奖励的目的是为了激励，大凡人们对正在发生的事物才更能提起热情。

别看这事情小，但在通常情况下，往往能够起到颠扑不破的作用。一位砍价高手告诉我，他之所以别人谈不下的价格，他可以屡次得手，其中的奥妙就是他会在谈得差不多的时候，当着对方的面把现金掏出来，一般人见到钞票眼里都会情不自禁地两眼放光，对钞票的渴望也容易让人变得马虎不少，这时拿下对手（也就是店主）就会容易得多。

有些团队人数较少，这方面的问题还不是很突出，但随着团队规模的扩大，因为规矩不明确所带来的弊端也就日益暴露出来了。

第四节 团队的文化

团队文化也是团队的思想,是由团队价值观、团队使命、团队愿景和团队氛围等要素综合在一起而形成的。

塑造团队文化的关键就是在团队形成与发展的过程中提炼团队的价值观和团队目标,并以此为基础逐渐形成相对固定的团队氛围。

一、取经团队的文化:不越位

团队在安排工作时,必须充分考虑到每个人的特长,每个人做什么都交代清楚,一旦确立了岗位和责任,可以有交叉,应该有协作,但绝对不能够"越位"。

唐僧师徒组成的取经团队就深谙其道。为了完成西天取经的任务,由团队领导唐僧牵头,他仁德厚道、心胸宽广,所以,负责总体设计和人员调度工作;孙悟空智慧、勇敢、敏锐、雷厉风行,所以,负责开路及扫清障碍;猪八戒艰苦朴素、忠诚守信,因此负责保卫团队安全;沙僧任劳任怨、克勤克俭,所以,负责后勤保障。

在常规情况下,他们做好自己的本分,履行各自的职责,说话办事时从不越位;但当遇到突发情况时,他们相互协作,彼此帮助。而当一切重又恢复平静之后,他们又各自回到自己的位子,做好自己的本分,不轻易干涉别人的工作。

二、教育与训练

教育与训练并举,是使一个团队时刻保持充沛活力的唯一途径。

带过团队的人都会有这样的感觉:如何让一个团队时刻充满活力是一个非常棘手的问题。因为工作的最大一个特点就是重复,不断地重复,优点是对于工作驾轻就熟,不容易出现差错;但缺点也是显而易见的,就是乏味,容易出现厌倦心理。

在团队经营中，也会出现这样的局面，就是团队中都是一些老面孔。不错，这样一些老队员都具备足够的经验，都有一些现成的渠道，也都有一些固定的老客户，但如果就一直这样的话，似乎还缺少一点什么，不错，就是缺少那么一点活力，从而使团队变得死气沉沉的。但一味地吸引新成员，也不利于团队的传承，于是，教育与训练问题也就显而易见了。

1. "鳗鱼效应"给团队带来活力

大家都知道，一个团队如果想要做大做强的话，无外乎只有两条途径：一是稳住老成员，二是发展新成员。但实际情况却是：新成员进来了，老成员就睡着了；新成员不知道怎么使劲，老成员又不愿意使劲，结果是做一件事失败一件事。最后，原本想强大的团队却一步步走向萎缩。

这就需要我们掌握适度的同时，还要掌握适时。适度最好是新成员、成长的成员、老成员各占三分之一；适时也就是注意引进新成员的周期，这要看那批成长的成员情况而定，也就是说，一批新成员可以独立开展工作了，另一批新的成员也就可以进来了。

2. "做好事"与"做对事"

一个人时刻保持激情地做事，才能将事情做好；一个人掌握了正确的做事方法，才能将事情做对。所以，要使团队的工作有成效，就要让每个成员都按照正确的、规范的动作去做。这就要求每一次做事前，都要做好教育、培训工作，作用除了规范动作之外，还有很重要的一点就是：让每个成员的步调一致、频率相同，这样不仅可以时刻统一团队成员的节奏，还可以时不时地为团队成员提供更加贴心、更加强大的情感力量。

现在国内很多的业务团队都喜欢以高提成来刺激业务人员，以个人业绩进度表的形式强调竞争性，他们信奉的口号是"是骡子是马拉出来遛遛"，这样做虽然单方面对个人的业绩会有所促进，但却未必能使团队的业绩出现大幅度提高，甚至有可能出现在一个团队里，相互"抢客"的情况发生。

三、宣传

一个团队要想有自己独具个性的团队文化，那必要的团队宣传自然少不了，这其中，口号是最直接的宣传手段。

团队宣传口号不但要时时喊出来，还应该将其制作成宣传标语、横幅、海报张贴出来。这不但是为了强化团队目标，营造团队的气氛，更重要的是彰显团队的精神面貌。

1. 一切为了激励的需要

团队宣传的目的只有一个——激励团队的士气，不但让团队每一个成员对团队的目标和精神看得见、听得着，还能够以高涨的集体热情，时刻点燃团队每一个成员。

2. 与其他团队共生共荣

团队与团队之间虽然有竞争的关系，但一定要有共生共荣的胸怀。宣传自己团队可以，但不得诋毁其他的团队。否则，不但影响团队之间的团结，还有可能造成团队之间的对抗，结局很可能就是两败俱伤。

3. 不能用谎言和欺骗的手段

团队的宣传中还有很重要的一点就是不能撒谎，这其中包括宣传的内容要实在、实用，不浮夸、不做作，更不能欺骗。因为宣传的目的是为了激励，而虚假的东西一旦被人识破，反而容易起到不好的作用。

第五节 团队的作风

所谓团队作风，简单来说就是大局意识、协作精神和服务精神的集中体现。

团队作风的基础是尊重个人的兴趣和成就，核心就是更好地协同合作，最高境界就是全体成员有着强大的向心力、凝聚力，它反映的是个体利益和整体利益的统一，并进而用来保证一个团队的高效率运转。

一、民主作风

我们现在都喜欢谈民主，而且一谈起来还喜欢与作风对应起来，其实民主只是决策的一种手段而已。但却可由此看出一个掌握一定权力的人，对于他人存在的重视程度。

一个团队是不是具备民主作风，既反映了团队领导的做派，也反映出团队成员间的风气。依我看，在团队里搞民主，至少有两点好处：

一是主人翁意识。让团队每个成员都意识到团队的事情就是自己的事情，团队在的每件事都与自己有着直接的关系。

我的家庭虽然是一个普通的农村家庭，但作为一个共同生活的团队，在我们家里也是极为民主的。对于我们家一些事情的处理，作为一家之主的父亲原本有着至高无上的决定权，但大多数的情况下，尤其是牵涉有关孩子前途、兴趣之类的事情，他也一定会听取全家人的意见。

二是参与感。团队里的民主风气，还有一个好处就是团队每个成员都有参与感，让团队每个人都觉得自己对于团队很重要。有不同意见，也可以借助其他人予以说服，这比当事人的说服力要好上许多倍。

就在我们造船团队前往市里比赛的前夕，就是不是应该给我添置一套运动服服的问题，作为一家之主的父亲还破天荒地召集全家所有成员开了个民主会，毕竟这笔钱在当时是家庭的很大一块经济开销。当时大家就该买和不该买的问题，广泛发表了意见，最后还是通过表决的形式决定给我家里破天荒的待遇，当时持很强硬反对意见的姊妹最后也无话可说，因为我是不是穿运动服参加比赛的问题，结果一番讨论，已经不是我个人、学校的问题，而是关系到我们家庭这个团队的荣誉问题。

二、狼性文化

狼群为了能够在自然界生存，进化出了一整套既能快速适应环境变化，又能提高工作效率，还能协作共赢的好作风。对于我们经营好团队还是有一定的参考和借鉴作用，我们不妨从中吸收一点对我们有用的东西。

狼作风之一：忍辱负重

狼不仅是遵守规则的典范，还是能屈能伸的典范。

对内，因为群居的原因，狼的等级制度是非常严格的，狼王与狼王后是狼群首领，拥有至高无上的权力，再者就是乙狼，按照狼王的要求带领一定数量的狼去执行任务。所以在群体中的尊严就显得比什么都重要，但即使这样，它们也绝对不会为了所谓的尊严，在自己还很弱小的时候，就去挑战级别比自己高的狼；亥狼在狼群里的地位最低，进食的时候通常也只有吃别的狼剩下食物的份，也常常会成为别的狼的出气筒。但亥狼也绝对不会为了自己一时的利益，有意去顶撞或者违背比自己高一级的狼。

每一级的狼都是决斗产生的结果，低一级的在没有十足把握的前提下也是绝对不会向上一级挑战的,而会选择默默地承受,努力地练本事,等到有一天可以战胜对手的时候,那也绝对不会手软,直至有一天可以向狼王挑战。

任何大人物都是从平凡的小人物一点一点成长起来的,所以,在你还是很弱小的时候,千万不要自卑;有一天,自己足够强大的时候,也万万不可自傲。目空一切的结果只会让自己失去一切,"霸道的后果就是趴倒"。挑战随时存在,再强的人也终归会有生病或者衰老的一天。任何腐朽的东西,也终究要被新生的东西取代。

狼作风之二:责任至上

狼群都是集体出外狩猎的,通常会从几个方向同时向猎物方向包抄,狼王以对天嚎叫的方式来下达自己的命令。一旦狼王下达了进攻的命令,狼群中的每个成员都必须义无反顾地扑向猎物,无论遇到什么,只要狼王没有下令撤退,那么谁都不能往后退却半步。当然,如果在进攻的过程中有哪只狼意外受伤而使得原本由它负责的位置空出来的时候,其他的狼也会以扩大覆盖面积的方式迅速补充空出来的位子,从而使团队的这次行动不至于因此受到损失。

团队讲究的就是协作,每一个成员都在团队中担任着独一无二的角色,虽然平时都可以有自己的想法,但一旦行动时就必须放弃个人所有的恩怨,舍弃自己的私利,而将团队的利益作为至高无上的标准。

狼作风之三:量力而行

狼也很想成为兽中之王,但狼知道自己不是老虎、狮子、豹子等大型食肉动物的对手。所以狼宁愿放弃条件较好的森林,而选择了相对广袤的平原,虽然这样会使自己更多地暴露在旷野里,但是这样却可以有效地避开与那些大型食肉动物发生正面冲突,从而更利于狼群的发展。

既然自己的实力不足以与强大的对手竞争,那我们就不妨主动选择并做好一定的细分市场。这是典型的差异化战略,懂得专注于做好一点,可能会因此造成自己在行业的排名越来越后,但却容易使自己成为某一领域,或者某一区域的老大,而不是一味地不自量力地想着征服所有的市场。

狼作风之四:绝不放弃

狼群一旦锁定目标后就不会轻易改变,当然,在它们觉得条件还不够成熟时也绝对不会轻易下手,但要想让它们轻易放弃也是不可能的,它们会紧紧跟随猎物,寻找合适的机会,为此,它们可以一直尾随跟踪,不管需要跟多远,不论还需要等待多久。同时,狼也知道在达到这个目标时,如何用最小的代价,换取最大的回报。

任何任务的完成都不会是一帆风顺的，遇到困难时，团队也难免会产生一些为难情绪，也很容易变得松懈，这时最需要的实际上已经不是方法，而是坚持。

但也用不着为此着急，这也是考验我们耐力的时候，所以，我们在经营团队时，除了有坚定的信心之外，还需要有足够的耐心。因为，有些事情是需要时间来证明的。

狼作风之五：永不抛弃

狼不管是集体行动还是单独行动，当发现有同伴受伤的时候，每只狼都绝对不会放弃不管，即使当时它们自己也面临危险处境时也不会丢下同伴而独自逃走。就算是当时的条件实在是没有办法，或者同伴被俘而凭自己的力量没有办法营救的时候，也会紧紧守在同伴的不远处，寻找机会进行营救。

团队成员间最可贵的品质其实不是别的，就是这种"不抛弃、不放弃"的作风，就是无论何时、何地，都要把团队中每个成员都看成是不可分割的一个整体，相互帮助、彼此信赖、生死依托。

狼作风之六：克勤克俭

狼对于自己辛辛苦苦获得的食物从来都是吃得干干净净的。即使当时因为条件限制无法带走时，也会就地找个安全的地方掩埋，等到合适的时候再来取走。

任何资源都是有限的，所以，在团队执行任务时，绝不可大手大脚，应该时刻都有每一件东西都是大家共同的成本意识，尽可能的降低消耗，否则的话，你不在乎、我不在乎，累加起来，就是一个可怕的数字。

狼作风之七：知彼知己

狼尊重每一个对手，所以，它们在每次攻击前都要充分了解对手，而不是轻视对手，因此，在狼一生的攻击中都很少见到失误。

每一个团队成员都要明白，自己的胜利并不一定依靠自己有多么强大，而是取决于自己是否比对手更用心！中国的古代兵书上不是也已经交代得很清楚吗？知彼知己，才有可能做到百战不殆。

狼作风之八：原则至上

狼对小狼是呵护有加的，公狼会在母狼怀孕时就开始保护母狼腹中的胎儿。但在小狼一旦有独立能力时就会坚决离开它，因为狼知道，如果小狼当不成一只真正的狼，那就只能成为羊了，命运就不会掌握在自己手里了。

对于团队中后进的成员，应该多多帮助他尽快赶上来，而不是简单地帮助他完成业绩，因为"帮助一时，不能帮助一世"，否则的话，后进的成员得不到锻炼，也容易形成依赖，能力也就永远不可能得到提升，对于做错事，限于泥潭的成员，也不能听之任之，否则他会越陷越深，凭他自己的力量是很难爬起来的，只有伸出手拉他一把才能拯救他。

三、树立榜样

再优秀的团队都是教育的结果，常态化的教育不但可以缩短团队成员间的磨合时间，更重要的是可以强化每一个成员的自觉意识。但最直接的教育方式就是：树立榜样，让榜样的力量去影响人。

这点很重要。一件产品要做好，首先需要做出一个样品，这样才能让以后生产的产品不至于走样，这是做事的标准。

我们经常能在厂矿企业的光荣榜上，看到一些模范人物、先进人物的巨幅头像，以及事迹介绍，这样做的目的其实就是建立一个标准，树立一根标杆，并以这个人的言行为标杆，让其他相关的人以这些人为榜样去做工作，为什么还要各个部门、班组定指标呢？这就是因为模范的面要尽可能地遍布范围广一些，既便于树立的模范是一些群体熟悉的，也方便让这些模范的力量去带动影响身边的人，让人觉得这些人离自己并不遥远，只要自己稍稍做点努力，其实也是可以做到的。

在团队中树立一个人做典型也是同样的道理，目的就是提供一个可供参照的标准，让团队中其他成员都能以这个典型的标准去要求自己。

四、接受监督

要想一个团队保持良好的作风，光靠制定一些规则，或者依靠每个人的自觉是远远不够的，必要的监督也是很有必要的，也是无论做人还是做事最基本的原则，其实对于任何人都没有例外。

经常逛街的人都会发现这样一个情况，每逢节假日或者大型庆典活动期间，都能在繁华路口或者人群相对集中的场所，见到左臂上佩戴着"督查"字样袖套的士兵巡逻。

一般人都会以为他们是在帮助警察维持秩序，其实不然，他们真正的工作是在检查不遵守军容风纪的军人，目的是维护军人在公众场所的形象。

坦率地说，军人的组织纪律性是所有群体中最好的，但为什么还要这样不厌其烦地监督呢？那就是起到一个督促作用，缺少了这个，人就很容易松懈。

五、忘我精神，全心全意为人民服务

团队是一个整体，所以，团队每一个成员都应该有一种忘我精神，无私地帮助团队其他成员成长，尤其是对于团队的领导。更应该有全心全意为团队成员服务的意识。

以前我们一个团队不但业绩做得特别好，其他方面也做得格外出色，团队成员间的关系更是格外融洽，我料想能带出这样一支团队的人一定非等闲之辈。但与这个团队领导接触几次后，我却并未发现他身上有什么过人之处，后来还是从这个团队其他成员的介绍中发现了秘密。他其实什么都干不了，就是会服务，凡事都亲力亲为，从不考虑个人的威信之类的事情，也不计较个人的得失。团队成员只要需要他，他随叫随到；团队成员做业务时，他就是一个后勤保障员；团队做会议时，他就是一个搬运工；团队成员有什么困难，他一定会想方设法予以解决；团队成员有什么心事，也爱找他聊聊，他虽然给不了什么意见，但他会耐心地倾听，哪怕你发几句牢骚，他也不在意。对此，他也乐此不疲，他认为服务就是他在团队中的价值体现。

六、尊重人权

网上有个帖子一度传得很热，就是比较中西方团队的特征后，最后得出结论，认为西方团队的特点是一只狼的后面跟着一群狼；而中国团队则是一只狼的后面跟着一群羊。

这就是不注重团队成员人权的典型现象，团队成员为了迎合领导，不得不掩饰自己的个性，不得不收敛自己的癖好，一举一动都习惯于按领导的喜好来做，领导倡导的才是唯一的标准。

其实，团队成员不管职位高低，工作贵贱，在人格上是绝对平等的。不唯上，不唯书，但唯实，这实际上确实很难做到，但在一个团队里，就需要倡导这种作风。一切以项目的成败为出发点，实际上就是最大地简化了价值评判标准，就是不以领导好恶、人际关系、个人背景等非理性因素来判断，而是看每个团队成员能不能具体给项目带来收益。

这是一个从人权角度出发的客观标准，也是大家比较好掌握、比较能理解的标准。

七、不使用暴力解决问题

在一个团队中出现分歧、对立，甚至背叛，都不足为奇，可能也因此就给团队带来了一定的损失，或者伤害。对此，个别团队就会采用比较激进的方式，比如：对犯了错的成员，轻则当众谩骂，重则拳脚相加；对业绩表现差的成员，在脸上涂鸦、罚裸奔等羞辱行为。

这就有点玩得过火了。且不说是有意还是无意，团队毕竟是一个整体，成员间即使出现问题，那也是内部矛盾，应该批评，也可以惩罚，但绝对不能使用暴力。

八、荣誉感

我们有时完成一件事情，需要组建一支临时性的团队，成员大多也是由各个团队抽调而来，成员之间就会互相攀比，这是哪个团队里出来的，这个团队都出过哪些人。我们出去找工作，别人一看你毕业的学校，马上就会想到你们学校做过哪些有影响的事，出过哪些有名望的人，都有过哪些败类。

俗话说：一粒老鼠屎，搅坏一锅羹。团队每个成员的一言一行都代表着团队的形象。

说句不好听的，你能力突出时，别人也许不会关心你是从哪里来的；你的能力受到质疑时，人家自然就会想知道你是从哪个旮旯窝里冒出来的。

荣誉感是一个团队保持高昂士气的原因，也是成就一切的结果。人对待工作的态度大致有两种，一是把它只当成一种养家糊口的手段，另一种是作为个人实现的途径。两种态度，会带来两种截然不同的结果。

保持团队的荣誉感，一是要从根本上尊重人，特别是在推销之类纯粹的人才密集型团队；二是要在制度上保证成员能时刻保持热情和对团队的忠诚度，具体的办法是要使团队业绩的增长与成员的幸福指数成正比。

第六节 团队的和谐

对于团队来说,所谓和谐,就是大家在一起做事的氛围,这是团队的建设问题,也是衡量一个团队是否有生命力的关键。大凡效益优良的团队一定是和谐的,都是把精力用在如何提高业绩上,这样就没有更多的精力做其他。也不搞什么小帮派,大家在一个锅里吃饭,相互协作才能吃得饱,气氛浓郁才能吃得香。

一、统一目标才能统一行动

中国人都喜欢说一句话:人心齐,泰山移。在一个团队当中,每一个人都是各有所长,也各有所短的,每一个人也都不可能是全才。因此,一个团队要想顺利运行,就需要各式各样的人才相互支撑,而任何支撑都是停留在目标一致基础上的。

都说中国人喜欢开会,其实不管是开哪一种形式的会,目的都是一个,就是统一思想,确定目标。对于一个团队来说,如果目标不统一,那就无异于一团捏不起来的散沙,纵使你再有本事也干不成什么事情。

有这样一则寓言故事就很好地说明了这样一个道理:一天,鳄鱼、老虎和狮子在一起,想把一头死猪从大路上拖走。要搁在平时,这三个家伙中其中的任意一个对付这件事都是小菜一碟。可这次无论它们怎样拖呀,拉呀,推呀,死猪都还是在老地方,一点也没有移动。倒不是死猪重得动不了,实在是另有缘故:老虎一心想将这只死猪往森林方向拖,狮子铆足劲地向草地方向拖,鳄鱼又拼命地朝着池塘拉去。

这就是在目标上没有统一的结果。所以说,一个优秀的团队,必然是建立在相同的利益、相同的立场、相同的兴趣、相同的奋斗目标之上的组织。

二、求同存异才能确保胜利

作为团队的成员,在某个问题或者某件事的认识上,有点不一致的看法是很正常的现象,某种意义上来说也并非是一件坏事,这至少可以避免有些潜在的危机被一些表面现象所掩盖。所以,在一个团队里,讨论事情的时候,每个成员都务必畅所欲言;可一旦决定了的事情,每个成员就必须无条件执行,即使在个别问题上还有些想不通的地方,那也得等到任务完成后再说。

这一点毋庸置疑,因为要使一个团队顺畅地运转,就必须思想统一、组织完善、纪律严明、作风硬朗;这样,才能使团队这么个机构,始终围绕宗旨运转起来。

1. 多看到对方的优点

在一个集体中,每个人的年龄、文化背景、职业经历都不尽相同,也决定了性格有所不合。所以,我们常常会看到,有些团队成员之间闹矛盾、犯别扭这样的事情发生,结果搞得大家都不愉快,团队的战斗力也因此受到了影响。

之所以有这些闹矛盾和犯别扭的情况出现,并不是因为团队的思想观念上有什么分歧,也不是因为团队成员的个人道德品质方面有什么问题,而纯粹是因为团队部分成员在脾气和爱好等一些小节上面有"不合铆"的倾向。这就需要多看到对方优点,只要大家都把团队的目标放在第一位,那就反而会使团队在不同方面形成自己的优势。

2. 与其贬低别人,不如赶超别人

每个人都愿意和自己相同性格的人和谐相处、美好共事,然而,实际情况却往往都不尽如人意。以前,我们团队里有两个女成员,一个长得娇艳,喜欢化妆打扮,处处都要出风头;一个相貌文静,不愿将太多的时间花在个人梳妆打扮上,做人做事都很低调。其实这两个人的业绩都很好,为人也大方,但就是喜欢互相掐,有事没事就喜欢拿对方来调侃打趣。

恰恰这个团队女性成员占了多数,于是时间一长,也就在团队里形成了两个派系,以那个娇艳的为一派,做事泼辣,雷厉风行;而那个文静的为一派,做事妥帖,遇事冷静。最初这两人也是水火不容的,但后来我发现情况后就找两人谈,让她们都要多从对方身上看到优点,并把精力都尽可能地用到工作上。这以后这两人还是喜欢互相掐,但各自都反而在工作上配合得格外默契。还一起共同组织了几次大型的活动,并在活动中都有上佳的表现。

所以,要想与不同类型的同事和谐相处、愉快共事的话,我们就必须练就一双善于发现彼此之间"共性"的眼睛,然后借助这些"共性"来达到彼此的交融。

三、传播正能量

有些事情我们原本应该可以办理得很顺利的，结果却弄得结结巴巴；有些事情我们原本预计不会太顺利的事情，结果反倒顺利得令我们难以置信。有些事在这个团队做很艰难，但在那个团队做却很容易。

一般人都会觉得这些都是运气的问题，其实这是气场在起作用。

1. 团队的运程看领导

因为对易经有些研究，所以，就经常有人问我"你看我们团队今年的运势好不好？"

判断一个团队的运程，我只需要看这个团队领导的运程就知道了。

没有说错啊！从一家之主的气息，就可以得知这个家的运气到底好不好；从一个老板的气息，就可以得知这个公司的运程到底强不强；这其中有个念波的问题，所有人的念波加起来也不及"做头的"一个人的念波，也由此可以决定一个家、一个公司、一个团队的气运。

念波扩散的道理正如同气味会散播开来一样，我们的念头会影响周遭的人，别人的念头也会进入我们。

我们看看宗教怎么做的就知道了，无论是佛教聚在一起念经，还是基督教聚在一起唱诗、一起做祷告，那都是在发念波，他们之所以聚集在一起，原因即是大家思想波一致会产生共振，并由此形成一个强大的能量场。

同样的道理，如果一个团队当中的每一个人都有共同的信念，有共同的目标和理想，那念力将有相乘的作用，正所谓众人同心，其利断金。

2. 团队的走向看风气

判断一个团队有没有生命力，那就要看这个团队还有没有气息；衡量一个团队有没有生命力，只要看看团队中是什么样的风气占了上风就可以了。

如果一个团队里，成员间个个都私利至上、钩心斗角，尔虞我诈的风气占了上风，那这个团队就离消亡不远了；如果一个团队内，成员间都是各顾各的，仅仅想着自己"按劳取酬"的风气占了上风，那这个团队也许能够存在下去，但要想有所发展，也将是极为困难的；而如果一个团队内，每个成员都以团队利益至上，不计较个人得失，勇于奉献的风气占了上风，那毫无疑问，这个团队就可以继续发展壮大。

一个不好的气场，就不可能是一个好的风水；而一个好的风水，那必然就是一个好的气场。所谓好的风水并不光是好的环境，更重要的是要有好的心境。

一般团队没有监督机制，往往就需要用气势或者能量场来制衡。

3. 好作风能带出好人缘

我们在夸一个人或者说夸一个领导时，总喜欢说"人格魅力"。那么，人格魅力究竟是什么呢？我认为所谓的人格魅力就是：让人敬畏的品格，让人钦佩的性格，让人无法抗拒的影响力；就是在工作之时，处处表现出扎实的业务功底；在工作之外，时时体现出亲近的相处意识。

以前，我们有个团队领导就善于做这方面的工作，每件事他都不单单是只听汇报，而是紧抓落实，无论多大的工作，他都从那些最能体现良好作风的事抓起，一件一件地办，一个问题一个问题解决。无论是处于任何状态下，有着怎样不良风气的团队，只要让他带，不出一个月，不但业绩上去了，团队成员的关系也都会变得像一家人一样。

由此可见，和谐对于一个团队来说，就如同一个人的呼吸那么重要。只有每一个成员都能顺畅地呼吸，才能精力集中、情绪饱满地做好工作。

八道

经营企业
—— 得人心者得天下

第一节　永续经营，企业的共同追求

第二节　以人为本

第三节　董事会

第四节　企业"宪法"

第五节　部门制度

第六节　企业层级

第七节　企业文化

第八节　企业的"守经达权"

第九节　企业中的团队经营

第十节　以身为天下，行动出效益

经营之道

从小到大，四婶是我们村里最为佩服的人，没有之一。

由于四叔身子骨一直不好，干不了重活，孩子又小，全家的担子几乎都压在四婶一个人身上。偏偏四婶自己天生就是个弱视，眼睛看什么都"蒙查查"，加上天生长得矮小又黑瘦，所以，他们夫妇两人无论谁出满一天工，生产队顶多也就只会记个半个工，在村里他们一家算得上是垫底的穷户。不过，四婶还有个村里谁都比不上的本事，就是粑粑做得超一级棒。所谓粑粑也算得上是我们江汉平原一带特有的一种美味小吃了，做法也很简单，就是将和好的米面包上馅，贴在滚沸的油锅里生煎，待煎到一定的时候，迅速喷点凉水，然后盖上锅盖，让凉水遇到滚烫的油作用后产生的气泡在锅里沸腾一会，再起锅就是香喷喷的粑粑了，咬一口，满嘴呲油花子，沁着米香、馅香，一股脑儿直往嗓子眼里灌。

这东西我打记事起就吃过，也并没有觉得有什么特别之处，做法也不算特别，我们那里一般的家庭主妇都会做，但却没有一个人做得出四婶那样的味道，模样扁平、厚实；色泽上黄灿灿中泛着似橙似褐的焦黄、酥软、脆香。真不知四婶是咋整出来的，反正无论是谁，只要吃过四婶的粑粑，馋虫就立刻被勾出来，而且越吃越想吃。对于小孩子来说，只要让他放开了吃，不把肚皮撑得有点疼，那是绝对不会歇嘴的。

四婶也知道孩子们都馋她的粑粑，就趁学校每天上午两节课后的课间操时间，用毛巾盖着半篮子热腾腾的粑粑，不声不响地来学校门口卖，两分钱半两粮票一块，不管买粑粑的孩子有多少，反正篮子卖空了就走，迅速快捷。由于她家也确实没有什么劳力，所以，如果上边不是捉得太紧的话，当时大队里的几个干部也都睁一只眼闭一只眼算了。

后来，市场形势变得宽松些了，四婶索性也不稀罕队上那点儿工分了，与四叔一起大张旗鼓地在学校门口支了个摊子，现做现卖。之后不久，干脆从亲戚朋友那凑了点钱，在镇上租了间铺子，一门心事地做起了粑粑生意。名声也越做越大，几乎全乡的人要吃粑粑，就铁定吃四婶家的；若是有外地人来镇里办事，也毫无例外地一定要带几个四婶的粑粑回去，由此算是不虚此行。

市场完全放开了的时候，做各种各样生意的人也多了起来，村里好些庄稼人也丢下了锄头，一个个都进镇上做买卖去了，可以选择的商品多了，竞争也跟着多了起来，想维持生意就变成了一件不太容易的事了。镇上原先也做粑粑的几家店，都纷纷加上了粥粉面、炒菜之类利润高的东西，而四婶仍旧只做粑粑，顶多也就兼着熬个白粥，顺便提供点下白粥的咸菜，就着粑粑吃。别人只要一说起四婶来，就会笑她脑筋不得转，放着现成的钱不晓得赚。

四婶还干了一件更"不得转"的事,那时大陆刮"港台风",做生意都时兴叫个洋名字,而四婶呢,还嫌她的粑粑不够土气,硬是给她的粑粑起了个更加土气的名字"汽水粑粑"。不久,村里一些先富起来的人盖了两层小楼,而四婶呢!不但不晓得拿赚来的钱盖楼,却偏偏借钱盘下了租了多年的铺子,并且还将原先的铺子扩大了好几倍。更为糟糕的是,偌大的一个铺子,还就是只做一样东西——粑粑,还就只提供白粥和一点咸菜。

熟识的人明里暗里都说四婶真是"不得转"到家了,白白糟践了这么大的一个铺子。这些话传到四婶耳朵里,也只是笑笑并不生气,这话听多了就有一搭没一搭地回上没头没脑的一句:这搭事也想搞那搭事也想搞,到头来呀么子事情都别指着搞好。

还真让四婶说中了,随着做生意的人越来越多,竞争也变得越来越激烈,正是应了那句话:生意摊子好搭,生意呀却难做!早先那些个与四婶一起兼着做粑粑生意的店,都一个个因为亏损严重,趁早关门大吉了;而只盯着粑粑这一门生意做的四婶的店,却反而越做越红火。

再后来,四婶在县城也开了家分店,由他儿子儿媳负责打理,成了全乡第一个将粑粑做到镇子之外的人。

转眼就20年过去了,20年间,我因为念高中、上大学、工作当教师等原因,在市属的好几个镇子都待过,都不无例外地能见到四婶的"汽水粑粑"。

后来,我因为工作的原因越走越远,渐渐没了四婶的音讯。

前几年,我去省城武汉出差,居然也见到了四婶的"汽水粑粑",不但有现做的,还有袋装的。听村里人说呀,现在仅仅是湖北一个省,就有一多半的镇子在有卖四婶的汽水粑粑呢。

什么是企业?创办企业的初衷是什么?这些问题随着社会的多元化发展,已经越来越难以形成一个准确的定义。

不管是什么性质的企业,创办企业的初衷都是为了完成某种的使命。可以是社会层面上的,也可以是经济层面上的,但途径都是为了获取企业发展所需要的利润,这其中包括价值创造和利益分配两部分。目的也就是一个——惠及员工,回馈社会。

惠及员工是手段,目的是培养员工的忠诚度,这样也就会有越来越多的人被吸引到企业里来,企业才能够做强、做大。回馈社会才是真正的目的,因为企业做得再好也脱离不开社会这个整体环境而独立存在。

这个问题看起来简单，但如果处理不好，企业的发展就不会那么顺畅。

第一节 永续经营，企业的共同追求

只要不是诈骗或圈钱企业，都有一个共同的追求——永续经营，都希望经营出一个百年老店、著名品牌。但真正能做下去的企业又有多少呢？95%的企业寿命仅有三至五年。这可是国家统计局公布的官方数字喔！

什么原因？我想除了一些客观原因之外，更多的还是主观原因，更直接地说：主要的是企业管理者（企业老板）自身的原因。

我一直认为，企业稳定持续发展要提高核心竞争力，企业的永续经营，必须具备以下十种竞争力。

企业核心竞争力，体现于特定的能力之上，而这种能力本身又可以视为多种能力的聚合。企业核心竞争力，从其体现形式分析，可以分为以下十大竞争力。

（1）决策竞争力。

（2）组织竞争力。

（3）员工竞争力。

（4）流程竞争力。

（5）文化竞争力。

（6）品牌竞争力。

（7）渠道竞争力。

（8）价格竞争力。

（9）伙伴竞争力。

（10）创新竞争力。

这十个方面的竞争力，任何一个方面的缺乏或者降低，又都会直接导致这种能力的下降，即企业核心竞争力的降低。但这十种竞争力又各自相对独立。任何一个企业，拥有了这其中任何一种竞争力，也都是市场竞争一个制高点的占领。

此外，企业要永续经营，在我看来，起码首先应该满足这样三个条件。

一、目标是企业永续经营的坐标

企业发展离不开目标，而无论是什么样的目标都首先应该确定一个基点，有了这个基本点，企业才能据此明确自己的发展方向，企业的所有行为也才可以以此为中心。

有了基点，企业就可以制定发展目标，才能以此确定企业的战略规划，才能采取一系列管理举措，才能为股东、为员工、为社会创造价值。

员工同样需要一个基点，这样才能在企业目标的引领下，实现自己的价值，才能够与企业一起成长。

所以说，目标既是保障企业永续经营的坐标，也是企业发展、前进的导航灯。符合企业实际情况的正确的目标，不但为企业的永续经营夯实了基础，也为企业向永续经营迈出了坚实的一步。

二、法制是企业永续经营的保障

企业要想永续经营，同样离不开法制的范畴，也就是我们经常讲的"没有规矩，不成方圆"的概念。制度是保障目标实现的重要因素之一，它要求更多的人朝着一个共同目标、一个共同的价值观念去努力、去奋斗，它也是制约人的行为的一种形式，更是保障企业永续经营的重要因素。

但这一切都不会凭空而来。要想达到企业永续经营的目标，就必须建立起保障完成这个目标的法制体系，用法制的思维、法制的意识去经营企业，并且上至企业老板下至企业员工都要严格的遵守它，严格地在法制的框架内行使自己的权益。也只有这样，才能保障企业的目标顺利实现。

没有百岁的老板，但是我们却可以创建百年的企业，其根本原因就是企业不仅有一个远大的目标，更有一个能够保障实现远大目标的法制体系。

三、企业文化是企业永续经营的精神和灵魂

通俗地说，企业文化就是企业的性格，是一个企业区别于其他企业精神层面的东西，不但奠定了价值观，也决定了品牌的风格！更对企业长期发展起着决定性作用。

1. 价值观，决定做事的态度

一个人对价值的认知不同，决定了他做事的态度。同样，企业的价值观也决

定了企业做什么和怎么做的问题。对外，体现在信誉、品质；对内，体现在制定战略目标、成本控制、人力资源、物力资源、售后服务等。这也决定了企业做事的态度。

2. 有什么样的企业文化，就会有什么样寿命的品牌

现在企业都意识到了品牌的重要性，口口声声要做"百年品牌"，殊不知，一个成熟的品牌离不开使命、价值观、目标这三样东西。这也是任何一个企业、任何一个组织最为基础的东西。如果没有这三样东西，企业就走不长、走不远，也长不大。

第二节 以人为本

不管是多么大的企业，企业都是由个体的鲜活的人组成的，企业的核心是人。所以，只有凝聚了优秀的人，并让这些人得到充分的发挥，才能打造出优秀的企业。

一个完整的企业人才结构，至少应该由这样几方面的人组成，这其中包括企业管理者、产品创造者、制度设计者、文化培训者和产品经销者。(如图8-1)

这五种人彼此都在一定的框架内独立工作，又相互协作。这对于任何企业来说，都没有例外，因为任何事情都是人创造的，任何东西也都需要人来消化。

我们家姊弟七个，加上父母就是一家九口人，除了种田之外，家里最大的副业就是在自家开荒的一亩三分地里种蔬菜，自家吃不完，就拿到镇上去卖。时间久了，也不亚于一家五脏俱全的小型企业，见过些世面的父亲就根据家中成员的特点分了一下工，两个大点的哥哥与父亲一起负责翻地、种菜、施肥等一些体力较重的活；两个姐姐负责卖菜；三哥脑子机灵，负责记账并协助父亲采购一些必要的农膜、化肥；我年龄尚小，就和另一个姐姐，以及母亲作为后备力量，做一些除草、捡菜叶喂家禽家畜之类的工作。

在这样一个"小微企业"里，父亲是制度设计者兼企业管理者，父亲和母

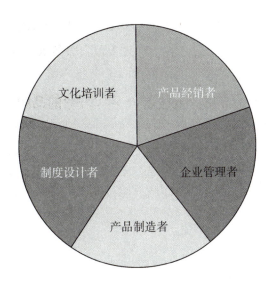

图 8-1

亲是文化培训者，姐姐是产品经销者，其他人都是产品制造者。

这也由此产生了一个问题，企业的最高标准就是为人服务，企业所有行为也都应该围绕人这个核心的目标而设计，而执行。这样的企业也才会有生命力。

一、企业管理以尊重人为前提

人一般都具有惰性和不服管束的天性，虽然可能为了生计，也可能为了一时之需，不得不接受某个人或者某件事的管理和约束，但这只不过是一种被动的行为，并非主观的愿望。

在我们家的蔬菜生产共同体中，虽然大家都流着一样的血，并在一个屋檐下生活，但每个人的能力还是不尽相同的，也不可避免地都各有各的想法。

所以，在经营中如何使管理变成一种动力而非阻力，就非常值得我们众多的企业管理者多费费脑子深思。

当领导的都喜欢说一句话：知人善用。"知人"就包括尊重人、信任人、理解人、关怀人、激励人。"善用"是指用人的合理性，即用其所长、用其所思、用其所愿，还要用当其时、用当其位。

二、产品创造符合人性

无论什么产品，都是提供给人使用的，那主体也就很明确了，就是一切都要以人的需求为出发点。这样才能得人心，而得人心者势必一定得天下。

既然产品生产的目的都是为了解决消费者相应的问题，那么消费者使用后的感受就应该是企业的第一要务。所以，产品应该尽量遵循消费者使用的习惯，尽可能地满足消费者的需求，这个工作也就成了企业一切工作的核心。

我记得就是我们家卖到市场上的蔬菜，也根据客户的要求做了几次调整，一次是客户嫌蔬菜根上带的泥土太多，于是以后都切除根后再送去市场；一次是要求菜叶上不要打水，这样可以保存时间多一两天，也照做了。

因此，从某种意义上来说，企业也是为消费者而生的，因为客户的利益高于一切，帮客户实现价值也就成了企业的最高价值。

三、制度设计的人格化

任何制度都是人定的，目的也是为了规范或者激发人的行为，所以，必须牢固围绕尊重人格这个大方向来设置。应该处处体现关怀，尽可能地顾及员工和合作伙伴的利益，多顾及一下他们的感受。

虽然我们家给每个孩子在蔬菜地里的工作有明确的分工，但在具体操作中还是会灵活掌握，遇上谁的同学来家做作业之类的事情，正好赶上去地里干活的时间，也会不声不响地不打扰他们用功。这样做的目的既保持了制度的严肃性，也使得制度有一定的灵活性，更不至于变得冰冷。

四、文化培训的实用性

文化是人与人之间联系的纽带，必要的教育培训是企业与员工，企业与合作伙伴沟通的最直接、也是最有效的方式。

我们都知道"磨刀不误砍柴工"的道理，从表面看起来，无论是教育也好，还是培训也好，都不能直接产生生产力，但我们不妨往身边看看，那些业绩做得好的员工，都是经常性参加培训的员工，那些业绩好的团队也都是在教育上下了大功夫的团队。

我们家的蔬菜地里每轮作一种蔬菜，父亲都会在做之前重复一下技术要领，并非是因为大家忘了，而是以这种方式提醒自己的"员工"兼"学员"，做事千万不能马虎大意，否则就会影响收成。

父亲的这种习惯对我的影响很深，所以，在企业创立伊始，我们就将教育放在了企业发展突出的位置。现在我们每个月都会安排区域性的培训，每年都会有两次全国性的集中培训，这绝对不是走走形式，而是人文化管理所必需的一部分。因为在一个现代企业里，员工的收获绝对不是仅仅钱包鼓起来这么简单，能力的提升才是员工最大的收获，也是一个企业对于员工最大的关怀。

对待客户也是这样，我们会经常性地组织形式多样的"主题讲座"，不但让客户可以更正确地使用产品，更让客户从中掌握了更多相关的知识。

虽然这样做势必会适当增加企业的运营成本，但所产生的效应，也绝对不是可以简单地用金钱来衡量的。

五、产品经销的共存思想

总听一些制造企业老板谈起与经销商的关系，他们普遍认为是共赢的关系，大家都有钱赚才能将事情做好，我倒认为说"共存"更为准确，因为现在市场竞争比任何时候都要激烈，品牌运营上一个小小的失误就可能导致经销商业绩下滑；同样，经销商一个不慎，也可能导致品牌的形象严重受损，甚至招致品牌瘫痪，厂家倒闭。

所以，不管你愿意不愿意，一家厂商与一个经销商合作的那天起，其实他们的命运就已经休戚相关了。

第三节　董事会

董事会是依照有关法律、行政法规和政策规定，按公司或企业章程设立并由全体董事组成的业务决策机关。不但需要谋事，更要懂得如何做事。

要弄清这个问题，我们不妨先说说资本的特性。

一、资本的三种形态：金钱、知识、消费

从人类社会出现商品经济起，资本的三种形态就已经存在了。首先，在进行生产之前，人们必须准备原材料和生产场地——这是货币资本的投入。其次，在生产进行的过程中，人们必须通过设计和劳动，把原材料转化为产品——知识资本正是在这一环节发挥作用。最后，生产的产品销售给消费者——消费者通过其

购买行为，完成消费资本的权利和义务，于是一个独立的生产过程完成了。

要准确理解这个过程，应该明确三个问题：

1. 资金＝资本

这个是我们通常所说的有形资产，大家都好理解，出资人以现金或者相应的固定资产入股，折合成一定数量的现金。

这也就是人们通常意义上所说的：做生意的本钱，企业日常生产经营中所需要的设备、原材料、人力、物力都需要一定的现金予以维系和支撑。

2. 知识＝资本

这属于企业无形资产的一部分，就是出资人以自己所掌握的知识或者技术折合成一定比率的现金入股。

目前，随着社会的发展，知识资本的作用已经十分重要，能够承担企业更多的责任和义务，也要求在企业中获取更大的权益。

3. 消费＝资本

这个大家从字面上也不难理解。随着经济持续的高速增长，"供过于求"的现实使得我们司空见惯的消费行为逐渐成为一种紧缺的资源，消费资本开始发挥越来越大的作用。

人们发现消费不仅决定货币资本能否实现其最终价值，而且是给经济发展注入新的资本动力的源泉。

明确了以上三个问题，我们也就理解了其实市场经济的发展是由货币资本、知识资本和消费资本三种资本共同推动的，而不是单一的货币资本推动的。

二、董事会由三部分人组成

董事会的人数可以根据企业的需要由三人以上组成，现在我们一般都容易理解为出资人，其实我觉得，一个良性发展的董事会，应该由这样三部分人组成。

1. 资金拥有者（投资人）

这是企业创办早期的资金来源。他们以一定的出资比例，或者商定的比例确定自己对企业的所有权。

2. 知识拥有者（职业经理人）

这可能是企业的发起人，也可能是项目，或者经营模式的开发人，或者某项产品技术，或者管理技术的拥有者。他们以自己所掌握的专业技术或者某些不可替代的个人能力，确定对企业的所有权。

3. 消费者（广大客户）

这是企业发展的一个具有创造性的行为，客户既是消费者，也是经营者，他们按照企业运营的一定规则，由消费者变成经营者，直至变成股东。

这是目前企业经营的一种趋势，因为随着人口越来越多，活动范围却越来越小，事物的发展越来越向圈子转化，而稳定圈子最好的办法就是：大家有着共同的利益。

三、成立公司的第一件事：立章程

所谓章程，就是董事会做事的规矩。制定董事会章程，或股东协议或立董事会规矩，这个规矩不立好，企业就不会永续。因为口头的东西只有落实在白纸黑纸上，才有执行力，也才有说服力。

不管是怎样的企业章程，都应该符合这样几条：合法，以《公司法》为基本；周密，人、财、物的安排上没有漏洞；明确，责、权、利的问题上非常明确，避免扯皮。

四、董事会的三个代表：行政代表、立法代表、执法代表

董事会要保证自己的决策真正地贯彻、实施，就必须拥有三个代表来予以执行。这三个代表是：

（1）行政代表：俗称董事长，统筹企业的决策和执行。
（2）立法代表：制定公司各项规章制度。
（3）执法代表：俗称监事、董事，对企业的经营活动参与表决与监督。

五、在章程规范下，董事会行使职权

很多人认为：董事会、董事会，"懂事"而不"动事"，才是真正所为。大错特错！有了章程的保障，企业日常的工作就应该由董事会行使职权。明确了这一点，一方面可以保障企业更有效地运营。另一方面，也便于董事会更好地行使职权。

越是高效运作的董事会，所运作的事情越是琐碎。我们不妨大致罗列一下：

（1）召集股东会会议，并向股东会报告工作。
（2）执行股东会的决议。
（3）决定公司的经营计划和投资方案。

（4）制订公司的年度财务预算方案、决算方案。

（5）制订公司的利润分配方案和弥补亏损方案。

（6）制订公司增加或者减少注册资本以及发行公司债券的方案。

（7）制订公司合并、分立、解散或者变更公司形式的方案。

（8）决定公司内部管理机构的设置。

（9）决定聘任或者解聘公司经理及其报酬事项，并根据经理的提名决定聘任或者解聘公司副经理、财务负责人及其报酬事项。

（10）制定公司的基本管理制度。

（11）公司章程规定的其他职权。

第四节 企业"宪法"

约束企业行为有两大法宝，一靠国家法律，二靠企业章程，除了《公司法》之外，还包括企业的相关规章、制度，代表的是企业发起人、股东制定并通过的，体现了企业的意志。公司章程是公司存在和活动的基本依据，是公司行为的根本准则。

公司章程是有关公司的机构及其产生办法、职权、议事规则的规定，也是董事、经理、监事行使职权的重要依据。对于公司成员来说，公司章程就是公司的宪法，这一点，无论是谁都应该无条件地接受。

一、制定"宪法"的原则

制定企业"宪法"的目的是为了规范员工做事的行为，所以，应该尽可能地写清楚企业同仁应该做什么。

企业运作是个系统工程，环环相扣，任何一个环节松动，都可能影响其他环节的运行，甚至整体瘫痪。对此，我的观点是：只要"宪法"没写明的，企业所属人员做了，就不"违法"。

二、"宪法"第一

公司所有人员都必须在公司的宪法规范下行动，包括董事长、总经理。

我们常常听人抱怨：自己的事都管不好，还来管我，就是被管的人从内心所产生的一种抵触情绪，这也说明了一个倾向，也就是：要想管好别人，首先就必须管好自己。换一句话说，无论什么事，只有自己做到了，才能要求别人做到。

我曾经在很多场合下强调：在企业经营中，人是最重要的，制度和控制都只是一种手段，而并非目的。所以，管对事、理好人，就成了一个企业的管理是否人性化的关键，因为企业不管大小，都是由人构成的，而人的喜怒哀乐又是决定工作完成的质量和数量的关键，从这个意义上来说：员工的情绪就是最大的生产力。

第五节　部门制度

一艘船能够行驶多快，能够行驶多远，靠的究竟是什么？我想大多数人都会脱口而出：靠的是这艘船的马力，靠的是我们已经为这艘船准备了多少燃料。我的答案是取决于对这艘船的控制程度。

制定部门制度的目的是为了规范管理，应该根据部门的实际情况而设定，进而起到充分发挥员工的积极性、创造性，持续提高员工的经营、管理、业务水平的目的。

一、管理制度

通常意义上，这指的是行政上的管理，也就是所有进入企业工作的人做事的指南，包括：办事程序、行为规范、薪酬福利（原则：以贡献、能力、态度和责任为分配依据，遵循按劳分配、效率优先、兼顾公平及可持续发展的原则）、培训考核与发展、员工权益，等等。

二、财务制度

这是企业针对财务工作制定的相关制度。订立原则是根据国家有关法律、法规及财务制度，并结合公司具体情况制定。

基本内容包括：资本和负债，流动资产，长期资产，收入，成本费用，利润及利润分配，财务报告和财务分析，会计电算化。

此外，审批程序、会计核算、相关管理，也是应该在财务制度中明确的。

三、产品研发制度

产品研发是企业在激烈的技术竞争中赖以生存和发展的命脉。

现在靠一款产品包打天下的时代已经过去了，企业要使自己的产品有较好的市场表现，就必须不断进行产品的升级换代，做到"生产一代、试制一代、研究一代和构思一代"。

但工作越是紧要就越是要避免盲目。要使推向市场的产品有生命力，除了指导产品研发工作、提高技术人员素质之外，还务必要以条文的形式，清晰地确定诸如市调、分析、计划、试制等一系列产品研发的流程。

四、产品生产制度

这是企业为保证生产经营活动的正常开展，加强工艺管理，最大限度地满足顾客要求，创造最佳经济效益，并结合企业生产管理的特点和实际情况，制定的相应制度。

本制度作为开展生产工作的指引，适用于公司生产系统，包括：输入、生产转换过程、输出和反馈四个环节的计划、组织、指挥、控制和协调等方面管理活动。

五、客户服务制度

这是企业稳定消费群体最重要的一个环节，也是企业获取市场反馈最直接的方式，这其中包括：档案管理、接待规格和流程、意见处理，等等。

这样做的目的，不但可以消除客户的后顾之忧，更重要的是能够通过服务发现市场上不断变化的需求。

六、教育培训制度

教育的目的是挖掘人的潜力，树立公司形象，提升员工素质，为各岗位输送德才兼备的人才，更顺畅地实施企业的战略目标。以对象分，大致为三类：

1. 岗前培训

这主要针对新员工，让他们迅速熟悉公司的情况，最快时间进入工作的角色，保持工作状态。

2. 在岗培训

这是针对老员工的培训，目的是提升员工素质，统一员工认识，协调员工步伐。

3. 客户培训

客户是需要教育的。一个好的客户从来就不是天生的，而是不断教育的结果，这其中既有产品使用方面的教育，也有观念转变方面的教育。

七、经销商制度

这是规范经销商从设立，合作，终止等一系列工作流程的制度。

大致分为：甄选标准—设立步骤—，激励—考核—评估—评级—分级管理。

需要说明的是：无论是规定、条例，还是相应的流程，都是企业根据具体实际，并结合相应的工作性质而制定的，目的都是一个，那就是规范操作。

所以，衡量一个规章制度是否到位，只要从以下三个方面来判断就可以了。

1. 标准化

所谓标准就是样本，就是比较事情好坏的参照物。打个比方，大家都有过军训的体验。指挥官一声令下："成一路横队"或者"成三路纵队"，大家就马上知道该怎么行动了。也无须紧张，只要向队伍中位列你前面的那个人看齐就可以了，而位列你前面那人，也只需向他前面的人看齐就可以了，依此而推，一个标准的队列也就形成了。

2. 简单化

简单就是方便记忆，就是方便操作。任何事情如果弄得太复杂了就不容易让人弄明白，也就会让执行的人不知从哪着手。

3. 程序化

程序的目的就是使事物更加清晰，每个环节都有相对应的依据，这样就不容易偏离，即使偏离了也可以在第一时间发现，并且及时得到纠正。就像锁链一样，一环扣一环，那即使再长也没有问题，因为缺了哪一节都能及时发现、及时修复。

第六节 企业层级

一个企业想要得到健康的发展，除了有相适宜的制度来管理和激发之外，还必须有相对应的人员去负责组织和实施。

关于这个问题，也一直存有很大的争议，我觉得还是以"三级制"为好。按权力和责任分：高层领导（总经理、副总经理），中层干部（部门经理），一般员工（工作人员）。

一、高管，工作性质就是做战略规划

用道家思想作指导，无为无不为。

高管的职责就是为企业的一切经营活动制定战略，可能是一个项目，也可能是一次活动，所要做的就是需要准确地设定事件发展的轨迹，预知执行过程中可能发生的问题，从而设计出应对方案，以便问题尚未出现时，就能提前做出预判。那些不管什么事都想插一手的人是做不好高管的，因为他的过多干预，反而会让下属做起事来缩手缩脚。

二、中层，工作职责就是协调

用儒家思想作指导，中庸，不偏不倚。

中层管理的工作性质就是对运行过程进行协调和指导，以保障事态的发展始终围绕战略规划而进行。如果发现有所偏离的话，就应该及时地予以纠正，以避免偏离不至于越来越大，从而背离开始设定的初衷。

三、基层，工作任务就是执行

用法家思想作指导，按规章制度办事，按程序操作。

普通员工可以在战略制定前充分发表自己的意见，但一旦战略开始执行后，就必须无条件地按既定程序操作，唯一要做的就是尽可能将分配给你的工作做到最好，除此之外，其他任何动作都是多余的。

第七节 企业文化

我们现在一谈起企业文化就以为是一件很玄妙的东西，也是需要极大的积淀才能产生的东西。其实企业文化是企业生存和发展，所遵循的基本理念和共同认知。既是企业区别于其他企业的明显符号，也是决定企业市场竞争力的核心价值。

企业文化的形成，往往与企业创始人和早期经营者的行事作风有关。

一、宗旨、理念、使命、精神

有一次，我在南方的一个寺庙里，听一个老和尚讲经。这位老和尚是这座颇具规模寺庙的主持。他跟我讲：人生有三宝——想、说、做。这三件事情做好了，人生就会精彩。

诚如老和尚所说，这个世界上可能更值钱的东西应该是：首先是头脑中如何思考问题的方法，即把事情想明白；其次是要把事情说明白，建立共同语言的沟通平台；最后是把事情做明白，建立执行力操作平台。

从某种意义上说，企业的宗旨就是企业创始人最基本的价值观，也是能够促使企业永续发展的最基本的经营目标，它是企业举什么旗帜的问题。

企业的理念是企业走什么道路的问题。

企业的使命是企业实现什么梦想的问题。

而将宗旨、理念、使命贯穿其中的就是企业精神，也可以看作企业的气质，是支撑企业发展，决定企业能走多久、能走多远的原动力。

二、企业的凝聚力

衡量一个企业具有怎样的实力，往往并不是看这个企业拥有多少资产，而是看这家企业具有多大的凝聚力，因为有凝聚力才能吸引相对应的人才，而正是因为有一大批出类拔萃的人才，并且可以凝聚起来，才能托举起企业达到一定的发展高度。

一壶水是由一滴一滴的水汇聚而成的，之所以能够汇聚，那是因为每一滴水不管含有多少杂质，却都具备一个相同的分子结构，也就是 H 和 O。

企业不管大小，都是由一个一个的人组成的，虽然每一个人都有自己不同的个性，每一个人进入企业的目的可能也不太一样，衡量企业好坏的标准也有所不同，对这家企业的期望值也不尽相同。但当他踏进这家企业的那一刻起，就必须无条件地融入企业这壶水中，并且与其他水滴一起，共同使企业这壶水变得更好。

三、责任感

一个企业的存在，绝对不能仅仅以赚钱为唯一目标。除了提供优质的产品和服务之外，企业还应该对客户负责，对员工负责，对股东负责，对行业负责，对社会负责。

企业的一切生产、经营活动都离不开社会这个大环境。因此，企业除了要完成资产的增值之外，还承担着服务社会、创造文化、提供就业机会的责任。这也就决定了一个企业究竟能够做多久的问题，纵观那些百年老店，无不都是在这方面有突出成绩的。

1. 社会责任

如果在一个企业里，从管理层到普通员工的视线都局限在企业这么一个小范围、小利益的话，企业就只能在小型规模里徘徊；反之，如果企业上下都能形成这样的社会责任感的话，那么这个企业最终一定会有大的发展。

2. 公众意识

再回到工作这个话题上来，工作是维持生命的必需，即便是一份看起来非常普通的工作，那也是社会运转所不能缺少的一环。作为社会成员的代表，企业所有的行为都要对社会全体成员负责，这既是做人最起码的准则，也是能够引起社会共鸣的最基本要素。

四、执行力

企业如果想获得强大的执行力与竞争性，那就必须要让员工具备强烈的服从意识，无条件地听从指挥，严格遵守纪律，不折不扣地完成企业所下达的任务指标，以稳固和强硬的执行力，保障企业的效益。

这里面牵涉三个层面的意思：

一是下级服从上级的问题，这个大家普遍容易接受，你可以看不上你的领导，也可以对领导的命令有自己的想法，但作为下级，无条件地服从上级是你的天职。

二是下级部门服从上级部门的问题，这一点的道理大家都懂，但在实际操作中往往不一定能够完全做到，因为虽说是下级部门，但怎样也是一个团队，所以，经常出现的情况是对上级部门有意见，这是万万要不得的。

三是业务部门服从职能部门的问题，因为从行政上来说，大家都是平级的，但从职责上来说，业务部门更多的是负责对外工作的展开，而职能部门则是某一方面的内部监控，比如销售部是要完成销售业绩，而行政部却要管销售部的纪律，财务部要负责销售收入的管控，这就自然会因为各自职责的差异而容易分散一部分的精力。

说到这里，有些人就会觉得有点不好理解，那就是，既然强调员工要对企业具有主人公的责任感，那为什么自己出于对企业的忠诚，不服从命令就会影响企业的效益呢？这是因为现代企业经营中不但要求明确分工，还要强调互相协调。只有这样，才能超越个人的局限，才能更好地发挥集体的协同作用，进而产生 $1+1>2$ 的效果。

五、敬业精神

敬业指的是企业成员对行业的热爱之情，对职业的敬畏之心。无论是企业的管理者也好，还是企业的基层员工也好，都应该对自己的岗位怀有一份敬畏心。

对于管理者而言，企业所提供的这个平台，让自己有机会施展抱负；对于基础员工而言，企业有机会让每个人都可以在此实现自己的价值。

一个人对待自己的职业，如果能够有责任心，能够时刻保持浓厚的兴趣，那就不会再把工作看作一件枯燥乏味的事，而是懂得享受工作带来的乐趣。

其实想想也是，有哪个行业不辛苦呢？又有谁容易呢？但我们在感受辛苦之余，不是也可以品尝工作中的乐趣吗？与同事交流的乐趣、业绩增长的乐趣、员工成长的乐趣、自身价值实现的乐趣……也正是因为有这么多的乐趣，我们才比别人活得更有滋味。

如果我们每个人都能从自己从事的职业中寻求无限趣味，那工作起来能不负责任吗？工作能做不好吗？

六、自律意识

"崇尚道德修养，强调自我约束"是中国古代修身治国的根本。在一个企业里，就是每一个企业成员都能做到自己约束自己，自己要求自己，变被动为主动，自觉自愿地遵守企业的一切规章制度。

有一个比喻我觉得很形象，大致意思是：自律就像一块肌肉，你训练它的时间越多，你就会越加强壮；你训练它的时间越少，你就会越加虚弱。

经营人才的道理也是一样，最高境界就是让员工像训练自己的肌肉一样，训练自律意识；像锻炼自己的肌肉一样，锻炼自律意识。

这其中，又有能够使每一个员工强化自己所应该具备的三个基本素质：

首先是克难。当一个人面对困难时，不畏惧、不逃避，而是选择勇敢地面对时，那他的生活也就会达到一个新的高度。

其次是勤奋。就是愿意花时间去做事，如果一个人觉得自己做的事不但有意义，而且对自己还很重要时，那他就会格外在意完成这件事的质量，也就舍得在这件事上投入更多的时间与精力。

最后就是坚持。当一个人对一件事的结果坚信不疑的时候，那他就一定会进行不懈的努力，即使遇到什么阻力，无论遇到什么挫折时，也都不会放弃。

七、互助精神

互助精神并不是单纯地说一方给予帮助后，就一定要得到对等的回报，而是强调一种在精神层面上、思想层面上，彼此间的相互帮助、共同合作的关系。在有必要的时候，甚至可以牺牲自己的部分利益来帮助别人。

在一个企业里，同一团队或者不同团队员工间因为担任同样的角色，也为了完成同样的任务，所以，很多情况下有竞争也是难免的，但并不应该排斥互助精神，因为有时互助有助于改善人与人之间的关系，也可以相互取长补短，共同促进，进而更加有助于完成工作。

八、归属感与人文关怀

谁都希望自己能够在一个舒适的工作环境中工作,这样的话,给他带来的不仅仅是工作上的满足,更多的是精神上的愉悦。

这种环境还不仅仅是物质上的,更多的还是人文上的,这也是构成员工归属感的基础。而要想员工有更深层面的归属感,就必须让员工在思想上、心理上、感情上对企业产生认同感、公平感、安全感、价值感、工作使命感和成就感,使得个体对企业的满意度不断增加。

1. 勤于沟通

对企业来说,最重要的一点就是保持管理层和员工之间信息的畅通。员工想什么,管理人员心里有数;管理人员想怎样做,员工也心领神会。

有效畅通的沟通渠道不但可以拉近管理者和被管理者之间的距离,也能够实现心与心的交流、思维的碰撞、感情的升华,从而避免一切不必要的误会,以及释放心理上的不满情绪。

2. 讲究公平

公平性强调公正、公开,强调的是从企业的核心价值观出发,在遵循基本的行为准则的前提下对员工行为做出相应的评价。这其中包括分配上的公平感,还包括程序上的公平感,以及互动上的公平感。

分配上的公平感,可以提升员工晋升和对于报酬的满意度;程序上的公平感,能够促使员工产生对组织的认同和信任;互动上的公平感,能够使员工对管理者产生信任感以及采取合作的行为态度。三者互相协调,形成了一个稳定的支撑关系。

3. 形象支持

良好的企业形象是企业巨大的"无形财富",它不仅可以赢得公众的信任,引导消费者购买企业产品,而且能够对优秀人才产生巨大的吸引力。

除此之外,良好的企业形象还有利于建设优秀的企业文化,形成良好的企业作风,使员工产生强烈的自豪感、荣誉感和归属感。真正实现"我的心在企业,企业在我心中"这样一个美好的经营氛围。

4. 和谐环境

树立良好的企业形象,也包括在企业内部营造一个内部和谐的人际关系,就是要形成一个宽松、祥和、健康、文明的人际环境。

这种人际环境既包括领导与员工之间的互相尊重、和睦相处、坦诚相待,也包括员工与员工之间的感情融洽、心心相通、配合默契。只有在企业上上下下建立起人际沟通的良性循环，才能同心同德、同舟共济地实现企业目标。

5. 适时奖励

奖励其实就是一种肯定，物质奖励比精神奖励来得更实际，也更为具体。但每项激励都有适用的时机和环境，而且每个层面的员工实际需求不同，所采取的办法也应该有所不同，但是有个原则不能丢失，那就是及时兑现，否则就失去了奖励所应该起到的作用。

6. 关心生活

要想取得一个好的管理效果，就要让你的下属对企业心存一份感激，这除了在工作上关心之外，还需要在生活上予以关怀。像个人健康、家庭境况、亲属关系这样一些看似鸡毛蒜皮的琐事，都可以成为领导与下属建立感情的基础。

领导者可以从关心每一个下属的日常生活和发展需要开始，帮助下属以新观念、新看法、新思路解决问题，利用个人的魅力激励、唤醒和鼓舞下属完成组织目标，同时及时纠正下属不正确的工作态度、信念和价值观。

7. 家庭氛围

企业就是员工的家，所以，就需要在企业内部刻意地营造一种家的氛围。当然，既然是家，也就免不了具有相应的习俗、礼仪、文化。

对于老员工来说就习以为常，但对于一个新员工就难免会有一些不适应，或者习惯与原来的企业相比较，觉得这个家与原来那个家不一样。这都属于正常的情况，也不必过于心急，时间会让一切发生转变，重要的是让每一个员工都感到家的温暖，让他们觉得无论走到哪里，都不会陷入"孤立无援"的境地；无论干什么，都不是自己"一个人在战斗"。

第八节 企业的"守经达权"

我们常常能发现这样一个有趣的现象，一些忙得要死的老板，企业普遍不赚钱，而那些赚钱企业的老板却总是很轻松。这其实就是"道"的问题，有道和无道，结局迥然不同。

所以，企业真正要积累的是"道"，是能够将一件事情做好的方式、方法，没有"道"，企业就难以有序地发展，更不可能将这些最先进的方式、方法，转化成可以在企业里传承下去的"道"。

一、经权之道

"仁"与"义"不仅是儒家学说的精髓，也是中国文化最为核心的部分，运用到企业经营上就是我们熟知的"人性化管理"。也就是说，企业主应该在企业所有的经营行为中，通过"仁"和"义"的适当运用，使企业的每一个成员都真心地把自己所服务的这家企业看作自己的一个家，把企业的大事小情都看作自己的事情。

"仁"是安人之道，就是要求我们用仁心去安抚人；"义"是经权之道，就是做什么事情都要恰到好处。对于企业来说，管理的最高境界其实就是做到"恰到好处"。它包括两个层面的意思：

一是不要墨守成规。因为过去的经验不一定适合现在的形势，以前可能很有效的方法，现在如果再继续使用的话也未必就有效。

任何事物都是在变化和发展的。所以，我们在处理问题的时候必须做到审时度势、因地制宜、因时制宜，根据事物此时此刻的状态，有针对性地进行相关决策。

二是应该力争上游。企业经营就如同逆水行舟——不进则退，这就要求企业在产品、技术、人才上不断地进行升级改造，不断地"求新求变"。这样的话，企业才能始终保持领先的优势，才能拥有企业家们常常喜欢挂在嘴边的核心竞争力。

二、经营中的守经达权

变化的是现象，不变的是本质。

所谓"守经达权"原来是针对为人处事来说的。按照常规做事情，叫作守经；非常时期所采用的突破性做法，叫作权变。

运用到经营上来说呢，就要求企业主面对诱惑时，能够坚守一些自己的东西，同时在处理问题的时候又能够做到相对的灵活。

这对于企业的中高层干部就尤为重要。具体来说，也可以概括为三个层面的意思：

一是有经才敢授权。再笨的人也不会觉得自己傻，投机取巧是人的通病，如果在管理中出现空子，就一定有人会钻。所以，在授权时，也千万需要把持住"经"，这个"经"就是原则，就是"红线"，也是为了不给人留下犯错的机会。

二是经不可嬗变。一旦是经过决策后定下来的东西，就不能轻易地进行改变。如果说变就变的话，不但缺乏必要的严肃性，也不容易让作为执行者的基层员工把握。

三是任何权力都是有限度的。所谓"权限"就是指的在一定范围、一定额度内可以行使的权力。即使掌握了某种权力，无任是谁，也都不可以逾越界限，这既包括权力的使用者，也包括权力的授予者。

从这个意义上说，就是：原则性的东西不能变，目标不能变，管理要求安人这一点也不能变，其他都是可以变的。用这种不变的原则，来应付千变万化的现象，那不管怎么变，都可以准确地命中目标。

每一个经营者都应该懂得"持经达权"。为此，我们不能"有经无权"，因为有经无权的人太固执、做起事来也容易变得呆板；而"有权无经"的实质又是乱变；两者都是需要避免的。

说到这里，我们不得不啧啧称赞我们老祖宗的智慧。真的是了不起，既有经又有权，既有不变的部分，也有变的部分。对于今天的我们来说，就是不变的部分要坚持，变的部分要放手，只有抓住目标，放手让部属去发挥，这样，经营才会取得较大的实质性功效。

第九节　企业中的团队经营

企业根据自身规模的大小和分工需要，会设立相对应的团队。对于企业来说，团队不仅是一个可以独立核算的组织，更是企业目标实现过程中一股不可或缺的力量。

一、团队的分类

较之于一个独立的团队有所不同的是，企业的团队是企业工作中的一部分，是企业为了更有效进行管理，细化出来的。

按职能分，一个完整的企业应该包括这样几个相应的团队：

（1）产品研发团队。这是保障企业所提供的产品具有市场竞争力的核心因素。

（2）产品生产团队。这是保障产品质量和生产成本的责任团队。

（3）行政管理团队。这是为了高效经营，激发生产力的保障。

（4）产品销售团队。这是产品转化成现金流的，从而得以继续生产的基础。

（5）客户服务团队。这是产品持续消化的重要保障。

二、团队的独立

企业中的团队是因为一定的目标而设的，也有各个不同的情况，所以，在实现目标的过程中拥有一定的独立权，只要有利于实现目标，还可以根据需要做适当的调整。

要按企业经营的有关精神，经营好团队。很多管理者喜欢亲自处理组织内部发生的纠纷，虽然解决了一时的问题，但同样的问题，不久后又会出现，没有自己到场还是解决不了，如果换一种方式，只是从中协调，那样的话，情形就会完全不一样了。

我开始带团队的时候对这一点理解不深，对于自己团队里的成员喜欢直接帮助他们，尤其是我亲自招聘来的员工，稍为有点着急就喜欢帮助他们谈客户，有时甚至是亲自帮他们做业绩，虽然换得了他们的信任，也让他们多了一次观摩的机会，但我后来发现这样做确实不是办法，因为这样做容易让他们产生依赖心理，之后只要离开我，他们还是一样不会做了。

三、团队的协作

团队成员是一根线上的蚂蚱，这句话虽然有点偏激，但却很好地表达了团队协作的重要性。既然大家的目标是一致的，也都是为着完成同一个任务，那相互间的配合、关心、爱护、支持，自然也就少不了。

我们都见过医生做手术的场面，一个人在手术台上操作，需要很多人予以配合，而印象最深的就是主刀医生的副手，只要主刀医生的手伸过来，他就知道应该递上哪一把钳子，彼此不用说一句话，但大家都知道对方此刻需要的是什么。

第十节　以身为天下，行动出效益

一个企业所取得的成就不单单是看他做到了多大的规模，赚取了多少利润，吸纳了多少人员就业，还要看这家企业拥有多大的胸怀，在多大程度上推动了社会的进步，这家企业的存在使多少人获得了实实在在的利益。

换句话说，只有心里装着天下的企业，才能得到天下人的关注；只有为天下实实在在地做了一些事情，也才会得到天下人的拥戴。

一、老子的启示

老子曰：吾所以有大患者，为吾有身。及吾无身，吾有何患？故贵以身为天下，若可寄天下；爱以身为天下，若可托天下。

这句话得意思是：人们所以有患得患失的大忧患，是因为人们只顾自身私念，如果人们不顾自身私念，人们还会有什么忧患呢？所以，人能重视自身的力量为天下人，才可以把天下委寄于他；喜欢尽自身的力量为天下人，才可以把天下托付于他。

早在3000年前，先贤老子对此就有很明确的一种态度，那就是：珍惜。他觉得一个人爱护天下，要像珍惜、爱护自己的身体一样。也只有那些像看重自己的身体一样看重天下的人，天下的重任才可以寄托给他；也只有像爱惜自己身体一样爱惜天下的人，天下都可以托付给他了。

但当下不少企业或者手头有点权力的个人，做事却很是让人揪心，他们总以为身在天下，做什么都理所当然，一旦自己有机会就疯狂地攫取，不考虑别人的感受。这样不但伤了别人，更毁了自己。

二、尊重不同民族的文化

因为不同民族的差异，也相应形成了其自身的文化，可能与我们的审美观不同，也可能在价值观方面也存在很大的差异，但我们还是应该予以尊重，因为任何事物的存在与发展都有其各自的条件，也有其特有的规律，也未必需要强求一致。

有些人对不同民族的习惯横加指责，甚至想通过强制的手段予以改变，结果反倒招致更大程度的抵触。

有些人自持自己的强大，想通过霸道的方式予以改变，结果非但没有收到预期的效果，反而弄得自己很是尴尬。

三、沿共同明确的目标前进

如果我们稍加留意就能发现，那些注重社会效益的企业，往往所取得的经济效益也格外优异。这是因为企业在担负社会责任和时代使命的同时，也相应增加了企业的知名度，提升了企业的美誉度。

当然，如果仅仅是只喊几句口号，或者就是做做样子，甚至假惺惺地掩人耳目，那有可能会获得一时半会的满足，但终究是要被人识破的，情形可能会变得比先前更加糟糕。

有了好的社会口碑，企业就容易得到大家的认可。只有大家都觉得这家企业做事认真、做人厚道，才会有更多的人相信企业、敬畏企业，从而愿意购买企业生产出来的产品；企业的员工走出去也会觉得跟着沾光，办起事来也会容易许多。

九 道

经营社会
—— 公平、正义、自由、和谐

第一节　自然的启示
第二节　社会的核心价值
第三节　人权的时代特征
第四节　实现社会核心价值的方法：科学、民主、法治
第五节　没有科学、民主、法治就没有人权，就不能实现社会的核心价值

在文化生活相对匮乏的那个年代，要是能够看上一场露天电影那是比过节还热闹的事情，对于农村的孩子们来说更是如此，因为这不单单是看场电影这么简单，而是可以乘此机会肆无忌惮地玩耍，还可以好好利用这几个小时的时间，与心上人约会。

一块空旷、平整的场地，用竹篙支起一个大大的、方方的框框，中间吊块白色的幕布，然后在间隔幕布十丈八丈的位置支上放映机，调整好距离，装上圆筒状的胶片，一场露天电影就算是正式开始了。那时的胶片还是稀缺物，也较为昂贵，通常一卷胶片能播放的时间也就只有 30 多分钟，所以，一卷胶片在放的同时，另外还得有辆汽车跑片子，也就是等着接正在另一处播放的下一卷胶片，这个地方放完了，其他地方也在等片子。

通常几个地方放的时间有个时间上的间隔，这样就能循环播放。于是，也出现了情况，就是一个胶片在一个地方因为胶片卡了或者放映机出现了一点小故障，就会引发下一处地方的播放不顺利，于是，等片子就成为那个年代一个特别的风景。

那时的电影似乎也少，露天电影主要是《地道战》《地雷战》《英雄儿女》《南征北战》之类的片子，所以，反反复复地看就成为经常的事了。如果运气好的话，就能遇到当时的外国"大片"，像苏联的《列宁在1918》《十月革命》等片子，南斯拉夫的《桥》《瓦尔特保卫萨拉热窝》都是在当时很叫座的，尤其是能够唤起男孩子的英雄情结。朝鲜的一些电影，不管是反映游击队战斗生活的，还是反特题材的影片，也都是当时比较受欢迎的，尤其是更能引起女孩子的共鸣。为什么？因为里面的人物动不动就哭，一会儿又笑，落下个朝鲜电影"哭哭笑笑"的名声。

一旦有了放露天电影的消息，孩子们就会提前好多天地在场地上用白灰画线抢位子，有时也会找来一些石子、碎砖块之类的东西圈一个可以放家里几张凳子大小面积的空位，这也就算是占据自己的领地了。但标记再明确的领地也难免会因为人为的破坏，或者一场风暴、雨水的侵袭而销毁痕迹。所以，有关电影"领地"的争端也时有发生，但这种事经常是家中小一点孩子之间的事。好在那时家家的孩子都多，遇到这种事家中大点的孩子往往就会出来协商；即使家中没有稍大点的孩子，那也会有平时与哪个小孩子走得近一点的大孩子，或者与争议任何一方都没啥关系，但平时在孩子群中多少有点威信的大孩子出面调解。况且，什么时候有电影，有什么稀罕的电影还不知道呢！就是真的抢好了地盘，也未必能马上用得上。

如果是邻村放电影，周边几个村得到消息后，老老少少也都会搬凳子赶去凑热闹。因此，晚上经常可以看到这样的景象：老老少少搬着凳子走过的长长的队伍，不用问，这要么是电影刚散场，要么就是电影即将开场，特别是散场的队伍最好判断，并不完全是因为时间相对较晚的问题，而是人群会边走边议论电影中的人物和经典台词。当然，也会有很尴尬的情况发生，就是一旦"某地有某电影"的情报不够准确，一干人马白跑一趟之后，不得不提着凳子无奈返回的时候，大有上当受骗、遭人戏耍的感觉，有些恼怒，但又不好也不知道向谁发出来。更恼人的是，那些没上当的，或者一手策划这个"恶作剧"的孩子，这时正等着看笑话呢！这边看笑话的孩子嬉皮笑脸明知故问地蹦出一句：电影好看吗？那边受骗回来又不服输的孩子就会故作矜持地冷冷应承一句：好看啊！"白跑回来的小英雄"。

露天电影还有个好处，就是可以两面看。如果正面实在是坐不下了，那么，幕布的反面也照样可以看，只是人物的活动影像是反的，开始时会觉得有些别扭，但适应了一段时间以后反而会看出别样一种风味。尤其是对于那些已经看过好几遍的片子，有意识地坐在反面看，看腻了的东西，试着换一个角度看看，也许会看出别样的滋味呢。

看露天电影的机会，也是大孩子们借机谈恋爱的好机会，由于平时家里都管得挺严，这时正好可以找看电影的借口躲在一个僻静的地方，卿卿我我、你侬我侬，这也构成了影场外独特的一道风景，因为什么呢？因为也总有一些小孩子不看电影，专门偷看青年人谈恋爱。这时，平日里的秩序也颠倒过来了，不是小孩子怕青年人，而是"做贼心虚"的青年人怕"捉奸成双"的小孩子会将此事传到当事人双方家长的耳朵里；不是青年人欺负小孩子，而是握有"把柄"的小孩子，以此来"要挟"那些"作奸犯科"的青年人。

这时原本与大家没什么关系的银幕"戏剧"，因为同步在现实中上演，而变得更加现实，也变得更加精彩起来。

这个世界人与人之间的联系真是太微妙了，有时候你想老老实实地在家待着清闲清闲，可哪里去找这么样的好事啊！就比如说吧！远隔万里之遥的美国一家企业倒闭了，全世界的人都要跟着勒紧腰带；中东冷不丁地落下几颗炮弹，不同肤色的人都不得不帮着买单；日本人不小心核泄漏了，中国市面上的盐也要跟着紧俏起来；马来西亚的飞机失联了，乘客多为中国人，想不忙都不行。

中国人历来奉行"多一事不如少一事"，作为平民百姓，原本我们真的不想跟着瞎掺和，但现在的问题是，你不掺和，这些破事儿也一样会找上你的门来。因为全球金融危机的缘故，原本还在院子里散步的你，前一刻还被人羡慕为百万富翁，但也许就是一夜之间，或者可能仅仅就几个小时、几分钟，甚至几秒钟，你就由"富翁"变成了"负翁"，不但成了一个实实在在的穷光蛋，说不定还背着一屁股的债务。

有时不信邪还真的不行，很多事明明与你没有半毛钱的关系，但分分钟就可能殃及你。因为你不管生存也好，发展也好，都始终离不开社会这么个大环境。因此，也就引出了另外一个问题，那就是：我们无论经营什么，有一点是无论如何都无法回避的，那就是经营所需要的环境。对于自然环境而言，就是维持生命呼吸所需要的空气和自然资源；对于人文环境而言，就是能够获得让身心都可以得到相应舒展的空间。

第一节 自然的启示

自然通过数十亿年的演变，才变成了现在这个样子，每一个事物都有属于自身运行的规律，每一个生命也都有它存在的价值。

人类是自然的产物，也在自然生活，除了需要顺应自然的法则之外，还得适应自然的规律，更重要的是向自然学习。只要我们能够细细体会，都无一例外地能够从中发现某种规律，也能由此得到一定的启发。

一、大自然是公平的

阳光和雨露是所有生物生存的基础，而恰恰是在这一点上，自然却赋予了任何生物最为公平的物质。

自然的公平还表现在维持生态平衡上，不可能将所有的优点赐予一个物种，也不会将所有的缺点赐予一个物种。比如鲜花，花开得漂亮的却未必能够结出像样的果实；而花开得平平的却往往结出的果实又大、又美味。

其实，算起来人类是所有动物中身体条件最差的，赤手空拳的话往往连猫都打不过。但是自然却赋予了人类超凡卓越睿智的头脑，所以，他能称霸整个自然，位于食物链的顶端。

二、大自然是正义的

自然也是最不会掩饰的，你怎样对它，它就怎样对你。就像你面对幽深的峡谷，你说什么，它就回敬你什么，回声离不开原声。

所有生物使用的一切都来自地球。如果穷凶极恶地攫取，就会遭到大自然的报应。如果我们乱砍滥伐，破坏植被，就会导致洪水泛滥；如果我们无休止往大气中排放二氧化碳，就会造成大气污染，就会引发雾霾，就会酸雨频发，就会产生温室效应，就会受到惩罚；如果我们不断地抽取地下水、排放污水污染水源，或许将来某一天见到的最后一滴水是我们人类的眼泪。

对于生物之间的竞争也是这样，不可能将所有的好总偏向某一方。在非洲的埃塞俄比亚地区，当地人一直为两种花的事情烦恼。一种叫应答花，一种叫简安花，如果这两种花靠得太近的话，简安花的叶子就会在成长的过程中叶片枯黄，就像是死去了一样，许久也开不出一朵花；而应答花却相反，不但快速生长，不久便会在顶部开出一朵巨大的花，美丽无比。但这种美丽却不能维持太久时间，不几天，应答花就因为体型巨大而纷纷折断，凋落在地上枯萎而死。而此后简安花则开始占据上风，慢慢恢复生机，然后开出美丽的花来。

后来，研究人员揭开了其中的谜底。原来这两种花如果靠得太近，有限的水资源就会成为竞争的目标。应答花有着非常发达而敏感的根系，当它感觉身边的简安花也在不断地汲取水分时，就会本能地产生一种恐惧感，这种恐惧感促使它无限制地生长自己的根部，于是就更加疯狂地汲取水分。缺水的简安花生长所需的水分不足，因此，只有一点一点枯黄。此时的应答花因为水分充足而没有节制地生长，可也不得不因为承受不住巨大花体的重量而折断；失去了花之后对水的要求自然变小，这时，一直受压制的简安花则获得了充足的水分，慢慢地缓了过来并迅速开花结果。

应答花为了争水，最终害了自己；而简安花虽然遭遇不公，却始终坚强地活着。

三、大自然是自由的

一切生物的天性都是热爱自由的，虽然有些生物因为环境的改变而生生失去了自由，甚至会被一些强权势力剥夺了自由，但它们的天性却从来不曾改变。像我们熟知的狗，它们的祖先是自由自在的狼，被人驯化后的狗为了生存却要看人的眼色，但一旦有条件，它们也是更愿意在自然的环境中尽情地撒欢。

小时候，我最讨厌的动物是麻雀，认为这些也被叫作鸟的东西一个个长得贼头贼脑的，趁你没注意，它还就要跟着偷东西。地里的庄稼熟了，最先赶来糟蹋的是它们；撒在地上喂鸡呀鸭呀的粮食，一不留神，大半都进了它们的胃。但我最佩服的动物其实也是麻雀，因为要是你真把它们关在笼子里养，那也是白费力气，因为即使再贪嘴的麻雀，只要你把它关在笼子里，那纵然就是饿死，它也绝不会接受你的施舍，而且只要还有一口气，它就会不管不顾地冲撞笼子，直到它的嘴角鲜血淋漓，也绝对不会放弃。那种宁死都向往自由自在天空的骨气令人感叹。

一个生物是否自由，有时仅从外表也能看出来，野生环境下长大的生物，毛色都有油光，而人工圈养的动物，毛色都比较黯淡。因此，我母亲在买菜方面就积累得很有一套，她曾经传授给我辨别市场上野生和养殖鱼的一个秘诀，那就是：只需要看鱼的眼睛就有了答案：如果是大河里的鱼，眼睛都是清澈的；而人工养殖的鱼，眼睛普遍浑浊。

四、大自然是和谐的

大自然中现存的生物究竟有多少，科学家一直拿不出一个准确的数据，原因是任何一种生物的存在都离不开其他生物，不同的生物共生共灭、和睦共处。

就拿珊瑚礁来说吧，每一个珊瑚群都有着各自独立的区域，也各自有自己独特的居民，海鱼吃海藻，并利用珊瑚的裂缝清理表壳上的寄生虫和海藻，使壳焕然一新。珊瑚看起来像一个光溜溜的骨架，里面却住满了一个个"居民"。珊瑚礁不但为这些居民提供了住房，也提供了安全的庇护，而这些居民又反过来为珊瑚礁提供了生长所需要的养分。

流行在长江流域的一种"行酒令"实际上也很好地体现了这个道理。行酒双方各执一只筷子互相敲击，口中念念有词地叫出老虎、虫子、棒子的酒词。老虎吃虫子，棒子打老虎，虫子蛀棒子。一物降一物的同时，一物也要依仗另一物而生存下去，这就是生存的法则。

第二节 社会的核心价值

每个生命物种来到这个世界上都是带着使命来的,需要繁殖,需要传承,需要发展,但这一切都必须满足一个最基本的条件,那就是生存。

任何生命无论脆弱还是强悍,都是大自然的一部分,都要依赖地球而生存。从这个意义上说,生命原本就没有什么贵贱之分,每一个生命也都是地球不可或缺的一部分,在向地球汲取资源的同时,也使得地球的生命形态变得更加异彩纷呈。

作为思维发达的人类,虽然为了自身的需要,都多多少少有自己的利益,也因为认识的不同而产生了一定的差异。但人类社会经过数千年的争斗、磨合、发展,已经形成了社会公认的价值观。

一、公平

所谓公平,就是处理事情不偏不倚。基本内容指个人与个人之间、个人与社会之间所得与应得、所付与应付之间的"相称"关系,主要包括贡献和满足之间的相称,叫"分配的公正";权利与义务之间的相称,叫"政治公正";自由与责任之间的公正,叫"法律公正"。但这一切又都是建立在平等之上的。

公平之所以重要,不光是因为公平可以创造良好的社会环境,更因为公平还能促使人的进步。对于既得利益者来说,可能一时半会占了点便宜,但却丧失了最基本的能力。我们不妨设想一下,没有公平的社会环境,人的技能就会退化,人就会得过且过,就会投机取巧,就会丧失必要的专业能力。

要做到社会环境的公平,就必须保障在这样几个方面的机会均等。

1. 机会平等

其实,算起来自然所有的生物奔波、忙碌,都为着两个最基本的目的,那就是:食物和性,食物是为了生存,性则是为了繁衍。

无论对于生物，还是对于人类，生存权和发展权都是首要的权利。没有生存权，一个生命就会消失；没有发展权，一种生命就会日渐退化。

机会平等不但体现在大事上，也体现在一些小事上。我记得我们村里刚包产到户那会儿，每年秋后晒谷子是各家各户最大的事情，不用说，村里仅有的几块铺好水泥面的专用晒谷场是每家每户最青睐的，没得说：一家一天，抽签决定先后次序；对于一些非专用的场子，比如一块平坦的开阔地，宽敞点的公路边缘，实行的也是先到先得。在这方面，村干部和普通村民都是一视同仁的，谁也不得例外。

正因为这样，才使得原本枯燥的晒谷工作变得饶有兴致起来，也因为这样的机会难得，所以，每家每户都格外珍惜分配给自己的宝贵一天。

2. 尊严平等

因为协作的需要，社会根据自身发展的规律与特点，将人分门别类地安排在了不同的岗位，每个人也因此在社会上担任了不同的角色。

但无论做什么，有一点是无可争议的，那就是无论健康还是疾病，无论富裕还是贫困，无论对于社会的发展贡献大小，人的尊严始终都是平等的。

记得小时候，我们在东荆河边垂钓，从每个人所使用的垂钓工具上还是能够反映出家庭经济情况的。家庭经济好点的，就会托人从城里买来那种可以伸缩的鱼竿，还带着滑轮，有老长的线可以借助鱼竿甩出很远；当然，大部分人还是使用自己制作的鱼竿，砍一截竹竿，去枝叶后用微火烤直，装上鱼线、鱼钩、鱼饵就可以用了。但每个人所站立的位置，以及鱼儿上钩的概率却也是一视同仁。

于是，经常出现这样的场面，各式各样的鱼竿一溜儿在岸边排开，这时最有面子的往往是谁钓起来的鱼大、鱼多，与使用钓具的贵贱，穿着打扮没有任何关系。而要想在这一群钓鱼者中挣得面子，唯一的方式也就是在水面上有个上佳的表现。

3. 人格平等

不管什么地位的人，在人格方面都应该是绝对平等的。

关于这一点，我有着很深的感受，在东荆河钓鱼的什么人都有，男女老少、本地人外地人，都一样受到尊重，都会因为钓了一条大鱼大家为之喝彩，也会因为跑掉一条大鱼大家为之惋惜。

最为令人感慨的是，钓鱼的人群中有相当一部分是离退休人员，这些人里有曾经的村主任、镇长、县长，甚至市长，这时的他们就只有一个身份：垂钓者。他们的目的也都只有一个，钓鱼取乐，鱼钓得多了，自然高兴；鱼钓得少了，一样丧气；若是不小心让一条上钩的大鱼跑了，懊恼也是一样的。

4. 权利和义务平等

现在随着人们法制意识的日益增强，对于维护自身权利的要求也越来越高，但也出现了一些偏激的情况，就是只讲权利，避讲义务。只知道维护自己的权利，忽略了所应承担的义务。比如公共设施，谁都享有使用的权利，但同时每个人也都有维护的义务。再比如，谁都有乘坐公共交通的权利，但同时也有自觉维护秩序的义务。再比如，消费者有维护自身权益的权利，但也有防止污染和保护环境的义务。

在签订合同的问题上就更是如此，如果一味地限定对方违反了就要接受怎样怎样的惩罚，却不愿由此承担相应的义务，那就叫"霸王条款"，不但要遭到诟病，更为社会所唾弃。

5. 上升通路平等

每个人都想进步，根据自己的工作能力和一贯表现，得到一定升迁，其实是再正常不过的事了，在这个基础上所获得的机会也应该大致相当，不能因为跟谁关系好，与谁走得近就获得格外的关照。这样做，对于受害者还是受益者，其实都是弊大于利的，对于社会的发展与进步，更是因此会受到相应的阻碍。

这个道理我们前面也说过，就是任何事、任何组织都是有一定目标，让什么人做最容易接近目标这无疑应该是前提，一切都要有利于更好地推动事物的发展。但我们看看现在，很多事、很多组织领导人却仅仅凭着与跟谁的关系密切，甚至谁给自己的利益大而决定升迁，这是严重违背价值规律的。试想：如果关乎个人的切身利益，这些领导还会这么做吗？说穿了，出现这些不良现象的根本原因还是我们的监督、考核、激励机制出了问题，无非就是慷国家（他人）之慨，中饱个人私囊；用大众的成本，发展个人的"小集体"。这实质上也是将自己赖以生存的"大集体"，推向了危险境地。

二、正义

正义，历来就是一个众说纷纭、各执一端的价值观念。有人认为各司其职，各守其序，各得其所，就是正义；有人相信平等就是正义；有人认为公共福利是正义的唯一源泉。尤其是当今大变革的时代，社会发展越是迅速，这个矛盾就显得越发突出。

什么是正义？我个人认为，所谓正义就是传播正能量，这其中包括一个人的正义感和道德举止两部分。前者指人的道德意识和是非观念，后者是人所采取的行动。

通俗地说,就是我们说话、办事多为别人考虑一点,不要只顾自己痛快,也得考虑对方的感受,这也可以从中看出一个人的德行和修为。反过来说,没有正义,人就会变得自私,心胸狭隘、目光短浅,做起事来也就会患得患失。

1. 分清是非

是非问题是判断一件事物最基本的尺度,立场不同,看问题的角度不同,评判的标准自然也就不同。我认为:最科学也是最为公平的评判标准是:以自然为标准分清善恶、是非。凡符合自然之事即为善为是,凡不符合自然之事即为恶为非。比如:两性关系,由恋爱而婚姻,自然在一起即为善。

除此之外,还要讲究公平。在我们说话、做事之前,先弄清一下事情的真实情况,不偏不倚,以公平为原则进行评析。

2. 身体力行

这其实是我们对于正义所采取的行动。

有很多人的正义感只停留在口头号上,当要付诸行动时却用此来约束别人,却不以此来要求自己。马列主义电筒只照别人,不照自己。这样的例子,即使在我们身边也俯拾皆是:有的人平时一说起社会上的一些不良现象时义愤填膺,但这些事真要发生在自己身上时,常常置若罔闻;见到不义的人和事却无动于衷;只要举手之劳就能使别人摆脱困境,却不愿意施以援手。

其实,维护社会的公平正义,人人都是参与者、实践者。有正义感,最主要的是要体现在自身的行动上。不能空喊口号,不见行动;不能只要求别人,不要求自己;更不能说一套做一套。而是处处、时时、事事都要以正义为标准来规范自己的一言一行,有所为,有所不为。

3. 仗义执言

这是我们敢不敢说的问题。对于不良的东西如不及时加以提醒的话,事情就会向不好的方面继续发展,到最后,很可能就会酿成难以弥补的缺憾。

现在,随着信息化的裂变式发展,以及社会民主进程的不断加快,我们可以释放自己情绪的空间也越来越大,每一个公民的言论越来越自由,即便是最普通的人,也可以对社会的进步起到巨大的推动作用。

但这并非就代表我们可以随心所欲地发泄自己的不满与愤懑,恰恰相反,我们更应该珍惜自己舆论的权利。以事实为根据,以法律道德为准绳,大张旗鼓地支持和声援正义的,反对和声讨非正义的人和事。提倡什么,反对什么,必须旗帜鲜明。不能人云亦云,更不能见利忘义,帮着不义的人和事说话。

三、自由

对于一个有独立意识的人来说,自由就像呼吸的空气一样须臾不可阙如。

对待别人,自由就是尊重生命,就是尊重人的一切合理行为;对待自己,就是无拘无束,在道德和法制的框架内不至于作茧自缚。

人的天性就是喜欢自由的,喜欢自由地在大自然中徜徉,喜欢无拘无束地享受雨露和阳光,喜欢天马行空地发挥自己的想象。也正是因为有了这种自由的环境,人类才可以焕发出巨大的能量,也才有了人类今天的文明与辉煌。

而缺少了自由,人的思维就会陷入桎梏,行动起来就会放不开手脚,畏首畏尾,也不可能创造性地做好事情。就像笼子里的鸟,虽然变得温顺了,但却永远失去了飞翔的能力,也就见不到美丽翱翔的翅膀。

1. 人身自由

人身自由是作为人在社会上存在的基本条件。也是一个法制社会里给予个人最基本的保障。这里面其实又包含着三个层面的意思:

一是指人的全面自由的发展。这是宪法赋予每个人的基本权力。

二是指人的行为自由。也就是在宪法框架内,人的所有权益,都应该受到法律的保障。

三是指人的个性自由。只要不妨碍他人,那每个人具有什么样的个性就是很自我的事情,他人无权干涉。

2. 言论自由

对一件事情大家发表不同的意见,这本身并没有什么不好。事实证明,反对者的意见虽然不好听,但却往往能说到点子上。

以前我们家族开会,经常也会邀请其他家族派代表参加,起先我以为这是把握平衡,后来才发现这是有意识地听取意见,因为族里人说话都会碍于面子,也会考虑个别的利益,而其他族的意见没有顾忌,所以,意见反而会中肯。

3. 信息自由

知情权是人的天性,因为只有充分了解了一个事物,才可能判断一个事物。

只要是一个正常的人,其实每天都在通过各种渠道,各种方式接受信息,有没有吸收,有没有采用,却是他自己的事。但我们有些人总是害怕这害怕那,总喜欢人为的封锁一些自认为对自己不利的信息,这样反倒激发了人的好奇心,反而让人更想了解。这样做,非但不能起到制约的作用,反而会让事态扩大,而且暴露出自己的不够自信,还让人为此小瞧了自己。

4. 思想自由

一个人心里想什么是他自己的事,一个人信奉什么,也是他个人的自由,只要没有侵害他人的利益,他人就无权干涉。对于他人的信仰,我们可能不认可,甚至有些反感,但我们不得粗暴地干涉。

只有容得下别人的人,才能被别人所接纳。所以,在一个健康的社会环境下,应该允许各种信仰的存在,尊重各种信仰习惯,并给予一定的发展环境。这不但是一种尊重,更是一种器量。

四、和谐

这个世界不是为某个人准备的,也不应该受到某一种类、某一帮派所挟持。因为人类社会也是经过漫长的演变、发展,剩下的生物其实都有关联性,所以,保持在一定环境里的和谐就显得尤为重要,因为任何对抗的结果都可能造成两败俱伤,于人于己都是一件得不偿失的事。

如果用一句话概括的话,我认为和谐就是彼此可以相安无事,大家可以和平共处。引申开来就是:地球上每一个生物都可以有自己活动的空间,每一个人也都各得其位,各得其乐。所有公共的财产不会被个别的利益集团私吞,个人的财产也不容易受到他人的侵犯。每个人都能踏踏实实地做自己的事,大家都能无忧无虑地融洽相处。

这些看似简单的问题,其实都是构成和谐的基础,也都存在于事物的本身。因为无论是大自然也好,还是人类社会也好,经过漫长的演变、进化,也都形成了固有的规律,只要我们细心观察、用心体会、客观思考,都能从中找到现成的答案。

1. 个人与自然

人与自然和谐,就能更好地利用自然资源,否则盲目攫取的后果就会受到报应。

我家乡东荆河的渔业资源丰富是远近闻名的,所以,沿岸的居民就会时不时地在河里弄点活鲜的鱼虾打打牙祭,捞得太勤,河里的鱼虾自然也就变成稀罕物了,于是,每年春秋鱼的产卵季节,就规定不得在河里捕捞,因此,也就出现了每年鱼汛时"千帆竞发"的壮观场面。否则,非但水里的渔业资源枯竭了,也少了一份对收获的期待。

这是我生平第一次切身感受到休养生息、和平相处的道理。

大自然所有事物的争夺说穿了都是资源的争夺,因为所有的生命都要依赖资源生存，资源消耗的速度一旦高于生成的速度，就会形成枯竭的局面，生命就会受到威胁。

小时候，我们家里面每年最大的一笔收入还是到了年关的时候，卖掉家中养了一年的猪羊所得。所以，我一直不能理解父亲，既然猪和羊的收入对家里这么重要，那为什么不可以多养一些，就算是猪需要耗费粮食还有个值不值的问题，但羊呢，除了吃草之外，好像也不需要另外给它们吃其他东西，而草在我们家乡却是非常普遍的东西，河堤上、道路旁，到处都是。现在明白了父亲的良苦用心，因为资源是有限的，如果消耗的速度超过了再生的速度，那就无法继续发展。

我们谈经营，就是要运用经营的头脑来思考问题，任何事情你都不能无休无止地利用。比如我们挖河沙，一处挖得适量，不但可以疏浚河道，还可以获得一定的建筑材料资源；但如果在一个地方挖得太狠的话，就会危及堤坝和桥梁的安全。

2. 个人与社会

人的发展需要有一定的条件，社会的进步也同样需要一定的条件，这就不可避免地会发生一些利益的冲突，也就是我们通常所说的个人利益与社会整体利益的矛盾。但是，再有能耐的人也是社会的一分子，个人需要的满足，只能借助于社会；再庞大的社会需要，也只有通过个人的需要才能得以体现。

我开始念书的时候，父亲明确了我的第一个任务——放养家里唯一的一只白色的山羊，所以，我每天起床后做的第一件事就是打开羊圈，将羊拴在一块空地上任它排泄，活动活动。这当口，我正好可以开始洗漱、吃早餐，然后牵着羊一起去上学。

学校离家也就两里地的样子，旁边全是农田，春来种些蔬菜，夏秋种些棉花。我们班的小伙伴做的事大致与我差不多，也多半管着家里的部分牲口，也跟我一样需要牵着牲口上学。这时，问题就出现了，学生要上课，牲口要进食，而且各自不同的牲口圈在一起就免不了做出一些互相伤害的事，这是谁都不希望看到的。因此，很自然地就形成了一个互不干扰的办法：不同的牲口拴在各自的区域活动。上课时，同学们安静地坐在教室听讲；课间休息，同学们抽空喂喂自己的牲口。人与动物之间、动物与动物之间、人与人之间彼此制约，又相互尊重。

于是，奇异的场面也就会每天，尤其是清晨，在这样一个偏僻的小地方上演：教室里是一群意气风发的少年整齐划一的琅琅读书声，教室外是一群烦躁不安的牲畜参差不齐的嘶鸣声，有时一篇课文刚好朗读完一段，教室里鸦雀无声的时候，教室外恰好传来一两声牲口的嘶鸣应和，像是故意在应和一样，顿时爆发哄堂大笑。

村与村之间事务的处理也有这样一个问题。以前村里请来戏班子唱大戏，经常是由村里集体出钱的，也难免会有隔壁村的人来凑热闹，起初个别村民觉得自己吃了亏，就会有意无意地说点风凉话，甚至还会驱赶；后来干脆专门辟出一块地让别人来看，那下次别人请戏班子的时候，也会通知我们，这样大家也都在没什么损失的基础上，反而多看了一次戏。

3. 个人与政府

政府作为一个管理机构，无论你承认或者不承认，无论你认可或者不认可，它都真实存在着，想撇开的话，依据目前的条件也是不现实的。但为了社会更良性地发展，我们也确实需要理清一下个人与政府的关系。

政府是受人民的委托实施管理的一个机构，一言一行就必须代表人民的意志，并自觉自愿地接受人民监督，同时，为人民的富裕、幸福，营造一个好的环境。这一点，似乎没有任何异议。

作为个人来说，也应该明白，任何一个人的成长都离不开自己所处的环境，所以，我们要想有个比较好的发展，除了需要掌握一定的知识和技能之外，还需要密切关心世界和国家的命运，有必要时，还需要跟政府保持一定的关系。

我记得有一年，镇里要求我们村统一种植棉花，但有些村民不愿意，镇里也用过一些强制的手段，但一直收效不好，弄得村民心里憋屈，干部也觉得委屈，关系也因此变得很僵。后来，镇上就分别走访村民后才知道他们之所以不愿种棉花的原因是害怕经济风险，一是棉花的定期收购问题，二是棉花的收购价格问题。于是镇领导换了种思维，组织专业厂家来收棉，价格比市场上的还高，同样一块地，收入比种水稻高，自然也不用动员都会争着种。

第三节 人权的时代特征

所谓人权（基本人权或自然权利），顾名思义，是指"人，因其为人而应享有的权利"。就是人的生物权利或社会权利。通俗地说，就是人人自由、平等地生存和发展的权利，换句话说就是：每个人来到这个世界，都应该受到合乎人权的对待。这其中包括"普适性"和"道义性"两种基本特征。

"普适性"指的是在当今的国际社会，维护和保障人权是一项基本道义原则。是否合乎保障人权的要求已成为评判一个集体（无论是政治上的还是经济上的）优劣的重要标准；"道义性"明确了国家不过是由独立的个人按一定规则结合起来的共同体。在这个共同体里，每个人仍然是独立的行为主体，个人对于共同体的作用和价值固然存在大小之别，但每个人在生命与权利诸多方面却是等价的。

一、宗规与宪法

传统社会是宗规社会，现代社会是宪法社会。

宗规的一切都受到宗族势力约束，而宪法下的公民权益都受到宪法的保护。

由于时代不同、人性各异、文化传统、政治制度等不同，二者之间的冲突是在所难免的，而冲突一旦没有得到及时的协调或解决，则势必引起政治的不稳定，进而影响民主政治建设的进程。

我个人对此的感受也格外真切。以前我们村里的大小事都由族里几个长老决定，以致造成了很多冤假错案；后来族里试着将一些规定都变成条文，大家讨论后实行，效果虽然有了明显改善，但执行起来还是难以避免错判。后来才发现，其实宗法无论怎么变，都难免受到宗族的影响，也有宗派之间的利益。后来，干脆不管哪个族的，一切以国家宪法和村规民约作为标准，大家公开投票，集体决议，就有效地化解了所有怨言。

二、臣民与公民

所谓"臣民"就是不管你多么受到重视，也是在别人的庇荫下生活，一举一动也要受到约束。明明是好不容易获得了自己应有的权益，结果还要对人感恩颂德。

所谓公民是个法律概念，指的是法律条件下行使个人权益的人。

传统社会的人是"臣民"，宪法社会的人是"公民"。

是否保障人权，是区分臣民与公民最有效的标准。臣民的本质是"奴性"，将自己依附在别人身上，凡事都唯唯诺诺；而公民却有自己独立的人格和意志，是主人，一切言行都受国家宪法的保护，所以，应该理直气壮地维护自己的权益。

1. 平等意识与等级意识

对于公民而言，最大的特征就是平等，无论性别、民族、种族、国籍、职业、宗教信仰，在人格和身份上都是平等的；臣民因为习惯逆来顺受，监督权和反抗权被剥夺，也就将自己的生杀大权交到了别人手里，只能是长期处于被奴役的状态，必然是对奴役者战战兢兢、毕恭毕敬，而奴役者不但可以随意打压反抗者，还反过来扮演出一副救世主的姿态。

2. 权利意识与义务意识

公民的权利是出生时就自然享有的，政府只是代为管理，所以，受托管理的一方不能超越权限；臣民在这个世界上只有义务、没有权利，如果想拥有一点权利，就必须拼了老命去巴结、讨好，以获得主子的欢心。

3. 公德意识与私德意识

公民社会里，国家归公民所有，所以很容易就会产生一种国家荣誉感和主人公意识，就不容易出现乱扔垃圾、随地吐痰和大小便的行为。相反，为了能更好地行使权力，他们会随时随地地自觉维护自己赖以生存的家园。专制社会里，臣民只有无边的义务与苦难，所以，每天想的就是怎样修身养性，以便更好地博得统治者的欢心，从而可以捞取一点特殊的资本，于是，必然私德泛滥，公德淡薄。

4. 多元化社会与单一化社会

公民社会里一切权力归公民，所以，行为是完全跟从自己内心需要的，不管是多数、少数，还是极个别的，只要不侵犯他人的合法权益，就应该受到尊重和保护，因此，这样发展起来的社会一定是多元化的；而专制社会里，臣民是为了统治阶级的需要而生的，因此，所受到的教育也必然是统一化、工具化、模式化，这样的社会也必然是单一化社会。

5. 法治社会与人治社会

在公民社会里，讲求的是人人平等，人与人之间的关系即使出现矛盾，也是由法律形式来解决的；而专制社会的法律是为统治者服务的，法律符合统治的需要，则用；不符合统治的需要，则改。

这样做，不但损害了法律的严肃性，而且玷污了法律的尊严。

三、人权是区分传统社会与现代社会的唯一标准

每个来到世间的人，从娘胎里生出来的时候都是一个凡胎。谁也没有所谓的"超能力"，因此，谁也没有规定他天生就可以愚弄欺诈、摆布别人。

传统社会里，没有人权和法制。因为人的力量受自然环境的约束，加上长期受到封建家长制的禁锢，没有人权，不但不能有自己独立的意识，就连自己的身体也由不得自己主宰。一切都由宗族的家长说了算，干什么都要顾及家族和家庭的利益，个人没有自己的想法，也无法遵从自己的意愿。

现代社会里，提倡人权和法制。因为融合了不同的文化、思潮、习俗，使得人们的视野也逐渐开阔起来，公民是社会的细胞，家庭、社会组织和单位，都只不过是公民存在和活动的具体形式而已。

关于这一点，从我小小的家里就能体现。可能也正是因为以前受到太多这方面的约束，所以，我父母亲对于七个孩子的成长也一直都尊重他们自己的意愿，即使在读书的问题上也是这样，爱读书的，家里再穷也要支持；不爱读书的，也不勉强。其他问题上也是这样，只要能说出合理的理由，他们都会追问一句："你想好了？"得到肯定的回答后，就不会再说什么，尊重你的意愿，一切由你自行决定，你也就可以按照自己的意愿去做了。

第四节 实现社会核心价值的方法：科学、民主、法治

对于一个社会来说，不管是什么性质，什么制度，都有自己的核心价值。要实现社会的核心价值，方法有很多，但科学、民主、法治，毫无疑问，都是任何一种制度的社会都必须恪守的基本方法。

有些人动不动就喜欢拿现在和过去比，认为是进步了。但放在整个大环境来说呢，却是远远落后了。因此，我认为，判断一个社会是否进步，可以从这样几个方面予以衡量。

一、科学是种决策精神

我们在决策任何事情之前，都要尊重这件事的规律。事实证明，顺着规律办则顺，逆着规律办的结果一定是失败。这是一种科学的态度，更是一种科学的精神。

1. 怀疑精神

驱动世界前进的不是别的，恰恰就是怀疑精神，这样才能促使人类不断进步。所以，只有勇于质疑传统、权威，坚持真理，敢于向传统挑战，我们才能发现问题。

2. 批判精神

一个人只要还有思想，就要敢于批判一切现存的不合理，不但敢于批判别人，也敢于批判自己，这样，他人和自己就都能得到进步。

3. 分析精神

我们接受任何信息，并非一股脑儿全盘吸收，而是要经过大脑的过滤。分析不但能有效地过滤一些无用的信息，而且可以帮助我们将风险降到最低。

4. 证伪精神

证伪就是要解放思想，本着"不破不立"的态度，大胆对现行的一切理论

和原则提出质疑，并通过实践发现问题，从而探寻到更好地解决问题的方法。

记得小时候我最怕的就是走夜路，尤其是路过坟地的时候，不但晚上怕，连白天也怕，因为我总是相信有鬼，但一次不知是谁家在翻地时挖出一个"骷髅头"，我被几个胆大的孩子拉上观察了几个晚上，硬是没有发现有什么变化，自此以后不再相信世上有鬼，也就不再惧怕坟地之类的东西了。

5. 求真务实

有些事物容易被表面的东西所掩盖，眼见也未必为实。所以，有了科学抽象的过程，我们还必须坚持理性原则。一方面要正确反映客观现实，实事求是，克服主观臆断；另一方面，在严格确定的科学事实面前，要勇于维护真理，反对独断、虚伪和谬误。

二、民主是种决策方法

任何事情的成败其实都在于决策，决策的方法有很多种，但目前世界上还没有绝对可靠、万无一失的方法。民主的形成也只不过是人类经过无数的实践后，确认的相对来说最稳妥的处理问题方式。

1. 决策的五种形式

要彻底弄清这个问题，我们不妨对几种决策形式，作个优劣对比。

（1）独裁，效率高，但差错大。

对于社会发展的作用来说，利与弊可以通过表格进行对比：

类别	积极作用	消极作用
政治方面	有利于提高决策效率	君主专制，极易产生暴政、腐败现象，是阻碍历史发展的因素
思想方面	有利于统一思想认识	在思想上表现为独尊一家，压制了思想文化的发展
经济方面	利于有效地组织人力、物力，从事大规模的经济活动	不利于发挥人的主观能动性
军事方面	有利于抵御外来侵略，维护国家领土主权的完整和统一	容易受情绪影响，从而产生误判

结论就如注释所说，效率是高了，但差错也大。

（2）集体（听少部分的），效率较高，差错较大。

人无完人，再英明的人也难免出现差错，集体的情况就相应地会好很多，三个臭皮匠还赛过一个诸葛亮呢，有异议才好分析决策的可行性。不是有这样一句话吗：智者千虑，必有一失，愚者千虑，必有一得。

值得注意的是，实行集体决策唯一要注意就是避免长官意志，不以领导的好恶来决策事情，这样才能更加接近事物的真相。

（3）民主（听大部分的），效率一般，差错较少。

民主决策优点是：决策综合各方利益；执行接受监督，不易产生腐败及个人独裁。

民主决策的缺点：决策慢，执行效率低。

（4）一票否决制（听全民的），效率慢，差错较小。

"一票否决制"是指在决策过程中，只要一个人或一个单位不同意，则决策无效。如联合国常任理事会实行一票否决制，欧盟也实行一票否决制。优点是避免错误，缺点是效率不高。

（5）占卜式决策。择机但不投机。

这是在信息不通、资料不全的情况下，拿不定主意时使用的一种方法，与封建迷信没有什么关系。优点是决策快，缺点是有随机性的成分。

综合以上五种决策的优劣势之后，我们不难看出，没有一种决策方式是万能的。也由此可见，民主决策虽不是万能的方法，却也不失为一种很好的抉择决策方式。

2. 民主不是民本

民主与民本，虽然只有一字之差，却反映出人的认识水平和精神境界。

民主：公民做主。主动权掌握在全体公民手中，也受到全体公民的监督。

民本：为民做主。主动权掌握在官员手中。容易偏袒，缺乏必要的约束。

需要特别说明的是：传统社会中的民本不是民主，民本的背后是官本；传统社会的自由是任性的自由，不是个体自由，不是制度自由；传统社会中的官员的忧国忧民最终可以归结为忧己：进也忧、退也忧，在其全心全意求当官、升官的时候，时时、处处都战战兢兢、忧心忡忡、患得患失……

这就不难看出，民主追求的是"多数的权力"，而民本追求的是"全体福利"。

三、法治是种管理手段

法治是在一定框架范围内对人的约束行为。是目前来说最公平，也最为有效的管理手段。

有一个故事就能说明这个道理。在非洲一些国家公园里，许多游客坐在一个有铁笼子的大车篷里，车外是一群群凶猛的动物。

如果没有这个笼子的保护，恐怕就会有人被这些凶猛的动物所伤。这是一个有趣的现象，在这么一个特殊环境里，要么将人放在笼子里，要么将伤人的动物放在笼子里。否则，必然有一方可能受到伤害。

这就要求执政党要依法执政，国家立法机关要为全社会提供优质的法律规范，政府要依法行政，司法机关要正确适用法律，广大人民群众要自觉遵守法律，正确行使权利，忠实履行义务。

1. 三种法治精神

既然法治只是一种手段，这就要求在执行过程中，具备法治精神，以创造公正、安定、有序的社会环境为基本。具体表现有三：

（1）无罪推定。

这是一种典型的直接推定，不需要基础事实就可证明无罪这一推定事实的存在。换言之，证明被告犯罪的责任由控诉一方承担，被告人不负证明自己无罪的义务。

（2）权利优先。

在执法过程中，公民的权利高于一切，无论事情的性质有多么严重，都不得有任何借口，不得有任何理由剥夺作为公民所享有的诸如申辩等相关的权利。

（3）程序公正。

程序公正，一是指制定和实施法律、法规、条例及其他政策时应遵循公正、合理的原则；二是指解读时准确、清晰，不受主观因素干扰；三是指整个执行、裁决、审判都严格按照程序（流程）安排，不给任何人"暗箱操作"的机会。

2. 四项法治原则

法治之所以为"法"，就是具有独立的不可侵犯性，这就要求我们执行起来一定要讲原则，否则就会形同虚设，也难以服众。具体来说，应该坚持这样四项原则：

（1）证据确凿。

这就要求我们凡事都不要以自己的主观意愿去想当然，一切都以能够证明的事实为依据。在具体操作中"宁可放过一千，也不错杀一个"。

（2）立场公正。

我们看问题也好，判断事物也好，都应该有个立场。执行法治的立场应该是公正的，这就要求不偏不倚，不拉帮派。

（3）保护隐私。

在法治执行过程中,也要主要保护当事人的隐私,不能因为获取一点证据而不管不顾地暴露别人的隐私,殊不知这样做的同时,有意无意地也侵犯了当事人的隐私权。

充分保护人的隐私权。宁可牺牲真相,也要保护隐私。

(4) 尊重人格。

即使是有罪的人,人格上也是平等的,所以在案件审理的过程中,应该以保障当事人的人格为先决条件,没有人权就没有法治。

在法律政策不完备的社会里,缺少了法治的保护,唯有严格的自律,才能保护自己。

第五节 没有科学、民主、法治就没有人权,就不能实现社会的核心价值

人类社会经过漫长的演变,尤其是近百年的高速发展,已经形成了很多可以让生命更有价值的理念。我们在社会上生存、发展,久而久之就形成了自己固有的价值观,也希望其他人能够尊重自己的价值观,因为这样做起事来才能够顺畅。

公平、正义、自由、和谐,是现在公认的社会核心价值,无论西方还是东方,无论什么制度,无论高举什么旗帜,无论走什么道路,在这一点上,无论执政还是不执政,对此都没有异议。

能否实现社会的核心价值,关键在于是否保障人权。只有建立在科学、民主、法治的基础上,人权才能得到有效的保障。

十 道

经营也要与时俱进
—— 让我们荡起双桨，驶向彼岸

第一节 时代呼唤现代经营学
第二节 经营的『不二』法门
第三节 让我们荡起双桨，驶向彼岸

对于孩子来说，游戏是成长最好的伴侣，但随着时代的发展，游戏也在悄悄地发生变化。像我们这一代在孩提时玩的游戏，大多都是自己做的，而且随着年龄的增长，无论内容与形式也一直都在发生变化。

我记得自己还是穿开裆裤的时候，玩得最多的是"翻绳"，一根普普通通的绳子，两头打一个结，用两个手掌撑开，就形成了一个环，然后通过十指的交叉、变换，就使一个环成了各种千变万化的图案。要编织一个图案其实不难，只需要十只手指对称地穿几下就行，但要是想在这个图案的基础上通过手指的接替变成另一个图案确实还是有很多讲究的。所以，这个游戏最迷人之处在于：你永远不知道你的下一个图案是什么，因为五只手指中，只要随便哪一只发生了变化，都可能影响接下来所有图案的走向。

稍大一点的时候，开始玩"陀螺"，陀螺为木制的圆锥形，上大下尖。将尖头着地，以绳抽就会旋转。可以自己一个人玩，尝试使陀螺在不同的环境里旋转；也可以参与竞赛，让自己的陀螺顶开其他的陀螺往小圆圈里挤。你的陀螺好不好看并不重要，重要的是要在各种对抗中保持旋转。

快要读书时，就开始"滚铁环"。一个能够滚动的圆环，一个能够给予圆环动力，控制圆环方向的横杆，考验的是在不同环境下顺畅滚动和操控的能力。秘诀据说就是保持若即若离、忽放忽收的感觉。靠得太近，操纵杆不经意的一点触碰，就能改变铁环的滚动方向；离得太远，一旦偏离方向也就无法及时得到纠正，铁环也就不得不停止前进。这还不算是最难的，真正的高手，不但要善于在平坦的地面上前进，还要考虑过水洼，上坡下坡，甚至遇到小范围的泥地、沙地、草地、石子地，就得巧妙地绕过或者越过这些障碍物。而正是这些挑战，也就构成了这个游戏最大的乐趣。所以，常常能见到这样的场面：不算太长的小路上，一群人各自推着自己心爱的铁环相互调侃着、追逐着，交替领先着。成就与挫败，荣耀与失落，也就在铁环的滚动中，随操作者的表现起起落落。

大概读书之后，玩的游戏也开始有了刺激性，角逐的成分多了起来，最多的是"弹珠子"，两个或几个人玩都行，要么就是在树根或者墙根上摆半块砖，然后在往上几十厘米的位置上画一条线，谁的珠子跑得远谁赢；也可以在泥地里掏几个洞，用自己的珠子撞击对方的珠子，谁的珠子落入洞里谁输，珠子也就归赢者所得。因为赢了有相应的"物质奖励"，所以，积极性很高，经常是滚得一身的泥巴。这时期玩得较多的像用烟盒叠的三角形"翻片"、用写过的作业本叠的长条形"翻片"，也大致都是这个意思。

快入初中的时候，反而更加偏重于一些操作简单，但技术含量要求较高的游戏了,最直接的就是"打水漂",借助水的浮力,一块普通的石头能在水面上划出几个甚至几十个涟漪。要想让比水的比重大出许多的石块在水面上平稳地前进,一是要善于取材,找那些形状相对扁平、圆润的石块,这样的石块与水的摩擦力相对较小;二是石块入水的角度,角度太大,石块就会直接钻进水里,角度太小也很难借助水的浮力向上滑行;三就是看入水的力度,力量太小,石块会因为动力不足跑不远,力量过大,也会因为掌握不好石块在水面上的重心而很快就沉下水去。我们那里是江汉平原,出门就是水,容易操作。兴许是真的喜欢看水面激起的一串连一串涟漪的缘故吧,我练得特别勤,也是全校数得上的"水漂高手",以致到了往河边一站,随便捡起一块石子,往水里扔,都能激起十几二十个涟漪。看一块普普通通的石子,从河的这头笔直地跑向河的那头,所过之处,留下一串串优美而又清晰的圆圈,一颗年轻、躁动的心也随着一串串美丽的涟漪,飘向很远很远的地方。

曾经读到一段文字,觉得很受启发,大致的意思是:我们在一处场景里待的时间久了,再好的时光也依然会是凝固的;可如果换一处场景,那时光却早已飞驰而去。

经营其实也是这样,如果出于其中的话,你会认为今日与往日没有什么不同,但是一旦跳出来看,你就会想起那句有名的哲学定律——人不可以两次跳进同一条河流。

作为一种社会现象,经营可以把我们看似有些单调的东西变得五彩缤纷;作为一种生活艺术,经营可以让我们有些枯燥的日子过得饶有情趣;作为一门科学,经营可以引导我们更好地尊重科学,并运用规律更顺畅地实现我们的梦想。

其实人世间所有的问题,归根结底都是人的问题,而人与人之间的问题,也就是如何找到一个价值点的问题。

经营就是从他人的经验中学习经验,从别人的机会中把握自己的机会。这样不但可以有效地节省时间成本,而且还能避开一些不必要的支出。更重要的是可以引导我们将有限的精力用于提升自身价值和创造社会价值上。

第一节 时代呼唤现代经营学

不管是什么样的经营活动，只有满足了需求才有存在的价值。而不管是多么卓越的经营，也都不能脱离时代而独立存在。我们的经营活动要想取得成效，就不得不符合时代的特征，跟上时代的节奏，因为只有观念、行动与时代同步了，才能发生卓有成效的改变。

时代性：必须把握时代变化，紧跟时代步伐，始终站在时代前列。

客观规律：思想符合实际、主观符合客观、一切从实际出发、按客观规律办事。

创新实践：解放自己的思想，激发自身的活力，以积极、能动、进取的姿态去研究新情况，解决新问题；同时坚持实事求是，以"求"为媒介，从"实事"到"是"，超越事物的现象状态，把握事物的本质和规律。

这是个信息爆炸的时代，不但话语权有价值，判断力有价值，品牌有价值，影响力有价值，公信力有价值，思想更有价值。

所以，面对不甚完善的社会，我们每个人尽自己所能，成为推动社会发展的力量，就显得比以往任何时候都更加重要。

一、个人道德沦丧

当今社会面临着巨大的转型，不仅仅是经济在转型，什么东西都在转型，包括道德，每个社会有每个社会的道德标准，只不过这个标准不是一蹴而就的，是需要很长时间的磨合而来的。

最为常见的就是弄虚作假。经济飞速发展的背后，也伴随着物欲横行，为了区区一点经济利益，可以昧着良心做出些损人利己的事情来。假冒名牌，投机取巧；坑蒙拐骗，打着投资的名号，公然骗老人的养老钱；偷梁换柱，抹点牛血就把猪肉当牛肉卖；以次充好，死鸡死鸭卤一下就是美食；甚至在食品里添加过量的有毒成分。

钱权交易。稍微有一点点权力就吊起来卖，每个位子都明码标价，在中部地区一个三甲医院进个小护士的价钱就是20万元，而每月工资也就3000元多点，靠工资不说赚钱养家，光是收回20万的"投资"，每月就是不吃不喝要多少时间？这个好不容易"入职"的小护士接下来会怎么做，可想而知了。所以，我一个朋友的女儿，大学毕业在北京打拼才刚刚一年，居然煞有介事地对我说：要么购买，要么交换。连二十出头，刚走向社会的学生都深谙"潜规则"，想不盛行都难。

寡廉鲜耻。为了达到个人的目的，不惜搏出位，渴望一夜成名，真的是什么下作的事都可以做，再廉耻的手段也可以用。像女孩网上求包养，明码标价；公然展示并没有多少艺术价值的性器官，叫人不堪入目。

如果仅仅只是少数人道德沦丧那是个人问题，但有相当数量的人如此，我们就不得不考虑那一定是社会价值观出现了问题，是规则出了问题。因为这伤害的不仅仅是受害者，更重要的是摧毁了社会道德体系。

二、家庭离婚率高

经济高速发展的同时，也带来了一个很奇怪的社会现象，那就是婚姻关系变得越来越脆弱。从民政部发布的数据看，我国的离婚率已经连续30年增长。城市的离婚率已经接近30%，经济越发达的城市，离婚率就越高：上海、深圳、广州也都有40%这样的比率，北京竟然接近50%，虽然之间可能有这样那样的问题，但同时也暴露出当下人责任心缺失，不知道自己需要什么。

功利至上。社会发展得越快，面对的诱惑也越大，对于物质的欲望也更加强烈，为了获得物质上的满足，忽略了感情，丧失了经营感情的能力和动力；将自己的感情看作待价而沽的商品，只能同享福，不能共甘苦。我的一个熟人，他的太太什么奢侈品都必须得过一番。然而，他们现在又都是打工一族，本来就没有多少钱收入，购买那些奢侈品后，再加上家庭的开支，几乎是入不敷出。所以，一旦建立在物质基础上的物质不存，情感也就不存；当物质需求大于道德时，道德就变得一文不值，出轨无疑就成了救命稻草，背叛就成了必走的路。人一旦迷失自我，便不知道该珍惜什么，只求当下快活，不考虑明天幸福。

草率闪婚。现代人在结婚的问题上也过于草率，刚刚认识，一见钟情就搬到一起居住，才认识没几天就匆忙地办理结婚登记。之后，才发现对方有那么多的毛病，有些毛病更是不可容忍的。婚前缺乏深入了解，没有经过慎重考虑就草率结婚，结婚后感情基础不牢靠，而都市生活节奏快，人心容易浮躁，发生矛盾后不懂得自我调适和寻求双方谅解，只得草率离婚，甚至搞个"离婚纪念日"，视婚姻为儿戏。

互相猜疑。由于现在不太重视婚前的贞洁，所以婚前接触过多个异性也就成为顺理成章的事，加之现在社交网络泛滥，与异性交往也就成了一件极其容易的事。真可谓自己是什么，就最怕对方是什么，谁都怀疑对方经不住诱惑。于是，互相猜忌、彼此防范，也就成了家常便饭。于是，查看对方QQ聊天记录、偷看对方手机信息就成为常态，隐私受到侵犯，而一旦被对方察觉，又势必伤了感情；一旦无法谅解，矛盾迅速升级，离婚也就成了解决矛盾的唯一方式。

三、孩子一代不如一代

没有经营意识所造成的后果也同样出现在下一代的培养上。以前单纯地考虑战争的因素，鼓励多生，后来人口膨胀又开始施行严厉的计划生育政策。因为计划生育和育儿成本过高的原因，以至于现在养育孩子成了家庭最大的"宝贝"。一个孩子的背后往往有几个家庭的长辈宠着，久而久之，造成了现在的孩子好逸恶劳、骄横跋扈的习性。

啃老族。现在的人越来越不愿面对现实，工作不如意，干脆一头扎在家里。做子女的已经长大成人了，但不愿意出去工作，或者迷恋网络，将自己龟缩在一个虚拟世界里，继续靠父母养活。更有甚者，小两口已经结婚了，还不出去工作，双双在家啃老，有些生下孩子也是丢给父母，不会管，甚至不愿管。

富二代。赚不到钱的人眼睛大，这句话真的不假。我们稍加留意就会发现，越不会赚钱的人往往越会花钱，现在的孩子花钱从不考虑父母的感受，穿名牌、开名车，炫富的同时，其实也暴露出心里的空虚，信仰的缺失。

官二代。因为自己即使努力了也是白费力气，所以现在拼爹现象也日益严重。甚至孩子没有自己的主见，缺乏独立意识，不但简单的家务自己不会做，甚至丧失了独立思考能力，很小的事情自己都做不了主，没有父母在身边甚至就连起码的主意也没有了。

"80后""90后""00后"，已经从一个年代的名词，变成了慵懒的代名词。干活一个比一个差，脾气却一个比一个大，浑身上下尽是刺。而酿成这一切的罪魁祸首，无疑社会环境也脱不了干系。

缺乏公平。有权的爹，就可以用手头的权力为孩子铺好路；有钱的爹，就会用钱去购买权力，让孩子坐享其成。这也就滋长了人的惰性，有背景的孩子觉得一切都理所应当，于是不思进取；没背景的孩子多次努力受挫后，就会缺乏信心，怨天尤人、自暴自弃。

缺乏正义。明明知道这样做理亏、心虚，但大家都这样做而自己不这样做的话，孩子也就只能是跟着吃哑巴亏。但这样做却给孩子带来了灾难性的改变，原本上进心很强的孩子就会因此丧失敏感，变得麻木、淡漠。

缺乏自由。孩子知道纵使自己再努力，也不敌当爹的一个电话、一张条子，久而久之，人的创造力就会下降，行动力也会受到各种框框的约束。

四、很少百年老店（国际大牌子公司）

企业的最大特征就是市场化，由于我们一直在计划体制内运行，以至于20世纪80年代中后期才出现真正意义上的企业，民营企业不懂怎么做，国有企业没必要动脑筋做，所以，有些企业在国内还不错，可一旦进入国际市场就不行了。

短线经营。做企业喜欢盲目跟从，不愿打基础，渴望一夜暴富，以为从开门那天起，钞票就可以源源不断地往门里涌，所以一旦出现问题，就坑蒙拐骗，不择手段，也不管明天会怎样，只考虑今天怎么舒服。

追求暴利。看不上一点小钱，渴望赚大钱，对待客户，非得宰个精光才肯罢手。

缺少服务。客服电话搞成电脑自动转接，人工服务几小时都没人接听，而且还一分钟告诫你等一次，植入强奸广告，还骗取话费，让你投诉无门，有气还不知道往哪出去。

这一切的结果，都直接导致了中国企业的寿命一个比一个短。据一项调查：中国中小企业的平均寿命只有2～5年，集团公司的寿命也只有7～8年。能叫响名字的屈指可数。有个别企业在国内名称挺响，但在国际市场上却知者寥寥。这主要是追求短期利益，恶性竞争的结果，勉强有几个杀出重围的，在国际舞台上也跌得头破血流，有的干脆直接收购国际著名的品牌，但却水土不服。

虽然造成这种局面有这样那样的原因，但究其根源，最重要的还是缺少自己独有的文化。

五、缺少富竞争力的团队

比企业经营更糟的是团队建设，不管是营销团队、运营团队，还是职业经理人团队，都普遍存在团队浮躁、急功近利，缺少沉淀的毛病，既形成不了合力，也无法参与竞争。对内，一盘散沙；对外，要么不干好事，要么尽干坏事。

急功近利。目光短浅，只要能完成任务，在老板面前夸海口，在客户面前瞎承诺，结果无法兑现时，又找这样那样的理由予以搪塞、推脱，严重破坏合作氛围的同时，也深深地伤害了客户的感情。

居功自傲。有了一点点成绩，就以为自己了不得，老子天下第一，谁都不放在眼里。

有恃无恐。为达到个人目的，什么话都敢说，什么事都敢做。只关心自己的利益，从不考虑由此导致的后果。

六、社会的冷漠

现在人与人之间的关系也降到了冰点，人与人之间缺乏互助，缺乏基本的信任。

诸如：公交车上公然强奸的恶行没人制止；对小偷视而不见，没有人挺身而出；见路人摔倒也不主动扶一把；甚至连陌生人问个路这样只需张个嘴的举手之劳，也要提出这样那样的条件。

这其中有社会整体环境的原因，但更多的还是主观上出现了问题。人与人的关系变得更加功利，人人自危，多一事不如少一事，事不关己，高高挂起。

这林林总总问题，我们看到的可能只是摧毁我们的道德体系等表面现象，但深层次的问题却是不懂经营、不擅经营的结果。

这其中也暴露出价值冲突、社会互动、媒体责任方面的弊端。

我就不止一次地听到这样的议论，现在谁还管谁呀！大规模、大面积、体制性的官员腐败，以及日益加剧的贫富悬殊，应是国民道德崩溃的最大祸根，这种状况让一般国民不屑道德规范与行为自律。他们会这样想：你们当领导的利用权势大捞一把，成千上亿元的挥霍，还要我们平民百姓去遵纪守法，去廉洁自律，这个理讲得通吗？

社会上很多人不想遵纪守法，甚至主动以身试法，跟他们极度憎恨高官腐败、痛感贫富悬殊的心态有关。

当然还有一个不容忽视的问题，这个社会个人的行为可以不负终极责任，可能最后回避。有了终极责任的规避，整个社会群体的每个个体的侥幸心理就很强。

所以，时代呼唤现代经营学。我觉得：正是有了这么多的矛盾，才更加需要全社会重视经营；正是因为有了这么多的不如意，我们才更加需要注重自己的经营。

第二节 经营的"不二"法门

作为一种行为，经营也不是一蹴而就的事情；那些仅仅听过几堂课，或者幻想一夜之间"修成正果"的想法也是不切合实际的。但是，作为一种态度，经营却能实实在在地帮助我们提高工作效率，增加成功的概率。也有一定的规律可循，具体来说，应该把握这样几个原则。

一、简单中的不简单

经营战略是简单的，战术是不简单的。

最能说明这个问题的是在我们乡下，谁的家里要盖房子，这就需要考虑是将老房子推倒重建，还是在老房子的基础上改建，还是另辟一块地新建的问题，这是战略。这个决定并不难做出，只要比较一下几个方案的利与弊就可以了。

但要把房子建好，就牵涉资金的筹措，图纸的设计、房间的布局、手续的报批、施工队的选择、材料的采购等一系列的问题。这是战术问题，牵涉方方面面的内容。哪个环节出了毛病，就会影响到全局的效果。

总体上来说，经营并不复杂，只是个态度和决心的问题；但要经营效果好，就牵涉一个战术问题，要求设计复杂，操作简单。

简单并不代表草率、粗陋，而是化繁为简，将一些看似复杂的东西，通过有效的梳理，从而变得简单、明朗，并且容易操作。

举个例子：我们都有拆开米袋子的经验。要想将一包封口完好的米袋子拆开，无非有两种选择：一种是拿一把剪刀，将封口的每一个线结都剪开；二是找到线头，解开几个结，理出个头绪后，用手轻轻一拉，就全部撕开了。

而经营就可以让这一切变得更好。并不是说要把原本简单的因为经营变得复杂，而恰恰是将原本没有头绪的东西变得有头绪。

二、变化中的不变化

现象是变化的，规律是不变的。

比如东荆河的水是高处往低处流的，这是规律，无论什么情况都不会改变的；而水流是直线流，还是弯弯曲曲地流，这是现象。

所以，应对变化就显得尤为重要，也是我们在决策中需要优先考虑的问题。因为任何决策都有时效，要创新就必须跟上时代发展的步伐。有的传统习惯、老规矩、老套套，虽然有的可以有分析地继承，但它们已不能完全适应现在的新情况，解决现在的新问题。

要创新，就要和思想僵化、因循守旧、无所作为决裂，旧的东西曾经取得成功，常常使人看不清它的局限性；旧的一套习惯了，难免使人依恋不舍，会自觉不自觉地影响我们行动。因此，也就最容易麻痹人的创造力。

要创新，就要克服自满。即使是一位才华横溢的人，即使已经成绩卓著了，也永远不能自满，还要不断创新，并且注重战略方面的、全局性的创新。

三、有限中的无限

行动是有限的，精神是永存的。

我们无论从事什么经营活动，所投入的精力和使用的方法都是有限的；但所体现出来的精神面貌，以及对后代、对他人所产生的影响力却是无限的。

我有空的时候也会经常与以前教书的学校里的同事调侃，如果我当初没辞职下海经商，现在还在教书的话，那现在顶多混个高级教师，也就相当于一个中级职称，每月3000多元的经济收入，就算在当地买个经济适用房也得三四十万，不吃不喝也得攒个十几年。

一句话，只有掌握了广泛社会知识和自然知识，才有可能进行有效的战略思考，才可能在不可直接比较的内容之间进行正确的价值判断，做出科学的决策。才能掌握政治、经济、科学、技术、教育、文化等方面的新发展和新动向。从而让我们的经营更有针对性，更有效率。

第三节 让我们荡起双桨，驶向彼岸

经营不但能将一件事情向更好的方向转变，也是一个能给我们带来无穷乐趣的事情。经营的过程也并非那么沉重，只要善于发现、细细揣摩，我们就不难发现：其实经营也的确还是一件格外轻松、快乐的事情。

一、人生，因经营而精彩

人生百年，因为付出的不同，收获自然也就不同，所产生的意义也就有天壤之别。勇于经营，善于经营，也必然会收获经营的精彩。

对于企业来说，就是要时时刻刻不松懈经营的意识，密切盯着市场的变换和需求，更科学地进行生产和市场运作，少走或者避开一些弯路。

对于个人来说，运用经营思维，时刻把握时代的脉搏，发觉并且打造自己的优势，并通过不断的学习让自己的价值提升，也能够更容易并且更高效地做好一切事情，让自己活得更有智慧。

对于家庭来说，一切以经营为导向，可以减少家庭成员之间的磨合时间，会多一些宽容、少一些争执，多一些温馨，少一些烦心。让琐碎的家务非但不成为累赘，而且让平淡的日子更有情趣。

对于社会来说，以经营的眼光观察事物、判断事物、分析事情，更便于营造一个和谐的气氛，并且使每一个社会成员都能以社会通行的规则和价值观，来约束自己、发展自己，从而使每个人都成为推动社会发展的一个积极因素。

因为人类的一切活动都是经营，所以，善于经营，人生才精彩。

1. 找到自己的目标，然后坚持

一个重视经营的人，一定是一个拥有梦想的人，同时知道怎样坚持自己的梦想，不松懈、有担当，敢于负责任的人。

学习目标，要掌握哪些知识，需要熟练哪些技术，需要修炼哪些行为；并把

一个时期的计划划分到每一年、每一个月、每一个周，那每天该干什么、不该干什么也就很清楚了。

工作目标，我想获得什么样的职位，首先是评估：这份工作能给我带来什么，我获得这份工作需要做出怎样的付出，付出的东西是不是我可以承受的；如果带来的多于付出的，那就可以选；如果付出的大于得到的，或者是需要付出的东西超过了自己的底线，或者是付出的东西会令自己难以承受的话，就放弃。

事业目标，我准备投身于一个什么样的事业，这项事业需要具备掌握哪些知识，需要具备什么样的素质，我在这方面比别人具备什么样的优势，又有哪些不足，如何才能克服？要达到这个事业目标，我还需要付出怎样的努力。

生活目标，我渴望拥有一个怎样的生活环境，我现在又是一个怎样的生活条件，又有哪些生活基础，想获得怎样一个标准的生活，我与这个理想的生活的差距还有多远，我还需要做出哪些努力。

经济目标，我在一定时期内想赚到多少钱，我可以通过哪些渠道赚到这些钱，赚到这些钱需要具备什么条件，我已经具备赚到这些钱的哪些条件，我还需要做哪些方面的补充和准备。

爱情目标，如果目前还没有目标，那么就不妨想一下，我通常喜欢什么样子的人，我需要什么类型的人与我作伴，我怎样才能认识这种类型的人，如何才能接近对方，如何可以让对方注意我，如何让对方对我感兴趣。如果对方对我没兴趣，我该怎么办？如何让对方爱上我？如果已经有了目标，那就问自己一下，我喜欢对方哪些地方，对方会对我哪些方面有好感，我怎样做才能打动对方，我怎样才能让对方喜欢我，我怎样做才能让对方像我爱他一样爱我。

友情目标，我目前有哪些好朋友，这些好朋友是可以使我自己增值的，还是会使我减值的，我因为有他们是为我加分呢，还是他们有可能给我带来减分。我目前以及今后的发展需要与哪一类型的朋友交往，他们能给我带来什么，他们又需要我付出什么。

亲情目标，我目前有哪些亲人，这些亲人能给我带来什么，情感上使我有哪些满足，经济上会有哪些帮助，事业上会有哪些支持，我还需要做出哪些付出才能使彼此间的感情更加深厚。

人脉目标，我现在认识的熟人一共有多少，关系亲密的有哪些，关系一般的有哪些；以往交往的过程中，有过愉快合作的有哪些，有过不成功合作的有哪些，尚未进行过任何形式合作的有哪些；对我印象好的有哪些，对我印象不够好的有哪些，暂时还谈不上什么印象的有哪些。

健康目标，我的身材怎样？面貌怎样？皮肤怎样？气质怎样？符合人们通常意义上的审美标准吗？还可以做哪些改变？我的体重符合健康标准吗？应该做哪些改变？还可以在哪方面做些努力？我的血压、血糖、血脂几个方面都还符合标准吗？我如何可以更好？我身体中有哪些不正常的体味？这些体味是怎么引起的？我是否可以排除掉这些体味？我身体上有哪些不适？这些不适是怎么引起的？向我透露了哪些身体的信号？我应该怎样找出原因？又如何去排除？我的皮肤上出现了哪些变异？这些变异都是怎么引起的？我如何把这些变异根除掉？我的身体器官都还正常吗？分别属于年龄段的哪一个水平？是否还可以更好一些？我有哪些损害身体的不良嗜好？有什么样的影响健康的行为？我可以克服吗？还需要做哪些改变才会更好一些？

2. 将自己的梦想与别人的梦想联通

一个懂得经营的人，不仅仅明白怎样用梦想激励自己，还知道如何让自己的梦想照见现实，同时借助一个又一个梦想改变自己的性情，改善自己的生活。也就是说，我们在设立自己的梦想时，应该尽可能避免与别人的梦想发生冲突，而且要千方百计地与别人的梦想相连通。这样不但可以有效避免冲突，还容易以此形成梦想的合力。

一个善于经营的人，不但要自己拥有梦想，还知道怎样影响，并且带动身边的人一起，共同努力去实现梦想。

3. 化一切阻力为动力

记不得在什么地方看到这样一句话：成功永远倾向于有准备的人。这个世界充满了成功的机遇，也充满了失败的风险，所以要有恒心，以不断提高应付挫折与干扰的能力，最有效的方式就是调整自己，增强社会适应力。

人生真正的失败是放弃，是犯了错误还是不能从中吸取教训。如果你现在正处于人生的低潮，请不要畏惧你的失败和面前的困难；如果你现在正享受胜利的喜悦，也请继续努力，还有更高的山峰等待你去攀越。如果每次失败之后，我们都能有所领悟，把每一次失败当作成功的前奏，我们就能化消极为积极，变自卑为自信。如果能够做到这样的话，那么，还有什么力量能够阻止我们前进呢！

二、东方和西方

东方综合观，一生二，二生三，三生万物，认为事物都是相辅相成的；西方原子观，认为原子是物质的基本结构，更加注重实在性。中医讲究望闻问切，全面考虑，综合整治；西方注重头痛医头，脚痛医脚。东方善于从整体看问题，西方偏向于从个体、局部看问题。

首先，中西文化的差异表现在人与自然的关系上。中国文化重视人与自然的和谐，而西方文化则强调征服、战胜自然。

其次，中西文化的差异还表现在人与人的关系特别是家庭问题上。中国文化以家庭为本，主要表现是把家庭看得比个人重要，特别重视家庭成员之间的伦理关系，如父慈子孝、兄友弟悌、夫唱妇随之类。中国这种家庭伦理关系包括两个方面：一是互尽义务的关系；二是单向服从的关系，注意个人的职责与义务。西方文化以个人为本，强调个人自由、个人权利、个人的独立性，而缺乏个人对家庭的责任感和义务感。

此外，东方宣扬集体主义，西方崇尚个性张扬；东方讲究人际关系，西方推崇科学思想；东方重伦理，西方尚法制；东方意在引导，西方旨在防范。这些也都必然会在具体的经营活动中得到体现。

三、古代和现代

古代中国讲因果，一部《易经》有损卦，有益卦。损卦有云：损刚益柔有时，损益盈虚，与时皆行；益卦有云：益动而巽，日进无疆；天施地生，其益无方。凡益之道，与时皆行。缘于此的"太极拳"更是将这一切演绎得出神入化。

古代中国讲"势"，重"利"，认为"势"到了，"利"才到。因此认为成事必须先立"势"，造势、借势，一部《孙子兵法》直到现在还被奉为政治、军事、经济活动的圣章典籍。而现代人们经过无数的动荡、挫折，更加明白了和谐对于发展的重要。一个人再有能耐，也需要得到别人的帮助。

古代中国讲"义"，人与社会讲"道义"，人与人讲"情义"，认为权力源于"义"，为此，也非常重视民主的作用，尧对舜经过长期考察后，就把联盟的首领位置让给舜。后来舜老了，也以"禅让"的方式把部落联盟首领的位置让给了禹。

中国传统思想中的"义"的概念，所强调的是道义上的"正当"，而在西方传统中"应当"或"正义"二概念所强调的则都是法律权利。中国的"义"的概念注重人在社会生活中的道德功能，而西方的"正义"概念则注重社会生活中的法律功能。中国人的权利概念，就是这个源出于所有社会关系以及环绕着某种行为的关系情势之中的"义"——如果有人依照非人道的、不正当的方式行使自己的权利，处理与别人的关系，那就是不义的，因而中国人承认在充分履行一定的义务和责任的前提下的个人权利。中国没有西方那种与生俱来的、超自然的和绝对的权利的观念。

四、古为今用，洋为中用

去其糟粕，取其精华，订其谬误。

传统文化能够历经劫难流传到现在，那就说明还是有它特有的生命力的，而且肯定还有它存在的道理，一味地推翻，或者一味地继承都是不可取的。"取其有用的部分"为我所用，同时赋予其必要的时代精神，这是现代经营的终极秘籍。

中华民族一直是一个崇尚创新的民族，不但是最早的文明古国，而且"四大发明"等一大批发明创造，对世界文明的进程也做出了巨大的推动作用，但近现代却远远地落后于西方列强。

大家一说到这些，就认为是没有赶上工业革命的原因，我倒觉得未必，真正的原因还是中国人因为长期过着养尊处优的日子。所以，骨子里已经丧失了创新的精神，因循守旧、故步自封，喜欢跟在别人后面亦步亦趋，觉得你这东西很好，就不管三七二十一地照搬过来，省得自己动脑筋。这样做的结果，侵犯知识产权的问题还是其次，到头来，多了份惰性，少了点进取，自己也就成了一台不会创造，只会复制的机器。

仅从城市建设来说，就不难发现因为这种惰性吞下的恶果。中国的城市已经变得越来越雷同，缺乏区别于其他城市的地方，而且越是经济发达的地区，这方面的问题就越是突出，弄得每个城市都长得一个样，每个地方的人也都长得一个样，使用的东西也都一个样。现在也只有在一些尚不够发达的小城市里还能找到一点点保留下来的时光印记。

五、只有行动，才能保证经营成功

想赢怕输这是大部分的普遍心态，因为害怕失去，所以，格外谨慎。

现在的很多人都抱怨没有机会，或者受一句"机会总是留给有准备的人"误导而没有行动。所以，时刻将自己调整好等待机会的降临，这在过去还有几分道理，但是现如今已经不适用了，最有效的方式应该是大胆地迈出腿去寻找属于你自己的机会。

大家都有在路边"打的"的经历，有时我们在路边站定好一个位置，以为等待挂有空车标志的出租车过来时扬扬手就可以了。但很多时候，打车的人多，如果你还是选择在原地等待的话，就会眼巴巴地看见一辆又一辆的空车被别人截走了。而积极主动地去寻找机会，情形就会有所不同，哪怕这个机会很小，哪怕这个机会在别人眼里微不足道，但只要你坚持努力去做，情形就会大不一样。

就在我所居住的小区里，就有这么一位小男孩，两年前每天都能见到他用一只"蛇皮袋"装个十来只鸡在路边贩卖；半年后，他贩卖的工具就变成了三轮车，每天带来鸡的数量也增加到了几十只；一年后，他已经买了一辆轻型的面包车，车上的商品也由最初的鸡，发展到鸡、鸭、鹅、鸽等好几个家禽品种。前几天见到他时，他已经在菜场旁边租下了一个门面，开了家"有机农产品专卖店"，里面有粮食、肉食、蔬菜、瓜果等农产品琳琅满目、应有尽有。

曾经读到一则故事：山不过来，我就过去。其实，机会很多时候是等不来的，我们有等待的时间，不妨出去试试，碰碰运气。因为机会大多情况下也表现出没有明确的目的性，往往遇见了谁就是谁。这年头谁的手够快，谁就是能够赢取机会的那个人。

由此，我们也整理出一点执行力的原则：

执行开始前：决心第一，成败第二

"执行力说穿了，就是看你有没有决心。"如果执行已经开始了，还在想是不是应该做的问题，那执行过程就一定要出问题！如果不想做事的话，任何人都可以找无数个理由来搪塞。这个时候只有一样东西发生作用，那就是你有没有决心！

执行的关键说穿了就是看你是否建立了必胜的信心和决心，任何事，只要你认为做不成，那成功的概率就是零！有了必胜的信心和决心，成功的概率便有了百分之九十！

建立你的决心！不能再有"以后再做"的事发生，因为根本没有多少个明天供你等待。今天不是决定你明天做什么，而是决定你明天成为什么。"不要错过今天，将一星期前、一个月前、一年前的害怕、怯懦、毁灭信心的思想从你心中除去，今天是你充满信心，永远摈弃害怕的日子，你今天才会充满信心地行动！这就是支撑我每天走向成功的秘密。"——（乔伊·古拉德，被《吉尼斯世界纪录大全》列为当代最伟大的推销员，在一年内创造了推销1425辆汽车的世界纪录）

执行过程中：速度第一，完美第二

因为完成比完美更重要，而不能因为一味地追求完美，而导致迟迟不能完成任务或严重降低了完成任务的速度。现在不是大鱼吃小鱼的时代，而是快鱼吃慢鱼的时代。竞技场上，一个出拳速度快的小个子一定能够击败动作迟缓的大块头,快如闪电,就会瞬间爆发惊人的力量。

"更高、更快、更强",这不仅是奥运会的著名格言,也是经营的法则,因为效率和效益永远只钟情于那些有速度的人。

执行结束后:结果第一,理由第二

不要相信任何人,不要拘泥于任何形式的信誓旦旦,只有已经发生的事实和数据,才是真实的存在。

不要遇见问题总是首先想到给自己开脱,不要总是找一大堆借口和理由宽慰自己。这个社会是靠结果生存的,而绝对不会给理由任何生存的空间。这也注定了:没有结果,我们就不能生存。所以,在执行过程中,多想办法,少想借口。

眼中有结果,就不会有困难。反之,眼中有困难,也就不会有结果。结果和困难是一块跷跷板上的两极,可以成功、可以失败,但绝对不可以放弃!因为无论面对什么,无论有多少困难,只要不放弃,我们就有胜利的可能。

后　记　经营其实有三重功夫

当这本书终于定稿的时候，我突然有种莫名其妙的如释重负感觉，这在我这么多年里还是头一次，为什么这么说呢？原因是这些年为完成课件，这种事情已经做得够多了，完成书也只不过就是将平日里那些零零散散的课件整理一下而已，于我来说并不是什么大不了的事，但真正的压力其实还是在于受众群体上，一次演讲的规模再大，但能够进场的人群毕竟还是有限，而书籍出版却可以面对更多的人群、更广泛的读者，也可以让更多想骂我的人，可以想好了再骂。我想这也可以算作是我出书的主要原因吧！

一直觉得自己是一个受生活垂青的人，所以，也一直对来自社会的所有信息都不敢怠慢，也深觉只有自己加倍努力才不至于辜负众托。但自己也很清楚自己的能力毕竟有限，所以当我将这些年思考、实践的点点滴滴汇集成这么一本书的时候，并且觉得终于勉强可以拿得出手的时候，忐忑之情可想而知。当这本耗费了将近两年心血的手稿诚惶诚恐地交付给编辑时，我突然有了一种不可名状的滋味。说实在的，当今社会变化很快，这本书究竟会有什么样的市场表现确实不敢预测。

过去的几年时间里，一直得到读者朋友的支持，也自觉应该更好地报答才是。是为共勉！

这个世界不在背后议论人的人恐怕是没有的。既然这样，那我们就应该在日常的生活和工作中，格外注意自己的言行。

在中国，年纪稍长点的人都喜欢说这么一句话，就是：人在做，天在看；成语中"要想人不知，除非己莫为"说的也是这么个道理。

说到这，才想起自己尚未表达清楚的一个观点，也就是我已经思考了很长时间，但还并不完善的"三重功夫说"。

第一重功夫　有形有音

既能看得到还能够听得到的言传身教，像这本不算厚的书就是。虽然自觉有些肤浅，却全都是自己在市场和生活中摔过无数次跤之后才得出的体会。

第二重功夫　有形无音

只能看到，但是听不到。只知道这么做，但是说不清也道不明。像我早期的一部分演讲就是这样，虽然一直都在讲，但一直没有很系统地完成。套句乡下的粗话就是：只晓得生孩子，不晓得怎样养孩子。

第三重功夫　无形无音

只能感觉到，看不到，也听不到，但仿佛有一种东西始终在控制着，如影随形、若即若离，像是有种气场在身体中涌动。

经营的功夫，做到第三重，是为"经营之神"。

2014 年 9 月 28 日于广州
2018 年 9 月 28 日修订